U0461090

中华人民共和国民法典
合同编

（实用版）

中国法制出版社
CHINA LEGAL PUBLISHING HOUSE

图书在版编目（CIP）数据

中华人民共和国民法典．合同编：实用版／中国法制出版社编．—2 版．—北京：中国法制出版社，2023.12

ISBN 978-7-5216-3266-8

Ⅰ.①中… Ⅱ.①中… Ⅲ.①民法－法典－中国②合同法－中国 Ⅳ.①D923

中国国家版本馆 CIP 数据核字（2023）第 032104 号

责任编辑：朱丹颖　　　　　　　　　　封面设计：杨泽江

中华人民共和国民法典．合同编：实用版

ZHONGHUA RENMIN GONGHEGUO MINFADIAN. HETONGBIAN：SHIYONGBAN

经销/新华书店
印刷/河北华商印刷有限公司
开本/850 毫米×1168 毫米　32 开　　　印张/15　字数/365 千
版次/2023 年 12 月第 2 版　　　　　　2023 年 12 月第 1 次印刷

中国法制出版社出版
书号 ISBN 978-7-5216-3266-8　　　　　定价：35.00 元

北京市西城区西便门西里甲 16 号西便门办公区
邮政编码：100053　　　　　　　传真：010-63141600
网址：http：//www.zgfzs.com　　编辑部电话：010-63141675
市场营销部电话：010-63141612　　印务部电话：010-63141606

（如有印装质量问题，请与本社印务部联系。）

■实用版

编辑说明

　　运用法律维护权利和利益，是读者选购法律图书的主要目的。法律文本单行本提供最基本的法律依据，但单纯的法律文本中的有些概念、术语，读者不易理解；法律释义类图书有助于读者理解法律的本义，但又过于繁杂、冗长。"实用版"法律图书至今已行销多年，因其实用、易懂的优点，成为广大读者理解、掌握法律的首选工具。

　　"实用版系列"独具五重使用价值：

　　1. **专业出版**。中国法制出版社是中央级法律类图书专业出版社，是国家法律、行政法规文本的权威出版机构。

　　2. **法律文本规范**。法律条文利用了本社法律单行本的资源，与国家法律、行政法规正式版本完全一致，确保条文准确、权威。

　　3. **条文解读详致**。本书中的【理解与适用】从庞杂的相互关联的法律条文以及全国人大常委会法制工作委员会等对条文的权威解读中精选、提炼而来；【典型案例指引】来自最高人民法院指导案例、公报、各高级人民法院判决书等，点出适用要点，展示解决法律问题的实例。

　　4. **附录实用**。书末收录经提炼的法律流程图、诉讼文书、办案常用数据等内容，帮助提高处理法律纠纷的效率。

　　5. **附赠电子版**。与本分册主题相关、因篇幅所限而未收录的相关文件、"典型案例指引"所涉及的部分重要案例全文，均制作成电子版文件。扫一扫封底"法规编辑部"即可免费获取。

中国法制出版社

2023 年 12 月

《中华人民共和国民法典合同编》
理解与适用[①]

    编纂民法典是党的十八届四中全会确定的一项重大政治任务和立法任务，是以习近平同志为核心的党中央作出的重大法治建设部署。编纂民法典，就是通过对我国现行的民事法律制度规范进行系统整合、编订纂修，形成一部适应新时代中国特色社会主义发展要求，符合我国国情和实际，体例科学、结构严谨、规范合理、内容完整并协调一致的法典。这是一项系统的、重大的立法工程。

    民法是中国特色社会主义法律体系的重要组成部分，是民事领域的基础性、综合性法律，它规范各类民事主体的各种人身关系和财产关系，涉及社会和经济生活的方方面面，被称为"社会生活的百科全书"。建立健全完备的法律规范体系，以良法保障善治，是全面依法治国的前提和基础。民法通过确立民事主体、民事权利、民事法律行为、民事责任等民事总则制度，确立物权、合同、人格权、婚姻家庭、继承、侵权责任等民事分则制度，来调整各类民事关系。民法与国家其他领域法律规范一起，支撑着国家制度和国家治理体系，是保证国家制度和国家治理体系正常有效运行的基础性法律规范。编纂民法典，

---

    ① 本部分引自全国人民代表大会常务委员会副委员长王晨《关于〈中华人民共和国民法典（草案）〉的说明——2020 年 5 月 22 日在第十三届全国人民代表大会第三次会议上》，因为篇幅的原因，有删节、改动。——编者注

就是全面总结我国的民事立法和司法的实践经验，对现行民事单行法律进行系统编订纂修，将相关民事法律规范编纂成一部综合性法典，不断健全完善中国特色社会主义法律体系。这对于以法治方式推进国家治理体系和治理能力现代化，更好地发挥法治固根本、稳预期、利长远的保障作用，具有重要意义。

编纂民法典不是制定全新的民事法律，也不是简单的法律汇编，而是对现行的民事法律规范进行编订纂修，对已经不适应现实情况的规定进行修改完善，对经济社会生活中出现的新情况、新问题作出有针对性的新规定。编纂民法典采取"两步走"的工作思路进行：第一步，制定民法总则，作为民法典的总则编；第二步，编纂民法典各分编，经全国人大常委会审议和修改完善后，再与民法总则合并为一部完整的民法典草案。

民法典合同编的主要内容

合同制度是市场经济的基本法律制度。1999 年第九届全国人民代表大会第二次会议通过了合同法。合同编在现行合同法的基础上，贯彻全面深化改革的精神，坚持维护契约、平等交换、公平竞争，促进商品和要素自由流动，完善合同制度。第三编共 3 个分编、29 章、526 条，主要内容有：

1. 关于通则。第一分编为通则，规定了合同的订立、效力、履行、保全、转让、终止、违约责任等一般性规则，并在现行合同法的基础上，完善了合同总则制度：一是通过规定非合同之债的法律适用规则、多数人之债的履行规则等完善债法的一般性规则（第四百六十八条、第五百一十七条至第五百二十一条）。二是完善了电子合同订立规则，增加了预约合同的具体规定，完善了格式条款制度等合同订立制度（第四百九十一条、第四百九十五条至第四百九十八条）。三是结合新型冠状病毒感染疫情防控工作，完善国家订货合同制度，规定国家根据抢险救灾、疫情防控或者其他需要下达国家订货任务、指令性计划的，有关民事主体之间应当依照有关法律、行政法规规定的权利和义务订立合同（第四百九十四条第一款）。四是针对实践中一方当事人违反义务不办理报批手续影响合同生效的问题，明确了当事人违反报批义务的法律后果，健全合同效力制度（第五百零二条第二款）。五是完善合同履行制度，落实绿色原则，规定当事人在履行合同过程中应当避免浪费资源、污染环境和破坏生态（第五百零九条第三款）。同时，在总结司法实践经验的基础上增加规定了情势变更制度（第五百三十三条）。六是完善代位权、撤销权等合同保全制度，进一步强化对债权人的保护，细化了债权转让、债务移转制度，增加了债务清偿抵充规则、完善了合同解除等合同终止制度（第三编第五章、第五百四十五条至第五百五十六条、第五百六十条、第五百六十三条至第五百六十六条）。七是通过吸收现行担保法有关定金规则的规定，完善违约责任制度（第五百八十六条至第五百八十八条）。

2. 关于典型合同。典型合同在市场经济活动和社会生活中应用普遍。为适应现实需要，在现行合同法规定的买卖合同、赠与合同、借款合同、租赁合同等15种典型合同的基础上，第二分编增加了4种新的典型合同：一是吸收了担保法中关于保证的内容，增加了保证合同（第三编第十三章）。二是适应我国保理行业发展和优化营商环境的需要，增加了保理合同（第三编第十六章）。三是针对物业服务领域的突出问题，增加规定了物业服务合同（第三编第二十四章）。四是增加规定合伙合同，将民法通则中有关个人合伙的规定纳入其中（第三编第二十七章）。

第三编还在总结现行合同法实践经验的基础上，完善了其他典型合同：一是通过完善检验期限的规定和所有权保留规则等完善买卖合同（第六百二十二条、第六百二十三条、第六百四十一条至第六百四十三条）。二是为维护正常的金融秩序，明确规定禁止高利放贷，借款的利率不得违反国家有关规定（第六百八十条第一款）。三是落实党中央提出的建立租购同权住房制度的要求，保护承租人利益，增加规定房屋承租人的优先承租权（第七百三十四条第二款）。四是针对近年来客运合同领域出现的旅客霸座、不配合承运人采取安全运输措施等严重干扰运输秩序和危害运输安全的问题，细化了客运合同当事人的权利义务（第八百一十五条第一款、第八百一十九条、第八百二十条）。五是根据经济社会发展需要，修改完善了赠与合同、融资租赁合同、建设工程合同、技术合同等典型合同（第三编第十一章、第十五章、第十八章、第二十章）。

3. 关于准合同。无因管理和不当得利既与合同规则同属债法性质的内容，又与合同规则有所区别，第三分编"准合同"分别对无因管理和不当得利的一般性规则作了规定。（第三编第二十八章、第二十九章）

同时考虑到总则编规定的是民事活动必须遵循的基本原则和一般性规则，统领民法典各分编，因此本书对于总则编相关内容也进行了节录。

目 录

中华人民共和国民法典（节录）

第一编 总 则

第一章 基本规定

第六章 民事法律行为

第八章　民事责任

第九章　诉讼时效

第十章　期间计算

第二编 物 权

......

第四分编 担保物权

第十六章 一般规定

第十七章 抵押权

第十九章   留置权

......

第三编 合 同

第一分编 通 则

第一章 一般规定

第二章 合同的订立

第三章 合同的效力

第四章 合同的履行

第五章　合同的保全

第六章　合同的变更和转让

第七章　合同的权利义务终止

第二分编　典型合同

第九章　买卖合同

第十章　供用电、水、气、热力合同

第十三章　保证合同

第十五章　融资租赁合同

第十八章　建设工程合同

第二十一章　保管合同

全国法院民商事审判工作会议纪要

    （2019 年 11 月 8 日）

中华人民共和国电子签名法

    （2019 年 4 月 23 日）

合同行政监督管理办法

    （2023 年 5 月 18 日）

中华人民共和国民法典（节录）

（2020 年 5 月 28 日第十三届全国人民代表大会第三次会议通过　2020 年 5 月 28 日中华人民共和国主席令第 45 号公布　自 2021 年 1 月 1 日起施行）

第一编　总　　则

第一章　基　本　规　定

第一条　**立法目的**①

　　为了保护民事主体的合法权益，调整民事关系，维护社会和经济秩序，适应中国特色社会主义发展要求，弘扬社会主义核心价值观，根据宪法，制定本法。

第二条　**调整对象**

　　民法调整平等主体的自然人、法人和非法人组织之间的人身关系和财产关系。

▶ 理解与适用

　　民事主体是民事关系的参与者、民事权利的享有者、民事义务的履行者和民事责任的承担者。本条首先列举了民事主体的具体类型，包括自然人、法人和非法人组织三类。自然人是

────────

　　①　条文主旨为编者所加，下同。

1

最为重要的民事主体，民法上使用这个概念，主要是与法人相区别。法人是法律上拟制的人，法人是一种社会组织，法律基于社会现实的需要，赋予符合一定条件的组织法人资格，便于这些组织独立从事民事活动，归根结底是为了扩展自然人从事民事活动的广度。原《民法总则》[1] 创设了第三类民事主体非法人组织，包括个人独资企业、合伙企业等不具有法人资格的组织，《民法典》予以了延续。赋予这些组织以民事主体地位，有利于其开展民事活动，也与其他法律的规定相衔接。

自然人、法人、非法人组织之间的社会关系多种多样，并非所有社会关系都由民法调整。民法仅调整他们之间的民事关系，即作为平等主体的自然人、法人、非法人组织之间发生的社会关系。

▶条文参见

《民事诉讼法》第3条

第三条　民事权利及其他合法权益受法律保护

民事主体的人身权利、财产权利以及其他合法权益受法律保护，任何组织或者个人不得侵犯。

第四条　平等原则

民事主体在民事活动中的法律地位一律平等。

▶理解与适用

平等原则，是指民事主体在从事民事活动时，相互之间在法律地位上都是平等的，合法权益受到法律的平等保护。当事人之间地位平等是民法区别于其他法律部门的最为重要的特征。

---

[1]　为便于阅读，本书中相关法律文件标题中的"中华人民共和国"字样都予以省略。

第五条 自愿原则

民事主体从事民事活动，应当遵循自愿原则，按照自己的意思设立、变更、终止民事法律关系。

▶ **理解与适用**

自愿原则，也被称为意思自治原则，就是民事主体有权根据自己的意愿，自愿从事民事活动，按照自己的意思自主决定民事法律关系的内容及其设立、变更和终止，自觉承受相应的法律后果。平等原则是民法的前提和基础，自愿原则即意思自治原则则是民法的核心。

▶ **条文参见**

《证券法》第4条；《反不正当竞争法》第2条；《电子商务法》第5条

第六条 公平原则

民事主体从事民事活动，应当遵循公平原则，合理确定各方的权利和义务。

▶ **理解与适用**

公平原则要求民事主体从事民事活动时要秉持公平理念，公正、平允、合理地确定各方的权利和义务，并依法承担相应的民事责任。公平原则体现了民法促进社会公平正义的基本价值，对规范民事主体的行为发挥着重要作用。公平原则作为民法的基本原则，不仅仅是民事主体从事民事活动应当遵守的基本行为准则，也是人民法院审理民事纠纷应当遵守的基本裁判准则。

▶ **条文参见**

《公司法》第126条；《拍卖法》第4条；《渔业法》第22条

▶典型案例指引

朱某龙诉东台市许河安全器材厂侵权责任纠纷案（《最高人民法院公报》2020 年第 2 期）

案件适用要点：个人经营的淘宝网店绑定企业营业执照后变更为企业性质网店的，虽仍由个人经营，但因淘宝店披露的信息均为该企业信息，导致该淘宝店实际已经有属于企业所有权的权利外观。在企业不再允许该绑定，且绑定不能被取消的情况下，企业径自取得该淘宝店经营权的，并不构成对个人经营权的侵权。鉴于个人对网店信用升级有一定贡献，企业将店铺经营权收回的同时，根据公平理念和利益平衡原则，应当对原经营者给予适当的补偿。

第七条　诚信原则

民事主体从事民事活动，应当遵循诚信原则，秉持诚实，恪守承诺。

▶理解与适用

诚信原则要求所有民事主体在从事任何民事活动，包括行使民事权利、履行民事义务、承担民事责任时，都应该秉持诚实、善意，信守自己的承诺。

诚信原则具有高度抽象性和概括性，使得诚信原则对于民事主体从事民事活动、司法机关进行民事裁判活动都具有重要作用。诚信原则为民事主体开展民事活动进行指导，是民事主体从事民事活动的行为规则，要求民事主体行使权利、履行义务都应善意不欺、恪守信用。同时，诚信原则对司法机关裁判民事纠纷也具有积极作用，在当事人没有明确约定或法律没有具体规定时，司法机关可以根据诚信原则填补合同漏洞、弥补法律空白，平衡民事主体之间、民事主体与社会之间的利益，进而实现社会的公平正义。

▶条文参见

《反不正当竞争法》第 2 条；《拍卖法》第 4 条

▶**典型案例指引**

韩某梅等诉阳光人寿保险股份有限公司江苏分公司保险合同纠纷案（《最高人民法院公报》2010 年第 5 期）

案件适用要点：《保险法》规定，订立保险合同，保险人应当向投保人说明保险合同的条款内容，并可以就保险标的或者被保险人的有关情况提出询问，投保人应当如实告知。保险人或其委托的代理人出售"自助式保险卡"未尽说明义务，又未对相关事项向投保人提出询问，自行代替投保人激活保险卡形成数据电文形式的电子保险单，在保险合同生效后，保险人以电子保险单内容不准确，投保人违反如实告知义务为由主张解除保险合同的，人民法院不予支持。

第八条 **守法和公序良俗原则**

民事主体从事民事活动，不得违反法律，不得违背公序良俗。

▶**理解与适用**

公序良俗是指公共秩序和善良习俗。守法和公序良俗原则要求自然人、法人和非法人组织在从事民事活动时，不得违反各种法律的强制性规定，不违背公共秩序和善良习俗：（1）民事主体从事民事活动不得违反法律。不得违反法律中的法律不仅包括民事法律，还包括其他部门法。所谓不得违反法律，就是要求不违反法律的强制性规定。民事主体在从事民事活动时，只要法律未明文禁止，又不违背公序良俗，就可以根据自己的利益和需要创设权利、义务内容。民事主体在从事民事活动时享有较大的自主空间，实现充分的意思自治。由于民法的基本原则之一就是意思自治，民法通常情况下不会干预民事主体的行为自由，民法的大多数规范都是任意性规范。对于任意性规范，民事主体可以结合自身的利益需要，决定是否纳入自己的意思自治范围。但是，任何人的自由并非毫无限制的，民法同样需要维护社会基本的生产、生活秩序，需要维护国家的基本价值追求，法律的强制性规范就是为了实现这一目的，民事主体在从事民事活动时，应当遵守法律的强制性规定。(2) 民事主体从事民事活动不得违背公序良俗。不得违背公序良俗原则，就是不得违背公共秩序和善良习俗。公共秩序，是指政治、经济、文化等领域的基本秩序和根本理念，是与国家和社会整体利益相关的基础性原则、价值和秩序，在以往的民商事立法中被称为社会公共利益。善良习俗是指基于社会主流道德观念的习俗，也被称为社会公共道德，是全体社会成员所普遍认可、遵循的道德准则。善良习俗具有一定的时代性和地域性，随着社会成员的普遍道德观念的改变而改变。公共秩序强调的是国家和社会层面的价值理念，善良习俗突出的则是民间的道德观念，二者相辅相成，互为补充。

第九条　绿色原则

> 民事主体从事民事活动，应当有利于节约资源、保护生态环境。

第十条　民法法源及顺序

> 处理民事纠纷，应当依照法律；法律没有规定的，可以适用习惯，但是不得违背公序良俗。

▶理解与适用

本条规定，人民法院、仲裁机构等在处理民事纠纷时，首先应当依照法律。这里的法律是指广义的法律，包括全国人大及其常委会制定的法律和国务院制定的行政法规，也不排除地方性法规、自治条例和单行条例等。根据我国《立法法》第11条第8项规定，民事基本制度是只能由全国人民代表大会及其常委会制定的法律规定。行政法规可以根据法律的规定或经法律的授权，针对特定领域的民事关系作出具体的细化规定。

本条还规定，法律没有规定的，可以适用不违背公序良俗的习惯。习惯是指在一定地域、行业范围内长期为一般人从事民事活动时普遍遵守的民间习俗、惯常做法等。适用习惯受到两个方面的限制：一是适用习惯的前提是法律没有规定。所谓法律没有规定，就是相关的法律、行政法规、地方性法规对特定民事纠纷未作出规定。二是所适用的习惯不得违背公序良俗。

▶条文参见

《最高人民法院关于适用〈中华人民共和国民法典〉总则编若干问题的解释》（以下简称《总则编解释》）第2条

第十一条 特别法优先

其他法律对民事关系有特别规定的，依照其规定。

▶理解与适用

《立法法》第103条规定，同一机关制定的法律，特别规定与一般规定不一致的，适用特别规定。《民法典》出台后，将作为一般法，各民商事单行法作为特别法，根据《立法法》的规定，特别法的规定将优先适用。本条明确强调了特别法优先的法律适用规则。

如关于诉讼时效，总则编规定的一般诉讼时效期间为3年。而《海商法》第260条规定，有关海上拖航合同的请求权，时效期间为1年，自知道或者应当知道权利被侵害之日起计算。《保险法》第26条第2款规定，人寿保险的被保险人或者受益人向保险人请求给付保险金的诉讼时效期间为5年，自其知道或者应当知道保险事故发生之日起计算。上述规定就具有优先适用的地位。

▶条文参见

《立法法》第103条、第105条；《涉外民事关系法律适用法》第2条；《票据法》第96条

第十二条 民法的地域效力

中华人民共和国领域内的民事活动，适用中华人民共和国法律。法律另有规定的，依照其规定。

▶条文参见
　　《涉外民事关系法律适用法》第3条

......

第五章　民事权利

......

第一百一十八条　**债权的概念**

　　民事主体依法享有债权。
　　债权是因合同、侵权行为、无因管理、不当得利以及法律的其他规定，权利人请求特定义务人为或者不为一定行为的权利。

▶理解与适用

　　债是因合同、侵权行为、无因管理、不当得利以及法律的其他规定，在特定当事人之间发生的权利义务关系。首先，债是一种民事法律关系，是民事主体之间以权利义务为内容的法律关系。其次，债是特定当事人之间的法律关系。债的主体各方均为特定当事人。再次，债是特定当事人之间得请求为或者不为一定行为的法律关系。享有权利的人是债权人，负有义务的人是债务人。债是以请求权为特征的法律关系，债权人行使债权，只能通过请求债务人为或者不为一定行为得以实现。最后，债是因合同、侵权行为、无因管理、不当得利以及法律的其他规定而发生的法律关系。债权是因合同、侵权行为、无因管理、不当得利以及法律的其他规定，权利人请求特定义务人为或者不为一定行为的权利。债权是现代社会生活中民事主体的一项重要财产权利。

　　合同是平等主体的自然人、法人、非法人组织之间设立、变更、终止民事权利义务关系的协议。合同依法成立后，即在

8

当事人之间产生债权债务关系。基于合同所产生的债为合同之债。债权人有权按照合同约定，请求合同义务人履行合同义务。合同之债是民事主体为自己利益依自己意思自行设定的，合同之债属于意定之债。

侵权行为，是指侵害他人民事权益的行为。本法第3条规定，民事主体的人身权利、财产权利以及其他合法权益受法律保护，任何组织或者个人不得侵犯。在民事活动中，民事主体的合法权益受法律保护，任何人都负有不得侵害的义务。行为人侵害他人人身权利、财产权利以及其他合法权益的，应依法承担民事责任。民事权益受到侵害的，被侵权人有权请求侵权人承担侵权责任。因侵权行为，侵权人与被侵权人之间形成债权债务关系。侵权行为之债不是侵权人所愿意发生的法律后果，法律确认侵权行为之债的目的在于通过债权和民事责任使侵权行为人承担其不法行为所造成的不利后果，给被侵权人以救济，从而保护民事主体的合法民事权益。

无因管理，是指没有法定的或者约定的义务，为避免他人利益受损失进行管理的行为。无因管理行为虽为干预他人事务，但却是以避免他人利益受损失为目的，有利于社会的互助行为。法律为鼓励这一行为赋予管理人请求受益人偿还因管理行为支出的必要费用的权利。因无因管理产生的债称为无因管理之债。无因管理之债并不是基于当事人的意愿设定的，而是根据法律的规定，为法定之债。

不当得利，是指没有法律根据，取得不当利益，造成他人损失的情形。在社会生活中，任何民事主体不得没有法律根据，取得利益而致他人损害，因此，法律规定受损失的人有权请求取得不当得利的人返还不当利益。不当得利为债的发生原因，基于不当得利而产生的债称为不当得利之债。不当得利之债既不同于合同之债，也不同于无因管理之债。不当得利不是当事人双方间的合意，并非当事人寻求的法律目的，也不以当事人的意志为转移，而是法律为纠正不当得利，直接赋予当事人的权利义务，也是法定之债。

合同、侵权行为、无因管理、不当得利是债的发生的主要原因，除此以外，法律的其他规定也会引起债的发生，民事主体依法享有债权。如本法第26条规定，父母对未成年子女负有抚养、教育和保护的义务。成年子女对父母负有赡养、扶助和保护的义务。父母不履行抚养义务时，未成年的或不能独立生活的子女，有要求父母付给抚养费的权利。子女不履行赡养义务时，无劳动能力的或生活困难的父母，有要求子女付给赡养费的权利。此时，未成年的或不能独立生活的子女和无劳动能力的或生活困难的父母依据法律的规定享有债权。

第一百一十九条　合同之债

依法成立的合同，对当事人具有法律约束力。

▶理解与适用

合同是双方或多方的民事法律行为，只有各方的意思表示一致才能成立。合同之债是当事人在平等基础上自愿设定的，订不订合同、与谁订合同、合同的内容如何等，由当事人自愿约定。但是，合同依法成立以后，对当事人就具有了法律约束力。所谓法律约束力，是指当事人应当按照合同的约定履行自己的义务，非依法律规定或者取得对方同意，不得擅自变更或者解除合同。如果不履行合同义务或者履行合同义务不符合约定，应当承担违约责任。只有依法成立的合同才能产生合同之债。

第一百二十条　侵权责任之债

民事权益受到侵害的，被侵权人有权请求侵权人承担侵权责任。

▶理解与适用

被侵权人在其民事权益被侵权人侵害构成侵权时，有权请求侵权人承担侵权责任。这种权利是一种请求权。所谓请求权，是指请求他人为一定行为或不为一定行为的权利。请求权人自己不能直接取得作为该权利内容的利益，必须通过他人的特定行为间接取得。在侵权人的行为构成侵权，侵害了被侵权人的民事权益时，被侵权人有权请求侵权人承担侵权责任。被侵权人可以直接向侵权人行使请求权，也可以向法院提起诉讼，请求法院保护自己的合法权益。

第一百二十一条　无因管理之债

没有法定的或者约定的义务，为避免他人利益受损失而进行管理的人，有权请求受益人偿还由此支出的必要费用。

▶理解与适用

构成无因管理，有以下几个要件：

1. 管理他人事务。管理他人事务，即为他人进行管理，这是成立无因管理的首要条件。如将自己的事务误认为他人事务进行管理，即使目的是为他人避免损失，也不能构成无因管理。

2. 为避免他人利益受损失。一般来说，在既无法定义务又无约定义务的情况下，管理他人的事务，属于干预他人事务的范畴。而法律规定的无因管理，是为避免他人利益受损失而进行管理的行为。符合助人为乐、危难相助的道德准则的行为，应该得到鼓励和受到保护。

3. 没有法定的或者约定的义务。无因，指没有法定的或者约定的义务。没有法定的或者约定的义务是无因管理成立的重要条件。如果行为人负有法定的或者约定的义务进行管理，则不能构成无因管理。

根据本条规定，符合以上三个要件，构成无因管理。无因管理发生后，管理人享有请求受益人偿还因管理行为支出的必要费用，受益人有偿还该项费用的义务。

第一百二十二条　不当得利之债

> 因他人没有法律根据，取得不当利益，受损失的人有权请求其返还不当利益。

▶理解与适用

构成不当得利，有以下几个要件：

1. 民事主体一方取得利益。取得利益，是指财产利益的增加。既包括积极的增加，即财产总额的增加，也包括消极的增加，即财产总额应减少而未减少，如本应支付的费用没有支付等。

2. 民事主体他方受到损失。受到损失，是指财产利益的减少。既包括积极损失，即财产总额的减少，也包括消极损失，即应当增加的利益没有增加。

3. 一方取得利益与他方受到损失之间有因果关系。一方取得利益与他方受到损失之间有因果关系是指他方的损失是因一方获得利益造成的。

4. 没有法律根据。没有法律根据是构成不当得利的重要要件。如果一方取得利益和他方受到损失之间有法律根据，民事主体之间的关系就受到法律的认可和保护，不构成不当得利。

……

第六章　民事法律行为

第一节　一般规定

第一百三十三条　民事法律行为的概念

> 民事法律行为是民事主体通过意思表示设立、变更、终止民事法律关系的行为。

▶理解与适用

民事法律行为是对合同行为、婚姻行为、遗嘱行为等一系列能够产生具体权利义务关系的行为的抽象和概括，是民事主体在民事活动中实现自己意图的一项重要民事制度。

相较于原《民法通则》，《民法典》对"民事法律行为"的内涵作了调整，使其既包括合法的法律行为，也包括无效、可撤销和效力待定的法律行为，同时强调了民事法律行为是民事主体通过意思表示设立、变更、终止民事法律关系的行为，突出了"意思表示"这一核心要素。

民事法律行为具有以下特征：

1. 民事法律行为是民事主体实施的行为。民事法律行为作为一种法律事实，其必须是由自然人、法人和非法人组织这些民事主体实施的行为，非民事主体实施的行为不是民事法律行为，例如司法机关作出的裁决，行政机关作出的处罚决定等也会产生法律后果，但其不是以民事主体身份作出的行为，因而裁决和处罚决定不属于民事法律行为。但机关在履行公共管理职能过程中可能会进行一些民事活动，例如行政机关购买办公用品、修建办公大楼等，这些行为属于民事法律行为。

2. 民事法律行为应当是以发生一定的法律效果为目的的行为。民事主体在社会生产生活中会从事各种各样的活动，但并非任何行为都是民事法律行为。根据本条的规定，只有以设立、变更、终止民事法律关系为目的的行为才是民事法律行为，其最终结果是让民事主体具体地享受民事权利、承担民事义务。所谓设立民事法律关系是指民事主体通过民事法律行为形成某种法律关系，例如在合同领域，双方当事人通过要约和承诺形成的买卖关系、租赁关系、委托关系等合同关系。所谓变更民事法律关系是指民事主体在保持原有民事法律关系效力的基础上，通过民事法律行为对其内容作出一些调整。这里需要注意的是，如果民事主体改变了原有民事法律关系的效力，就不属于

13

这里的变更，而是消灭了原有民事法律关系，设立了一个新的民事法律关系。所谓消灭民事法律关系，是指民事主体通过民事法律行为消灭原民事法律关系，终止其效力。这里需要强调的是，民事法律行为虽然是民事主体期望发生一定法律效果而实施的行为，但并非任何民事法律行为都能最终产生民事主体所期望的法律效果。民事主体所从事的民事法律行为既可能是合法的，也可能是非法的，这与原《民法通则》关于民事法律行为的规定有很大的不同。根据本章第三节关于民事法律行为效力的规定，合法有效的民事法律行为能产生民事主体所期望发生的法律效果，但是非法的民事法律行为则不一定能产生民事主体所期望的法律效果，例如无效的民事法律行为就确定地不发生民事主体所期望发生的法律效果；如果当事人提出撤销的申请，可撤销的民事法律行为也不能实现民事主体所期望的法律效果。非法的民事法律行为虽然可能不能实现民事主体意欲实现的法律效果，但是都可能产生一定的法律后果，例如根据本章的规定，欺诈、胁迫等民事法律行为是非法的，可能产生民事法律行为被撤销的法律后果；又如根据本章的规定，恶意串通损害他人合法权益的民事法律行为会产生无效的法律后果。

3. 民事法律行为是以意思表示为核心要素的行为。意思表示是指民事主体意欲发生一定法律效果的内心意思的外在表达，是民事法律行为最为核心的内容。民事法律行为之所以能对民事主体产生法律约束力，就是因为其是民事主体按照自己的意思作出的。这也是民事法律行为与事实行为最根本的区别。

> **第一百三十四条** **民事法律行为的成立**
>
> 民事法律行为可以基于双方或者多方的意思表示一致成立，也可以基于单方的意思表示成立。
>
> 法人、非法人组织依照法律或者章程规定的议事方式和表决程序作出决议的，该决议行为成立。

▶理解与适用

本条第 1 款根据不同的民事法律行为类型对其不同的成立条件和成立时间作了规定：

1. 双方民事法律行为。双方民事法律行为是指双方当事人意思表示一致才能成立的民事法律行为。最为典型的双方民事法律行为是合同。双方民事法律行为与单方民事法律行为的最大区别是行为的成立需要双方的意思表示一致，仅凭一方的意思表示而没有经过对方的认可或者同意不能成立。

2. 多方民事法律行为。多方民事法律行为是指根据两个以上的民事主体的意思表示一致而成立的行为。订立公司章程的行为和签订合伙协议的行为就是较为典型的多方民事法律行为。

3. 单方民事法律行为。单方民事法律行为是指根据一方的意思表示就能成立的行为。与双方民事法律行为不同，单方民事法律行为不存在相对方，其成立不需要其他人的配合或者同意，而是依据行为人自己一方的意志就可以产生自己所期望的法律效果。在现实生活中单方民事法律行为也不少，这些民事法律行为从内容上划分，主要可以分为两类：（1）行使个人权利而实施的单方行为，例如所有权人抛弃所有权的行为等，这些单方民事法律行为仅涉及个人的权利变动，不涉及他人的权利变动；（2）涉及他人权利变动的单方民事法律行为，例如立遗嘱，授予代理权，行使撤销权、解除权、选择权等处分形成权的行为。

第一百三十五条　民事法律行为的形式

民事法律行为可以采用书面形式、口头形式或者其他形式；法律、行政法规规定或者当事人约定采用特定形式的，应当采用特定形式。

▶理解与适用

民事法律行为的形式是民事法律行为的核心要素意思表示

的外在表现形式。

根据本条的规定，民事法律行为可以采用书面形式、口头形式或者其他形式。书面形式是指以文字等可以以有形形式再现民事法律行为内容的形式。书面形式的种类很多，根据本法第469条的规定，书面形式是合同书、信件、电报、电传、传真等可以有形地表现所载内容的形式。以电子数据交换、电子邮件等方式能够有形地表现所载内容，并可以随时调取查用的数据电文，视为书面形式。随着互联网技术的发展，微信、QQ等已成为人们社会交往的重要载体，也可以成为民事法律行为的载体，有的也属于书面形式的种类。所谓口头形式，是指当事人以面对面的谈话或者以电话交流等方式形成民事法律行为的形式。除了书面形式和口头形式外，本条还规定民事法律行为可以采用其他形式。如实施的行为本身表明已经作出相应意思表示，并符合民事法律行为成立条件的，人民法院可以认定为本条规定的采用其他形式实施的民事法律行为。例如在合同领域，可以根据当事人的行为或者特定情形推定合同的成立，即默示合同。这类合同在现实生活中很多，例如租房合同的期限届满后，出租人未提出让承租人退房，承租人也未表示退房而是继续交房租，出租人接受了租金。根据双方的行为，可以推定租赁合同继续有效。对于民事法律行为是采用书面形式、口头形式还是其他形式，由当事人自主选择，法律原则上不干涉。

▶条文参见

《总则编解释》第18条

第一百三十六条　民事法律行为的生效

民事法律行为自成立时生效，但是法律另有规定或者当事人另有约定的除外。

行为人非依法律规定或者未经对方同意，不得擅自变更或者解除民事法律行为。

▶理解与适用

民事法律行为的生效是指民事法律行为产生法律约束力。

根据本条规定，民事法律行为从成立时具有法律拘束力。也就是说，民事法律行为自成立时生效，但是，民事法律行为成立和生效的时间，既有相一致的情形，也有不一致的情形：1. 民事法律行为的成立和有效处于同一个时间点，依法成立的民事法律行为，具备法律行为生效要件的，即时生效。2. 民事法律行为的成立和生效并非同一个时间，有三种情形：（1）法律规定民事法律行为须批准、登记生效的，成立后须经过批准、登记程序才能发生法律效力。（2）当事人约定民事法律行为生效条件的，约定的生效条件成就的，才能发生法律效力。（3）附生效条件、附生效期限的民事法律行为，其所附条件成就，或者所附期限到来时，该民事法律行为才能生效，其成立和生效也并非同一时间。

第二节　意思表示

第一百三十七条　有特定相对人的意思表示的生效时间

以对话方式作出的意思表示，相对人知道其内容时生效。

以非对话方式作出的意思表示，到达相对人时生效。以非对话方式作出的采用数据电文形式的意思表示，相对人指定特定系统接收数据电文的，该数据电文进入该特定系统时生效；未指定特定系统的，相对人知道或者应当知道该数据电文进入其系统时生效。当事人对采用数据电文形式的意思表示的生效时间另有约定的，按照其约定。

▶理解与适用

意思表示是指行为人为了产生一定民法上的效果而将其内心意思通过一定方式表达于外部的行为。意思是指设立、变更、终止民事法律关系的内心意图，表示是指将内心意思以适当方式向适当对象表示出来的行为。意思表示具有如下特征：1. 意思表示的表意人具有使民事法律关系发生变动的意图。通过这种意图，表意人可以依据自己的主观意志发生法律关系，所以从这种角度讲，意思表示是实现意思自治的工具。2. 意思表示是一个将意思由内到外的表示过程。一个人内心可能有很多的主观意思，但是若不通过适当的方式表示出来，让他人知晓，其内心意思就没有任何法律意义。3. 意思表示可以产生一定的法律效果。符合法定生效要件的意思表示可以发生当事人预期的法律效果。意思表示作为民事法律行为中最为核心的要素，对于确定民事法律行为的效力具有重要作用。

本条是对有相对人的意思表示生效时间的规定。对于此类情况，本条根据是否采用对话方式作了不同规定：

1. 以对话方式作出的意思表示。所谓以对话方式作出的意思表示是指采取使相对方可以同步受领的方式进行的意思表示，例如面对面交谈、电话等方式。在以这种方式进行的意思表示中，表意人作出意思表示和相对人受领意思表示是同步进行的，没有时间差，因此，表意人作出意思表示并使相对人知道时即发生效力。基于此，本条第1款规定，以对话方式作出的意思表示，相对人知道其内容时生效。

2. 以非对话方式作出的意思表示。以非对话方式作出的意思表示，是表意人作出意思表示的时间与相对人受领意思表示的时间不同步，二者之间存在时间差。非对话的意思表示在现实生活中存在的形式多样，例如传真、信函等。对于非对话的意思表示的生效时间，我国采用到达主义，规定意思表示到达相对人时生效。需要强调的是，这里"到达"并不意味着相对人必须亲自收到，只要进入相对人通常的地址、住所或者能够控制的地方（如信箱）即可视为到达，意思表示被相对人的代理人收到也可以视为到达。送达相对人时生效还意味着即使在意思表示送达相对人前相对人已经知道该意思表示内容的，该意思表示也不生效。

3. 以非对话方式作出的采用数据电文形式的意思表示。数据电文系指经由电子手段、电磁手段、光学手段或类似手段生成、发送、接收或存储的信息，这些手段包括但不限于电子数据交换、电子邮件、电报、电传或传真。采用数据电文方式作出的意思表示虽然也是以非对话方式进行的，但由于其发出和到达具有自动性、实时性等特点，意思表示发出即到达，其生效时间也与一般的非对话方式作出的意思表示的生效时间有所区别。采用数据电文形式订立合同，收件人指定特定系统接收数据电文的，该数据电文进入该特定系统的时间，视为到达时间；未指定特定系统的，该数据电文进入收件人的任何系统的首次时间，视为到达时间。当事人对采用数据电文形式的意思表示的生效时间另有约定的，按照其约定。这主要是为了尊重当事人对意思表示生效时间的约定，体现意思自治。在现实生活中，当事人可以约定数据电文形式意思表示的生效时间不是该意思表示进入特定系统的时间。有这种约定的，从其约定。

▶条文参见

《电子签名法》第 11 条

第一百三十八条 **无相对人的意思表示的生效时间**

无相对人的意思表示，表示完成时生效。法律另有规定的，依照其规定。

▶理解与适用

本条对无相对人的意思表示的生效时间作了规定。无相对人的意思表示在完成时生效，这是无相对人意思表示生效的一般性规则。但有时法律对无相对人的意思表示的生效时间会作出特别规定，例如《民法典》继承编部分就明确规定，遗嘱这种无相对人的意思表示自遗嘱人死亡时发生效力。所以，本条还规定，法律对无相对人意思表示的生效时间另有规定的，依照其规定。

第一百三十九条　公告的意思表示的生效时间

以公告方式作出的意思表示，公告发布时生效。

第一百四十条　意思表示的形式

行为人可以明示或者默示作出意思表示。

沉默只有在有法律规定、当事人约定或者符合当事人之间的交易习惯时，才可以视为意思表示。

▶理解与适用

意思表示可以明示的方式或默示的方式作出。所谓明示的意思表示就是行为人以作为的方式，使得相对人能够直接了解到意思表示的内容。比较典型的是表意人采用口头、书面方式直接向相对人进行的意思表示。以默示方式作出的意思表示，又称为行为默示，是指行为人虽没有以语言或文字等明示方式作出意思表示，但以行为的方式作出了意思表示。这种方式虽不如明示方式那么直接表达出了意思表示的内容，但通过其行为可以推定出其作出一定的意思表示。在现实生活中，以默示方式作出的意思表示也比较常见。例如某人向自动售货机投入货币的行为即可推断其作出了购买物品的意思表示。又比如某人乘坐无人售票的公交车时，其投币行为就可以视为其具有缔结运输合同的意思表示。

在现实生活中也会出现一种特殊情形，即行为人以沉默的方式作出意思表示。沉默是一种既无语言表示也无行为表示的纯粹的缄默，是一种完全的不作为。沉默原则上不得作为意思表示的方式。只有在有法律规定、当事人约定或者符合当事人之间的交易习惯时，才可以视为意思表示。例如本法典合同编第638条第1款规定，试用买卖的买受人在试用期内可以购买标的物，也可以拒绝购买。试用期限届满，买受人对是否购买标的物未作表示的，视为购买。在这条规定中，试用期限届满

20

后，买受人对是否购买标的物未作表示就是一种沉默，但这种沉默就可以视为买受人作出了购买的意思表示。

第一百四十一条 意思表示的撤回

行为人可以撤回意思表示。撤回意思表示的通知应当在意思表示到达相对人前或者与意思表示同时到达相对人。

▶理解与适用

意思表示的撤回，是指在意思表示作出之后但在发生法律效力之前，意思表示的行为人欲使该意思表示不发生效力而作出的意思表示。意思表示之所以可以撤回，是因为意思表示生效才能发生法律约束力，在其尚未生效之前，不会对意思表示的相对人产生任何影响，也不会对交易秩序产生任何影响。

行为人可以撤回意思表示，但不是在任何情况下都可以，而是有条件的。根据本条的规定，撤回意思表示的通知应当在意思表示到达相对人前或者与意思表示同时到达相对人。如果撤回意思表示的通知在意思表示到达相对人之后到达的，该意思表示已经生效，是否能够使其失效，则取决于相对人是否同意。因此，行为人若要撤回意思表示，必须选择以快于意思表示作出的方式发出撤回的通知，使之能在意思表示到达之前到达相对人。如果意思表示的行为人作出意思表示以后又立即以比作出意思表示更快的方式发出撤回通知，按照通常情况，撤回的通知应当先于或者最迟会与意思表示同时到达相对人，但因为其他原因耽误了，撤回的通知在意思表示到达相对人后才到达相对人，在这种情况下，相对人应当根据诚信原则及时通知意思表示的行为人，告知其撤回的通知已经迟到，意思表示已经生效；如果相对人怠于通知行为人，行为人撤回意思表示的通知视为未迟到，仍发生撤回表示的效力。

理解本条需要注意两点：

1. 意思表示的撤回原则上只有在该意思表示有相对人的情

况下才有意义，若是无相对人的意思表示，在表示作出时就发生效力，不可能撤回，只可能撤销。

2. 意思表示的撤回与意思表示的撤销是不同的。根据本条的规定，意思表示的撤回是在意思表示未生效前使其不发生效力，而意思表示的撤销是指在意思表示作出并生效之后，行为人又作出取消其意思表示的表示。由于意思表示在到达后已经生效，相对人已知悉了意思表示的内容，甚至可能已经对该意思表示产生了合理的信赖，因此，行为人能否在意思表示生效后取消其意思表示，需要考虑保障相对人合理信赖的问题。这与意思表示撤回中仅考虑保护意思表示行为人对其意思表示的自由处分权利存在较大区别。考虑到意思表示生效后，已经对行为人产生了法律约束力，能否撤销，要平衡行为人和相对人的利益，不宜泛泛规定行为人可以撤销意思表示，基于此，合同编规定，要约可以撤销，但撤销要约的通知应当在受要约人发出承诺通知之前到达受要约人。同时还规定，有下列情形之一的，要约不得撤销：（1）要约人以确定承诺期限或者其他形式明示要约不可撤销；（2）受要约人有理由认为要约是不可撤销的，并已经为履行合同做了合理准备工作。所以，本条只规定了意思表示的撤回，未规定意思表示的撤销。

第一百四十二条 意思表示的解释

> 有相对人的意思表示的解释，应当按照所使用的词句，结合相关条款、行为的性质和目的、习惯以及诚信原则，确定意思表示的含义。
>
> 无相对人的意思表示的解释，不能完全拘泥于所使用的词句，而应当结合相关条款、行为的性质和目的、习惯以及诚信原则，确定行为人的真实意思。

▶理解与适用

所谓意思表示的解释是指因意思表示不清楚或者不明确发生

争议时，由人民法院或者仲裁机构对意思表示进行的解释。解释的目的就是明确意思表示的真实含义。意思表示的解释具有以下特征：1. 意思表示解释的对象是当事人已经表示出来的、确定的意思，而非深藏于当事人内心的意思。深藏于当事人内心的意思无法作为认识的对象，是无法解释的。2. 对意思表示进行解释的主体是人民法院或者仲裁机构，并不是任何机构或者个人都可以对意思表示作出有权解释。只有人民法院或者仲裁机构对意思表示作出的解释才是有权解释，才会对当事人产生法律约束力。3. 人民法院或者仲裁机构对意思表示的解释不是任意的主观解释，而是必须遵循一定的规则进行解释，这些规则就是解释意思表示的方法。

　　本条区分有相对人的意思表示和无相对人的意思表示，分别规定了不同的解释规则，主要基于以下考虑：有相对人的意思表示中，需要有意思表示的受领人，意思表示一旦为相对人所受领，相对人就会对此产生合理信赖。如果出现表意人的内心真实意思和外在表示出来的意思不一致的情况，就需要平衡保护相对人的信赖利益与保护表意人的内心真实意思；同时，在这种情况下还需要考虑相对人对意思表示的理解水平。而在无相对人的意思表示的情况下，因不存在受领人，则不需要考虑受领人的理解水平问题。因此，对无相对人的意思表示的解释就是主要探究表意人的内心真实意思。这里需要强调一点，对无相对人的意思表示的解释，不能完全拘泥于意思表示所使用的词句，但不是完全抛开意思表示所使用的词句，这主要是为了防止在解释这类意思表示时自由裁量权过大，影响当事人的利益。例如在对遗嘱进行解释时，虽说主要是探究遗嘱人作遗嘱的真实意思，但也不能完全不考虑遗嘱本身的词句。

▶条文参见

　　《最高人民法院关于适用〈中华人民共和国民法典〉合同编通则若干问题的解释》（以下简称《民法典合同编通则司法解释》）第1条

23

第三节　民事法律行为的效力

第一百四十三条　民事法律行为的有效条件

具备下列条件的民事法律行为有效：

（一）行为人具有相应的民事行为能力；

（二）意思表示真实；

（三）不违反法律、行政法规的强制性规定，不违背公序良俗。

▶理解与适用

根据本条规定，民事法律行为应当具备的有效条件包括：

1. 行为人具有相应的民事行为能力。民事行为能力是行为人通过自己行为参与民事活动，享有权利和承担义务的能力。与作为法律资格的民事权利能力相比，民事行为能力是行为人实施民事法律行为的相应保证。

2. 意思表示真实。意思表示作为民事法律行为的核心要素，其真实性对于保证行为人正确实现行为目的至关重要。应当注意，此处的真实应作扩大解释，实际上还包含了传统民法理论意思表示自由的含义。比如，在因欺诈、胁迫实施民事法律行为的情形，受欺诈人、受胁迫人的意思表示虽然从表面看是真实的，但实际上并非其内心自由意志的体现。在意思表示不真实的情况下，民事法律行为不具有完全的效力。

3. 不违反法律、行政法规的强制性规定，不违背公序良俗。

▶条文参见

《消费者权益保护法》第26条

▶典型案例指引

云南福运物流有限公司与中国人寿财产保险股份公司曲靖中心支公司财产损失保险合同纠纷案（《最高人民法院公报》

2016 年第 7 期)

案件适用要点：当事人就货物保险损失达成的《赔偿协议书》及《货运险赔偿确认书》是对财产损害赔偿金额的自认，是真实意思表示，是有效的民事法律行为。

| 第一百四十四条 | **无民事行为能力人实施的民事法律行为** |

无民事行为能力人实施的民事法律行为无效。

| 第一百四十五条 | **限制民事行为能力人实施的民事法律行为** |

限制民事行为能力人实施的纯获利益的民事法律行为或者与其年龄、智力、精神健康状况相适应的民事法律行为有效；实施的其他民事法律行为经法定代理人同意或者追认后有效。

相对人可以催告法定代理人自收到通知之日起三十日内予以追认。法定代理人未作表示的，视为拒绝追认。民事法律行为被追认前，善意相对人有撤销的权利。撤销应当以通知的方式作出。

▶ **理解与适用**

限制民事行为能力人所从事的民事法律行为，须经法定代理人同意或者追认才能有效。如果没有经过同意或者追认，民事法律行为即使成立，也并不实际生效，而处于效力待定状态。这里对法定代理人补正限制民事行为能力人的行为能力规定了两种方式：一种是同意，指的是法定代理人事先对限制民事行为能力人实施某种民事法律行为予以明确认可；另一种是追认，指的是法定代理人事后明确无误地对限制民事行为能力人实施某种民事法律行为表示同意。无论是事先的同意还是事后的追认，都是法定代理人的单方意思表示，无须行为相对人的同意即可发生效力。需要说明的是，法定代理人对限制民事行为能力人行为的同意或者追认应当采用明示的方式作出，同时应当为行为相对人所知晓才能发生效力。

限制民事行为能力人实施民事法律行为后，与其从事民事法律行为的相对人可以催告限制民事行为能力人的法定代理人在 30 日内予以追认。法定代理人未作表示的，视为拒绝追认。

本条第 2 款除规定相对人的催告权外，还规定了善意相对人的撤销权，即民事法律行为被追认前，善意相对人有撤销的权利。此处的撤销权在性质上属于形成权，即相对人可以直接通过自己的行为而无须借助他人即可行使的权利。本条撤销权的行使应注意以下几点：1. 相对人撤销权的行使须在法定代理人追认之前，法定代理人一经追认，相对人不得再行使这一权利。2. 仅善意相对人可行使撤销权。所谓善意，是指相对人实施民事法律行为时并不知晓对方为限制民事行为能力人，且此种不知晓不构成重大过失。3. 相对人行使撤销权时，应当通过通知的方式作出，这种通知必须是明示的、明确的，不得通过默示的方式。

▶条文参见

《票据法》第 6 条

第一百四十六条　**虚假表示与隐藏行为效力**

行为人与相对人以虚假的意思表示实施的民事法律行为无效。

以虚假的意思表示隐藏的民事法律行为的效力，依照有关法律规定处理。

▶理解与适用

虚假意思表示又称虚伪表示，是指行为人与相对人都知道自己所表示的意思并非真意，通谋作出与真意不一致的意思表示。虚假表示的特征在于，双方当事人都知道自己所表示出的意思不是真实意思，民事法律行为本身欠缺效果意思，双方均不希望此行为能够真正发生法律上的效力。一般而言，虚假表示在结构上包括内外两层行为：外部的表面行为是双方当事人共同作出与真实意思不一致的行为，也可称作伪装行为；内部的隐藏行为则是被隐藏于表面行为之下，体现双方真实意思的行为，也可称作非伪装行为。比如，双方名为买卖实为赠与，买卖并非双方的真实意思表示，属于表面行为或伪装行为；赠与是双方的真实意思表示，属于隐藏行为或者非伪装行为。尽管隐藏行为的存在与虚假表示联系在一起，但虚假表示与隐藏行为并不总是一一对应。具体而言，无虚假表示就无所谓隐藏行为，有隐藏行为也就存在虚假表示，但存在虚假表示，并不一定有隐藏行为。比如，以逃避债务为目的假装财产赠与，赠与行为是虚假表示，但并不存在隐藏行为。

本条第 1 款是对双方以虚假意思表示作出的民事法律行为效力的规定，即行为人与相对人以虚假的意思表示实施的民事法律行为无效。这一规定的含义是：双方通过虚假的意思表示实施的民事法律行为是无效的。之所以对通过虚伪表示实施的民事法律行为的效力予以否定，是因为这一意思表示所指向的法律效果并非双方当事人的内心真意，双方对此相互知晓，如果认定其为有效，有悖于意思自治的原则。本款虽未明确规定行为人与相对人须通谋而为虚假的意思表示，实际上双方对虚假意思表示达成一致的结果反映出二者必须有一个意思联络的过程。这也是虚伪表示区别于真意保留的重要一点，真意保留的相对人并不知晓行为人表示的是虚假意思。

本条第 2 款是对隐藏行为效力的规定：行为人以虚假的意思表示隐藏的民事法律行为的效力，依照有关法律规定处理。当同时存在虚伪表示与隐藏行为时，虚伪表示无效，隐藏行为并不因此无效，其效力如何，应当依据有关法律规定处理。具体来说，如果这种隐藏行为本身符合该行为的生效要件，那么就可以生效。如在名为赠与实为买卖的行为中，赠与行为属于双方共同以虚假意思表示实施的民事法律行为，无效；而隐藏于赠与形式之下的买卖则是双方共同的真实意思表示，其效力能否成就取决于其是否符合买卖合同有关的法律规定：如果符合买卖合同生效要件的法律规定，则为有效；反之，则无效。

▶ **典型案例指引**

日照港集团有限公司煤炭运销部与山西焦煤集团国际发展股份有限公司借款合同纠纷案（《最高人民法院公报》2017年第6期）

案件适用要点：在三方或三方以上的企业间进行的封闭式循环买卖中，一方在同一时期先卖后买同一标的物，低价卖出高价买入，明显违背营利法人的经营目的与商业常理，此种异常的买卖实为企业间以买卖形式掩盖的借贷法律关系。企业间为此而签订的买卖合同，属于当事人共同实施的虚伪意思表示，应认定为无效。

在企业间实际的借贷法律关系中，作为中间方的托盘企业并非出于生产、经营需要而借款，而是为了转贷牟利，故借款合同亦应认定为无效。借款合同无效后，借款人应向贷款人返还借款的本金和利息。因贷款人对合同的无效也存在过错，人民法院可以相应减轻借款人返还的利息金额。

第一百四十七条	**重大误解**

基于重大误解实施的民事法律行为，行为人有权请求人民法院或者仲裁机构予以撤销。

▶ **理解与适用**

本条是关于基于重大误解实施的民事法律行为的效力规定。传统民法理论与重大误解相关的概念是错误。错误是指表意人非故意地使意思与表示不一致。按照意思表示本身的两个阶段，可以划分为意思形成阶段的错误和意思表达阶段的错误。其中，意思表达阶段的错误，是错误制度的主要规范对象，又可细分为表示错误与内容错误。所谓表示错误，是指表意人错误使用表示符号，该表示符号所表达的法律后果并非表意人内心的真实想法，典型的如将合同价款10000元写成1000元、误将A画当作B画取走等。所谓内容错误，不同于表示错误，它是指表意人使用的表示符号并没有错，但对该符号所表示的内容产生理解错误。典型的内容错误又可细分为同一性错误和行为类型错误。同一性错误如甲想和乙订立合同，却误将丙当作乙。行为类型错误如甲想把画卖给乙，对乙说："我有一幅画，你要不要?"由于没有约定价格，乙理解为赠与而予以接受。此时，买卖合同因未形成合意而不成立，赠与因符合表示主义而成立。甲可以基于行为类型错误而主张撤销赠与合同。意思形成阶段的错误，是指表意人在形成意思表示时所产生的错误，也称为动机错误。原则上，法律行为的效力与动机错误无关。比如，当事人对相对人的履约能力是否符合自己需求产生错误认识，不应作为错误主张撤销。但是，动机错误一律不得作为错误予以撤销的原则也有例外，当有关人或物的性质错误被视为对交易具有重要作用时，这种情形下的动机错误视为内容错误，同样可以适用错误规则。性质错误典型的例子如，甲以为 A 赛马赢得过竞赛冠军，故以重金买下，但实际上赢得竞赛冠军的是 B 赛马。此时甲对 A 赛马是否赢得过竞赛冠军的能力产生错误认识，属于性质错误。

认定重大误解需满足以下几个条件：一是行为人主观上存在错误认识，这种错误可以是关于行为的性质，也可以是关于行为的相对人、交易标的的质量、数量等；二是行为的结果与行为人的意思相悖；三是行为人的错误认识与行为后果之间存在因果关系，即如果没有这种错误认识，将不会产生该行为后果；四是行为人在客观上遭受了较大损失，如果没有损失或者损失较小，也不能构成重大误解。行为人对行为的性质、对方当事人或者标的物的品种、质量、规格、价格、数量等产生错误认识，按照通常理解如果不发生该错误认识行为人就不会作出相应意思表示的，人民法院可以认定为本条规定的重大误解。

行为人能够证明自己实施民事法律行为时存在重大误解，并请求撤销该民事法律行为的，人民法院依法予以支持；但是，根据交易习惯等认定行为人无权请求撤销的除外。

第一百四十八条　欺诈

> 一方以欺诈手段，使对方在违背真实意思的情况下实施的民事法律行为，受欺诈方有权请求人民法院或者仲裁机构予以撤销。

▶ 理解与适用

民法中的欺诈，一般是指行为人故意欺骗他人，使对方陷入错误判断，并基于此错误判断作出意思表示的行为。欺诈的构成要件一般包括四项：一是行为人须有欺诈的故意。这种故意既包括使对方陷入错误判断的故意，也包括诱使对方基于此错误判断而作出意思表示的故意。二是行为人须有欺诈的行为。这种行为既可以是故意告知虚假情况，也可以是负有告知义务的人故意隐瞒真实情况。三是受欺诈人因行为人的欺诈行为陷入错误判断，即欺诈行为与错误判断之间存在因果关系。四是受欺诈人基于错误判断作出意思表示。

欺诈的构成并不需要受欺诈人客观上遭受损害后果的事实，只要受欺诈人因欺诈行为作出了实施民事法律行为的意思表示，即可成立欺诈。欺诈的法律后果为可撤销，享有撤销权的是受欺诈人。

关于撤销权的行使。应通过人民法院或者仲裁机构为宜。此处需要注意的是，《民法典》没有延续原《合同法》对欺诈行为可变更的规定，仅规定了可撤销。

▶ 典型案例指引

1. 刘向前诉安邦财产保险公司保险合同纠纷案（《最高人民法院公报》2013年第8期）

案件适用要点：保险事故发生后，保险公司作为专业理赔机构，基于专业经验及对保险合同的理解，其明知或应知保险事故属于赔偿范围，而在无法律和合同依据的情况下，故意隐瞒被保险人可以获得保险赔偿的重要事实，对被保险人进行诱导，在此基础上双方达成销案协议的，应认定被保险人作出了不真实的意思表示，保险公司的行为违背诚信原则构成保险合同欺诈。被保险人请求撤销该销案协议的，人民法院应予支持。

2. 中国农业银行长沙市先锋支行与湖南金帆投资管理有限公司、长沙金霞开发建设有限公司借款担保合同纠纷案（《最高人民法院公报》2009 年第 1 期）

案件适用要点：导致合同当事人分别持有的合同文本内容有出入的原因复杂多样，不能据此简单地认定合同某一方当事人存在故意欺诈的情形。合同一方当事人如果据此主张对方当事人恶意欺诈，还应当提供其他证据予以证明。

| 第一百四十九条 | 第三人欺诈 |

第三人实施欺诈行为，使一方在违背真实意思的情况下实施的民事法律行为，对方知道或者应当知道该欺诈行为的，受欺诈方有权请求人民法院或者仲裁机构予以撤销。

▶理解与适用

本条中的第三人，一般是指民事法律行为的双方当事人之外、与一方存在某种关系的特定人。当事人之外的第三人对其中一方当事人实施欺诈，有可能是仅仅为了帮助对方当事人达成交易，也有可能是最终为实现自己的目的。

但其根本目的在于使受欺诈人陷入错误认识，作出"若了解真实情况便不会作出的"意思表示。此时，受欺诈人享有对民事法律行为的撤销权，但该撤销权行使须满足一定条件。具体来说，第三人实施欺诈行为，只有在受欺诈人的相对方非属于善意时，受欺诈人才能行使撤销权。相对方的这种非善意表现为，对于第三人的欺诈行为，其知道或者应当知道。撤销权的行使仍须通过人民法院或者仲裁机构行使。

需注意的是，在第三人欺诈而相对人是善意的情况下，受欺诈人尽管不能通过行使撤销权的方式保护其自身权益，但如果其权益因此受损，并不妨碍其向实施欺诈的第三人主张赔偿。

▶条文参见

《民法典合同编通则司法解释》第5条

第一百五十条　胁迫

一方或者第三人以胁迫手段，使对方在违背真实意思的情况下实施的民事法律行为，受胁迫方有权请求人民法院或者仲裁机构予以撤销。

▶理解与适用

所谓胁迫，是指行为人通过威胁、恐吓等不法手段对他人思想上施加强制，由此使他人产生恐惧心理并基于恐惧心理作出意思表示的行为。在民法理论中，胁迫与欺诈一样，都属于意思表示不自由的情形。当事人因受胁迫而作出意思表示，其意思表示并没有产生错误，受胁迫人在作出符合胁迫人要求的意思表示时，清楚地意识到自己意思表示的法律后果，只是这种意思表示的作出并非基于受胁迫人的自由意志。胁迫的构成要件一般应当包括：1. 胁迫人主观上有胁迫的故意，即故意实施胁迫行为使他人陷入恐惧以及基于此恐惧心理作出意思表示。2. 胁迫人客观上实施了胁迫的行为。即以将要实施某种加害行为威胁受胁迫人，以此使受胁迫人产生心理恐惧。这种加害既可以是对自然人及其近亲属等的人身权利、财产权利以及其他合法权益造成损害，也可以是对法人、非法人组织的名誉、荣誉、财产权益等造成损害，客观上使受胁迫人产生了恐惧心理。3. 胁迫须具有不法性，包括手段或者目的的不法性，反之则不成立胁迫。4. 受胁迫人基于胁迫产生的恐惧心理作出意思表示。换言之，意思表示的作出与胁迫存在因果关系。此处因果关系的判断，应以受胁迫人自身而非其他人为标准。

从民法理论上讲，胁迫行为具有不法性，且构成对受胁迫人利益的侵害，应当认定因胁迫实施的民事法律行为无效。但考虑到民事活动的复杂性以及意思自治的民事基本原则，受胁迫人在其权益受损时，有权基于自身的利益衡量对民事法律行为的效力作出选择。因此，本条将因胁迫实施的民事法律行为效力规定为可撤销，同时赋予受胁迫人以撤销权。

需要注意的是，根据本条规定，无论是一方胁迫还是第三人胁迫，受胁迫人均享有对民事法律行为的撤销权。

▶条文参见

《民法典合同编通则司法解释》第 5 条

第一百五十一条　乘人之危导致的显失公平

> 一方利用对方处于危困状态、缺乏判断能力等情形，致使民事法律行为成立时显失公平的，受损害方有权请求人民法院或者仲裁机构予以撤销。

▶理解与适用

本条的显失公平将原《民法通则》和《合同法》中的"显失公平"与"乘人之危"合并规定，并赋予了其新的内涵。

本条所规定的显失公平须包括两项要件：1. 主观上，民事法律行为的一方当事人利用了对方处于危困状态、缺乏判断能力等情形。这意味着，一方当事人主观上意识到对方当事人处于不利情境，且有利用这一不利情境之故意。所谓危困状态，一般指因陷入某种暂时性的急迫困境而对于金钱、物的需求极为迫切等。如一方利用对方家有重病患者、为治疗病患出卖房产之机，以远低于市场价格购买该房产。所谓缺乏判断能力，是指缺少基于理性考虑而实施民事法律行为或对民事法律行为的后果予以评估的能力，如金融机构的从业人员向文化水平较低的老年人兜售理财产品，由于缺少判断能力，这些老年人以高昂价格购买了实际收益率较低的理财产品。2. 客观上，民事行为成立时显失公平。此处的显失公平是指双方当事人在民事法律行为中的权利义务明显失衡、显著不相称。至于"失衡"、"不相称"的具体标准，则需要结合民事法律行为的具体情形，

33

如市场风险、交易行情、通常做法等加以判断。同时，需要说明的是，对于显失公平的判断时点，应以民事法律行为成立时为限。由于民事法律行为从成立到实际履行往往有一个过程，这一过程中的许多因素都可能对双方当事人的权利义务产生影响，如果不限定判断的时点，对于显失公平的判定将会缺少客观标准，也无法将原已存在的"权利义务失衡"结果与民事法律行为成立后当事人以外因素对权利义务产生的影响相区分。

▶典型案例指引

1. 黄某华诉刘某明债权人撤销权纠纷案（《最高人民法院公报》2013年第1期）

案件适用要点：用人单位与劳动者就工伤事故达成赔偿协议，但约定的赔偿金额明显低于劳动者应当享受的工伤保险待遇的，应当认定为显失公平。劳动者请求撤销该赔偿协议的，人民法院应予支持。

2. 家园公司诉森得瑞公司合同纠纷案（《最高人民法院公报》2007年第2期）

案件适用要点：合同的显失公平，是指合同一方当事人利用自身优势，或者利用对方没有经验等情形，在与对方签订合同中设定明显对自己一方有利的条款，致使双方基于合同的权利义务和客观利益严重失衡，明显违反公平原则。双方签订的合同中设定了某些看似对一方明显不利的条款，但设立该条款是双方当事人真实的意思表示，其实质恰恰在于衡平双方的权利义务。在此情形下，合同一方当事人以显失公平为由请求撤销该合同条款的，不应予以支持。

第一百五十二条　撤销权的消灭

有下列情形之一的，撤销权消灭：

（一）当事人自知道或者应当知道撤销事由之日起一年内、重大误解的当事人自知道或者应当知道撤销事由之日起九十日内没有行使撤销权；

（二）当事人受胁迫，自胁迫行为终止之日起一年内没有行使撤销权；

（三）当事人知道撤销事由后明确表示或者以自己的行为表明放弃撤销权。

当事人自民事法律行为发生之日起五年内没有行使撤销权的，撤销权消灭。

▶理解与适用

民事法律行为因不同事由被撤销的，其撤销权应当在一定期间内行使。这一点是由撤销权的性质所决定的。在民法理论上，撤销权属于形成权，行为人可以通过自己的行为直接行使权利，实现权利目的。但是，撤销权的行使将使得可撤销的民事法律行为效力终局性地归于无效，这将对相对人的利益产生重大影响，因此，享有撤销权的权利人必须在一定期间内决定是否行使这一权利，从而保护相对人的利益，维护交易安全。这一期间被称为除斥期间，除斥期间经过，撤销权终局性地归于消灭，可撤销的民事法律行为自此成为完全有效的民事法律行为。

由于导致民事法律行为可撤销的事由多样，因此不同情况下除斥期间的起算以及期间的长短也应有所不同。本条在原《民法通则》和《合同法》规定的基础上，对撤销权的除斥期间作了以下规定：1. 撤销权原则上应在权利人知道或者应当知道撤销事由之日起 1 年内行使，但自民事法律行为发生之日起 5 年内没有行使的，撤销权消灭。将期间起算的标准规定为"当事人自知道或者应当知道撤销事由之日"，有利于撤销权人的利益保护，防止其因不知撤销事由存在而错失撤销权的行使。同时，辅之以"自民事法律行为发生之日起五年"的客观期间，有助于法律关系的稳定，稳定交易秩序，维护交易安全。2. 对于因重大误解享有撤销权的，权利人应在知道或者应当知道撤销事由之日起 90 日内行使，否则撤销权消灭。同欺诈、胁迫、显失公平等影响意思表示自由的情形相比，重大误解权利人的撤销事由系自己造就，不应赋予其与其他撤销事由同样的除斥期间。3. 对于因胁迫享有撤销权的，应自胁迫行为终止之日起 1 年内行使，否则撤销权消灭。同欺诈、重大误解等其他撤销事由相比，胁迫具有特殊性。受胁迫人在胁迫行为终止前，即使知道胁迫行为的存在，事实上仍然无法行使撤销权。考虑到这一特殊情况，本条将因胁迫享有撤销权的除斥期间起算规定为"自胁迫行为终止之日起"，期间仍为 1 年。4. 对于权利人知道撤销事由后明确表示或者以自己的行为表明放弃撤销权的，撤销权消灭，不受 1 年期间的限制。权利人无论是明确表示还是通过行为表示对撤销权的放弃，均属于对自己权利的处分，依据意思自治的原则，法律予以准许。

第一百五十三条　违反强制性规定；违背公序良俗

违反法律、行政法规的强制性规定的民事法律行为无效。但是，该强制性规定不导致该民事法律行为无效的除外。

违背公序良俗的民事法律行为无效。

▶理解与适用

民事法律行为虽然是彰显意思自治、保障权利实现的主要制度，但这种自由必须限定在不损害国家利益、社会公共利益的范围之内。民事主体的民事法律行为一旦超越法律和道德所容许的限度，构成对国家利益、社会公共利益的侵害，其效力就必须被否定。而法律、行政法规的强制性规定以及公共秩序和善良习俗，即是对民事主体意思自治施加的限制。

本法第 143 条规定了民事法律行为的有效要件，属于对民事法律行为有效的一般性要求，而本条则属于可以直接判定行为效力的裁判性规范。

本条第 1 款规定，违反法律、行政法规的强制性规定的民事法律行为无效，但是该强制性规定不导致该民事法律行为无效的除外。法律规范分为强制性规范与任意性规范。任意性规范的目的是引导、规范民事主体的行为，并不具备强制性效力，民事法律行为与任意性规范不一致的，并不影响其效力。任意性规范体现的是法律对主体实施民事法律行为的一种指引，当事人可以选择适用，也可以选择不适用。与任意性规范相对的是强制性规范，后者体现的是法律基于对国家利益、社会公共利益等的考量，对私人意思自治领域所施加的一种限制。民事主体在实施民事法律行为时，必须服从这种对行为自由的限制，否则会因对国家利益、社会公共利益等的侵害而被判定无效。但是，民事法律行为违反强制性规定无效有一种例外，即当该强制性规定本身并不导致民事法律行为无效时，民事法律行为并不无效。这里实际上涉及对具体强制性规定的性质判断问题。某些强制性规定尽管要求民事主体不得违反，但其并不导致民事法律行为无效。违反该法律规定的后果应由违法一方承担，没有违法的当事人不应承受一方违法的后果。比如，一家经营水果的商店出售种子，农户购买了该种子，该商店违法经营种子，必须承担相应违法责任，但出于保护农户的目的，不宜认定该买卖行为无效。

本条第 2 款规定，违背公序良俗的民事法律行为无效。公序良俗是公共秩序和善良习俗的简称，属于不确定概念。民法学说一般采取类型化研究的方式，将裁判实务中依据公序良俗裁判的典型案件，区别为若干公序良俗违反的行为类型。人民法院或者仲裁机构在审理案件时，如果发现待决案件事实与其中某一个类型相符，即可判定行为无效。这些类型包括但不限于：（1）危害国家政治、经济、财政、税收、金融、治安等秩序类型；（2）危害家庭关系行为类型；（3）违反性道德行为类型；（4）违反人权和人格尊重行为类型；（5）限制经济自由行为类型；（6）违反公正竞争行为类型；（7）违反消费者保护行为类型；（8）违反劳动者保护行为类型等。同强制性规定一样，公序良俗也体现了国家对民事领域意思自治的一种限制。因此，对公序良俗的违背也构成民事法律行为无效的理由。

▶ 典型案例指引

1. 四川金核矿业有限公司与新疆临钢资源投资股份有限公司特殊区域合作勘查合同纠纷案（《最高人民法院公报》2017年第4期）

案件适用要点：当事人关于在自然保护区、风景名胜区、重点生态功能区、生态环境敏感区和脆弱区等区域内勘查开采矿产资源的合同约定，不得违反法律、行政法规的强制性规定或者损害环境公共利益，否则应依法认定无效。环境资源法律法规中的禁止性规定，即便未明确违反相关规定将导致合同无效，但若认定合同有效并继续履行将损害环境公共利益的，应当认定合同无效。

2. 海南康力元药业有限公司、海南通用康力制药有限公司与海口奇力制药股份有限公司技术转让合同纠纷案（《最高人民法院公报》2013年第2期）

案件适用要点：在合同效力的认定中，应该以合同是否违反法律、行政法规的强制性规定为判断标准，而不宜以合同违反行政规章的规定为由认定合同无效。在技术合同纠纷案件中，如果技术合同涉及的生产产品或提供服务依法须经行政部门审批或者许可而未经审批或者许可的，不影响当事人订立的相关技术合同的效力。

▶ 条文参见

《民法典合同编通则司法解释》第14、16－18条

第一百五十四条 **恶意串通**

行为人与相对人恶意串通，损害他人合法权益的民事法律行为无效。

▶理解与适用

所谓恶意串通，是指行为人与相对人互相勾结，为牟取私利而实施的损害他人合法权益的民事法律行为。恶意串通的民事法律行为在主观上要求双方有互相串通、为满足私利而损害他人合法权益的目的，客观上表现为实施了一定形式的行为来达到这一目的。

需注意的是，在虚伪表示的民事法律行为中，行为人与相对人所表示出的意思均非真意，而恶意串通的双方当事人所表达的都是内心真意，二者尽管在法律后果上相同，但不可混淆。尽管在某些情况下，双方通谋的虚伪表示也表现为主观上的恶意，且同时损害了他人的合法权益，但二者的侧重点不同，不能相互替代。

▶典型案例指引

1. 上海欧宝生物科技有限公司诉辽宁特莱维置业发展有限公司企业借贷纠纷案（最高人民法院指导案例68号）

案件适用要点：人民法院审理民事案件中发现存在虚假诉讼可能时，应当依职权调取相关证据，详细询问当事人，全面严格审查诉讼请求与相关证据之间是否存在矛盾，以及当事人诉讼中言行是否违背常理。经综合审查判断，当事人存在虚构事实、恶意串通、规避法律或国家政策以谋取非法利益，进行虚假民事诉讼情形的，应当依法予以制裁。

2. 广东龙正投资发展有限公司与广东景茂拍卖行有限公司委托拍卖执行复议案（最高人民法院指导案例35号）

案件适用要点：拍卖行与买受人有关联关系，拍卖行为存在以下情形，损害与标的物相关权利人合法权益的，人民法院可以视为拍卖行与买受人恶意串通，依法裁定该拍卖无效：（1）拍卖过程中没有其他无关联关系的竞买人参与竞买，或者虽有其他竞买人参与竞买，但未进行充分竞价的；（2）拍卖标的物的评估价明显低于实际价格，仍以该评估价成交的。

3. 瑞士嘉吉国际公司诉福建金石制油有限公司等确认合同无效纠纷案（最高人民法院指导案例33号）

案件适用要点：债务人将主要财产以明显不合理低价转让给其关联公司，关联公司在明知债务人欠债的情况下，未实际支付对价的，可以认定债务人与其关联公司恶意串通、损害债权人利益，与此相关的财产转让合同应当认定为无效。

《合同法》① 第59条规定适用于第三人为财产所有权人的情形，在债权人对债务人享有普通债权的情况下，应当根据《合同法》第58条的规定，判令因无效合同取得的财产返还给原财产所有人，而不能根据第59条规定直接判令债务人的关联公司因"恶意串通，损害第三人利益"的合同而取得的债务人的财产返还给债权人。

▶条文参见

《民法典合同编通则司法解释》第23条

第一百五十五条 **无效或者被撤销民事法律行为自始无效**

无效的或者被撤销的民事法律行为自始没有法律约束力。

▶理解与适用

无效和被撤销的民事法律行为是自始无效的，具有溯及力。即民事法律行为一旦无效或者被撤销后，双方的权利义务状态应当回复到这一行为实施之前的状态，已经履行的，应当恢复原状。

关于本条，还有两点需要进一步说明：1. 无效的民事法律行为除自始无效外，还应当是当然无效、绝对无效。所谓当然无效，是指只要民事法律行为具备无效条件，其便当然产生无效的法律后果，无须经过特定程序的确认才无效。所谓绝对无效，是指这种民事法律行为的无效是绝对而非相对的，对包括

---

① 本案例发生于《民法典》公布之前，援引的法条为当时有效的条文，其中的裁判规则与《民法典》的内容并不冲突，仍可作为参考。全书同。——编者注

当事人在内的其他任何人而言均是无效的。2. 对于诸如劳动关系、合伙关系等特别领域中存在的某些持续性民事法律行为无效以及被撤销的效力问题，可以考虑在具体单行法中作出特别规定。

▶条文参见

《总则编解释》第 23 条

第一百五十六条　民事法律行为部分无效

民事法律行为部分无效，不影响其他部分效力的，其他部分仍然有效。

▶理解与适用

民事法律行为的无效事由既可以导致其全部无效，也可以导致部分无效。在部分无效时，如果不影响其他部分的效力，其他部分仍可有效。这意味着，只有在民事法律行为的内容效力可分且相互不影响的情况下，部分无效才不会导致其他部分同时无效。反之，当部分无效的民事法律行为会影响其他部分效力的，其他部分也应无效。

本条所规定的"民事法律行为部分无效，不影响其他部分效力"的情形，主要包括以下几种：一是民事法律行为的标的数量超过国家法律许可的范围。比如，借贷合同中，双方当事人约定的利息高于国家限定的最高标准，则超过部分无效，不受法律保护，但在国家所限定的最高标准以内的利息仍然有效。又如，遗嘱继承中，被继承人将其全部遗产均遗赠他人，并未给胎儿保留必要的遗产份额，违反了继承法律相关规定。因此，在遗产的应继份范围内的那部分遗赠是无效的，但其他部分的遗赠仍然有效。二是民事法律行为的标的可分，其中一项或数项无效。比如，同一买卖合同的标的物有多个，其中一个或数个标的物因属于国家禁止流通物而无效，其他标的物的买卖仍为有效。三是民事法律行为的非根本性条款因违法或违背公序

41

良俗而无效。比如，雇佣合同中有条款约定"工作期间发生的一切人身伤害，雇主概不负责"。这一条款因违反相关劳动法律以及公序良俗原则而无效，但雇佣合同的其他权利义务条款并不因此无效。

▶条文参见

《劳动法》第 18 条；《劳动合同法》第 27 条

第一百五十七条 **民事法律行为无效、被撤销、不生效力的法律后果**

民事法律行为无效、被撤销或者确定不发生效力后，行为人因该行为取得的财产，应当予以返还；不能返还或者没有必要返还的，应当折价补偿。有过错的一方应当赔偿对方由此所受到的损失；各方都有过错的，应当各自承担相应的责任。法律另有规定的，依照其规定。

▶条文参见

《民法典合同编通则司法解释》第 14、24 条

第四节　民事法律行为的附条件和附期限

第一百五十八条 **附条件的民事法律行为**

民事法律行为可以附条件，但是根据其性质不得附条件的除外。附生效条件的民事法律行为，自条件成就时生效。附解除条件的民事法律行为，自条件成就时失效。

▶理解与适用

民事法律行为中所附的条件是指，当事人以未来客观上不确定发生的事实，作为民事法律行为效力的附款。所附条件具有以下特点：1. 条件系当事人共同约定，并作为民事法律行为的一

部分内容。条件体现的是双方约定一致的意思，这是与法定条件最大的不同之处，后者是指由法律规定的、不由当事人意思决定并具有普遍约束力的条件。当事人不得以法定条件作为其所附条件。2. 条件是未来可能发生的事实。这意味着，已经过去的、现在的以及将来确定不会发生的事实不能作为民事法律行为的所附条件。如果是将来必然发生的事实，应当作为附期限。应当注意，这种条件事实发生的不确定性应当是客观存在的，如果仅仅是当事人认为事实发生与否不确定，但实际上必然发生或者不发生的，也不能作为所附条件。3. 所附条件是当事人用以限定民事法律行为效力的附属意思表示。应当将所附条件与民事法律行为中的供货条件、付款条件等相互区分，后者是民事法律行为自身内容的一部分而非决定效力的附属意思表示。4. 所附条件中的事实应为合法事实，违法事实不能作为民事法律行为的所附条件。如不能约定以故意伤害他人作为合同生效的条件。

以所附条件决定民事法律行为效力发生或消灭为标准，条件可以分为生效条件和解除条件。所谓生效条件，是指使民事法律行为效力发生或者不发生的条件。生效条件具备之前，民事法律行为虽已成立但未生效，其效力是否发生处于不确定状态。条件具备，民事法律行为生效；条件不具备，民事法律行为就不生效。比如，甲乙签订房屋买卖合同，同意甲将所居住的房产出卖给乙，但条件是甲出国定居，不在国内居住。当条件具备时，此房屋买卖合同才生效。所谓解除条件，又称消灭条件，是指对已经生效的民事法律行为，当条件具备时，该民事法律行为失效；如果该条件确定不具备，则该民事法律行为将继续有效。

在附条件的民事法律行为中，所附条件的出现与否将直接决定民事法律行为的效力状态。附生效条件的民事法律行为，自条件成就时生效。附解除条件的民事法律行为，自条件成就时失效。需要特别指出的是，附条件的民事法律行为虽然在所附条件出现时才生效或失效，但在条件尚未具备时，民事法律行为对于当事人仍然具有法律约束力，当事人不得随意变更或者撤销。因此，可以将附条件的民事法律行为的效力分为条件成就前效力和条件成就后效力。对于附生效条件的民事法律行为来说，条件成就前的效力表现为当事人不得随意变更、撤销民事法律行为以及对于民事法律行为生效的期待权；对于附解除条件的民事法律行为来说，条件成就前的效力表现为条件具备后民事法律行为效力归于消灭的期待权。

▶条文参见

《总则编解释》第 24 条

第一百五十九条　条件成就或不成就的拟制

附条件的民事法律行为，当事人为自己的利益不正当地阻止条件成就的，视为条件已经成就；不正当地促成条件成就的，视为条件不成就。

▶理解与适用

在附条件的民事法律行为中，条件的成就或不成就直接关系到民事法律行为的效力状况。对附生效条件的民事法律行为来说，条件成就，民事法律行为就开始生效；条件不成就，民事法律行为就确定不发生效力。对附解除条件的民事法律行为来说，条件成就，民事法律行为就失效，反之民事法律行为继续有效。

根据本条规定，当事人为自己的利益不正当地阻止条件成就的，视为条件已经成就；不正当地促成条件成就的，视为条件不成就。对本条的把握应当注意以下几点：第一，当事人主观上有为自己利益人为改变条件状态的故意。换言之，当事人从自己利益角度考虑，主观上具有使条件成就或者不成就的故意。第二，当事人为此实施了人为改变条件成就状态的行为。民事法律行为中所附条件，其成就与否本不确定。当事人为自己利益实施了促成或阻止条件成就的行为。第三，该行为具有不正当性。这主要是指当事人的此种行为违反了诚信原则，不符合事先约定。

第一百六十条　附期限的民事法律行为

　　民事法律行为可以附期限，但是根据其性质不得附期限的除外。附生效期限的民事法律行为，自期限届至时生效。附终止期限的民事法律行为，自期限届满时失效。

▶理解与适用

　　附期限的民事法律行为的生效或失效本身并不具有或然性，是将来一定能够发生的事实。期限的到来是必然确定的，但到来的具体时日却未必十分确定。生效期限，是指决定民事法律行为效力发生的期限。期限届至，民事法律行为生效；期限届至前，民事法律行为虽已成立但并未生效。终止期限，是指决定民事法律行为效力消灭的期限。期限届至，民事法律行为失效；期限届至前，民事法律行为始终有效。

▶条文参见

　　《保险法》第 13 条

第七章　代　　理

第一节　一　般　规　定

第一百六十一条　代理的适用范围

　　民事主体可以通过代理人实施民事法律行为。
　　依照法律规定、当事人约定或者民事法律行为的性质，应当由本人亲自实施的民事法律行为，不得代理。

▶理解与适用

　　代理是指代理人代被代理人实施民事法律行为，其法律效果直接归属于被代理人的行为。

代理的适用范围原则上限于民事法律行为。但一般认为，一些与合同密切相关的准民事法律行为、事实行为和程序行为，如要约邀请、要约撤回、订约时样品的交付和受领、办理合同公证等，也允许代理。但不是所有民事法律行为都允许代理。根据本条第 2 款的规定，下列三类民事法律行为不得代理：1. 依照法律规定应当由本人亲自实施的民事法律行为。2. 依照当事人约定应当由本人亲自实施的民事法律行为。当事人双方基于某种原因，约定某一民事法律行为必须由本人亲自实施的，当事人自然应当遵守这一约定，不得通过代理人实施该民事法律行为。3. 依照民事法律行为的性质，应当由本人亲自实施的民事法律行为。这主要是指具有人身性质的身份行为，比如结婚、离婚、收养、遗嘱、遗赠等。

▶条文参见

《海关法》第 11 条；《保险法》第 117 条；《拍卖法》第 26、34 条；《医师法》第 24 条

第一百六十二条　代理的效力

代理人在代理权限内，以被代理人名义实施的民事法律行为，对被代理人发生效力。

第一百六十三条　代理的类型

代理包括委托代理和法定代理。

委托代理人按照被代理人的委托行使代理权。法定代理人依照法律的规定行使代理权。

第一百六十四条　不当代理的民事责任

代理人不履行或者不完全履行职责，造成被代理人损害的，应当承担民事责任。

代理人和相对人恶意串通，损害被代理人合法权益的，代理人和相对人应当承担连带责任。

第二节　委 托 代 理

第一百六十五条　**委托代理授权的形式要求**

委托代理授权采用书面形式的，授权委托书应当载明代理人的姓名或者名称、代理事项、权限和期限，并由被代理人签名或者盖章。

第一百六十六条　**共同代理**

数人为同一代理事项的代理人的，应当共同行使代理权，但是当事人另有约定的除外。

▶理解与适用

共同代理是指数个代理人共同行使一项代理权的代理。共同代理有几个特征：1. 有数个代理人。2. 只有一个代理权。如果数个代理人有数个代理权，属于集合代理，而不是共同代理。比如，被代理人授权甲为其购买一台电视机、乙为其购买一台电冰箱，即为集合代理。被代理人授权甲、乙一起为其购买一台电视机和一台电冰箱，才属于共同代理。3. 共同行使代理权。数人应当共同实施代理行为，享有共同的权利义务。任何一个代理人单独行使代理权，均属于无权代理。如果数个代理人对同一个代理权可以单独行使，也属于单独代理，而不是共同代理。

▶条文参见

《信托法》第 31 条

第一百六十七条　**违法代理的责任承担**

代理人知道或者应当知道代理事项违法仍然实施代理行为，或者被代理人知道或者应当知道代理人的代理行为违法未作反对表示的，被代理人和代理人应当承担连带责任。

▶理解与适用

被代理人、代理人利用委托代理关系从事的违法行为可分为两类：一是代理事项本身违法，如委托代理人销售假冒伪劣产品；二是代理事项不违法，但代理人实施的代理行为违法，如委托代理人销售合法产品，代理人将该产品贴上假冒商标进行销售。代理违法造成第三人损害的，自应承担民事责任，但由被代理人承担还是代理人承担应当根据不同情形来确定。

第一百六十八条 禁止自己代理；禁止双方代理

代理人不得以被代理人的名义与自己实施民事法律行为，但是被代理人同意或者追认的除外。

代理人不得以被代理人的名义与自己同时代理的其他人实施民事法律行为，但是被代理的双方同意或者追认的除外。

第一百六十九条 转委托代理

代理人需要转委托第三人代理的，应当取得被代理人的同意或者追认。

转委托代理经被代理人同意或者追认的，被代理人可以就代理事务直接指示转委托的第三人，代理人仅就第三人的选任以及对第三人的指示承担责任。

转委托代理未经被代理人同意或者追认的，代理人应当对转委托的第三人的行为承担责任；但是，在紧急情况下代理人为了维护被代理人的利益需要转委托第三人代理的除外。

▶理解与适用

本条是关于转委托代理的规定。转委托代理，又称再代理、复代理，是指代理人为了实施其代理权限内的行为，而以自己的名义为被代理人选任代理人的代理。

转委托代理具有以下几个特征：1. 以本代理的存在为前提。2. 转委托的第三人是原代理人以自己的名义选任的代理人。此为转委托代理的重要特征。3. 转委托的第三人行使的代理权是原代理人的代理权，但原代理人的代理权并不因此丧失。转委托的第三人是由原代理人以自己名义选任的，其代理权直接来源于原代理人的代理权，而且权限范围不得大于原代理权的权限范围。4. 转委托的第三人是被代理人的代理人，而不是代理人的代理人。转委托的第三人以被代理人的名义实施民事法律行为，其法律效果直接归属于被代理人。如果转委托的第三人以代理人的名义实施民事法律行为，就不是转委托代理，而属于一般代理。

本条继承了原《民法通则》和《合同法》的规定，明确只有在两种情况下才允许转委托代理：1. 被代理人允许。被代理人的允许，包括事先同意和事后追认。2. 出现紧急情况。根据本条第 3 款的规定，在紧急情况下代理人为了维护被代理人利益的需要，可以转委托第三人代理。

原代理人选任了转委托代理人后，转委托代理人所实施的民事法律行为的效力直接对被代理人发生，如果出现问题造成被代理人损害的，原则上原代理人不再承担任何责任。但根据本条第 2 款规定，在两种情况下原代理人仍然需要承担责任：1. 原代理人在选任转委托代理人时存在过错，比如明知转委托代理人的品德或者能力难以胜任代理工作仍然选任；2. 转委托代理人的行为是根据原代理人的指示来实施的。

根据本条第 3 款的规定，在原代理人未经被代理人同意或者追认而选任转委托的第三人时，转委托的第三人实施的代理行为就构成无权代理，除符合本法第 172 条规定的表见代理外，其行为对被代理人不发生效力，代理人应当对转委托的第三人的行为承担责任。

▶条文参见

《总则编解释》第 26 条

第一百七十条　职务代理

执行法人或者非法人组织工作任务的人员，就其职权范围内的事项，以法人或者非法人组织的名义实施的民事法律行为，对法人或者非法人组织发生效力。

法人或者非法人组织对执行其工作任务的人员职权范围的限制，不得对抗善意相对人。

▶理解与适用

本条是关于职务代理的规定。职务代理，顾名思义，是指根据代理人所担任的职务而产生的代理，即执行法人或者非法人组织工作任务的人员，就其职权范围内的事项，以法人或者非法人组织的名义实施的民事法律行为，无须法人或者非法人组织的特别授权，对法人或者非法人组织发生效力。

第一百七十一条　无权代理

行为人没有代理权、超越代理权或者代理权终止后，仍然实施代理行为，未经被代理人追认的，对被代理人不发生效力。

相对人可以催告被代理人自收到通知之日起三十日内予以追认。被代理人未作表示的，视为拒绝追认。行为人实施的行为被追认前，善意相对人有撤销的权利。撤销应当以通知的方式作出。

行为人实施的行为未被追认的，善意相对人有权请求行为人履行债务或者就其受到的损害请求行为人赔偿。但是，赔偿的范围不得超过被代理人追认时相对人所能获得的利益。

相对人知道或者应当知道行为人无权代理的，相对人和行为人按照各自的过错承担责任。

50

▶理解与适用

本条将无权代理分为三种类型：1. 没有代理权的无权代理。指行为人根本没有得到被代理人的授权，就以被代理人名义从事的代理。比如，行为人伪造他人的公章、合同书或者授权委托书等，假冒他人的名义实施民事法律行为，就是典型的无权代理。2. 超越代理权的无权代理。指行为人与被代理人之间有代理关系存在，行为人有一定的代理权，但其实施的代理行为超出了代理权的范围的代理。比如，甲委托乙购买 300 台电视机，但是乙擅自与他人签订了购买 500 台电视机的合同；或者甲委托乙购买电视机，但是乙购买了电冰箱，这些都是超越代理权的无权代理。3. 代理权终止后的无权代理。指行为人与被代理人之间原本有代理关系，由于法定情形的出现使得代理权终止，但是行为人仍然从事的代理。法定情形主要指本法第 173 条规定的情形，包括代理期限届满、代理事务完成或者被代理人取消委托等。

行为人没有代理权却以被代理人的名义实施民事法律行为，不合被代理人意愿，法律效果不能直接及于被代理人，本当无效。但是，考虑到行为人实施的民事法律行为并非都是对被代理人不利，有些对被代理人可能是有利的；而且，既然代理行为已经完成，行为人有为被代理人实施民事法律行为的意思表示，相对人有意与被代理人缔约，如果被代理人愿意事后承认，从鼓励交易、维护交易秩序稳定以及更好地保护各方当事人利益的角度出发，也没有必要一概否定其效力。因此，法律规定如果符合法定条件的，允许行为人实施的民事法律行为对被代理人发生效力。

无权代理发生后，根据本条规定，被代理人有追认和拒绝的权利。这里所指的追认，是指被代理人对无权代理行为事后予以承认的一种单方意思表示。被代理人的追认应当以明示的意思表示向相对人作出，如果仅向行为人作出意思表示，也必须使相对人知道后才能产生法律效果。追认必须在相对人催告期限尚未届满前以及善意相对人未行使撤销权前行使。

51

无权代理经被代理人追认即产生效力，拒绝便不生效力，这是为了更好地保护被代理人的合法权益。但同时为保护相对人的合法权益，法律赋予了相对人催告权和善意相对人撤销权。所谓催告权，是指相对人催促被代理人在一定期限内明确答复是否承认无权代理行为。根据本条第2款的规定，催告权的行使一般具有以下要件：1. 要求被代理人在一定的期限内作出答复，本条第2款规定的期限为30日；2. 催告应当以通知的方式作出；3. 催告的意思必须是向被代理人作出。这里的撤销权，是指相对人在被代理人未追认无权代理行为之前，可撤回其对行为人所作的意思表示。相对人撤销权的行使必须满足以下条件：1. 必须在被代理人作出追认之前作出，如果被代理人已经对无权代理行为作出了追认，该民事法律行为就对被代理人产生了效力，相对人就不能再撤销其意思表示了；2. 相对人在行为人实施民事法律行为时必须是善意的，也就是说，相对人在作出意思表示时，并不知道对方是无权代理的。

▶条文参见

　　《总则编解释》第25、27、29条

第一百七十二条　表见代理

　　行为人没有代理权、超越代理权或者代理权终止后，仍然实施代理行为，相对人有理由相信行为人有代理权的，代理行为有效。

▶理解与适用

　　表见代理是指行为人虽无代理权而实施代理行为，如果相对人有理由相信其有代理权，该代理行为有效。构成表见代理需要满足以下条件：1. 存在代理权的外观；2. 相对人不知道行为人行为时没有代理权，且无过失。所谓无过失，是指相对人的这种不知道不是因为其疏忽大意造成的。

▶条文参见

《总则编解释》第 28 条；《民法典合同编通则司法解释》第 21 条

▶典型案例指引

王某刚与王某安、第三人岚县大源采矿厂侵犯出资人权益纠纷案（《最高人民法院公报》2013 年第 5 期）

案件适用要点：夫妻一方转让个人独资企业，即使未经另一方同意，相对人有理由相信行为人有代理权的，则构成表见代理，该代理行为有效。个人独资企业的投资人发生变更的，应向工商登记机关申请办理变更登记，但该变更登记不属于转让行为有效的前提条件，未办理变更登记，依照法律规定应当受到相应的行政处罚，但并不影响转让的效力。《个人独资企业法》第十五条的规定应视为管理性的强制性规范而非效力性的强制性规范。

第三节　代 理 终 止

第一百七十三条　委托代理的终止

有下列情形之一的，委托代理终止：

（一）代理期限届满或者代理事务完成；

（二）被代理人取消委托或者代理人辞去委托；

（三）代理人丧失民事行为能力；

（四）代理人或者被代理人死亡；

（五）作为代理人或者被代理人的法人、非法人组织终止。

第一百七十四条　委托代理终止的例外

被代理人死亡后，有下列情形之一的，委托代理人实施的代理行为有效：

（一）代理人不知道且不应当知道被代理人死亡；

（二）被代理人的继承人予以承认；

（三）授权中明确代理权在代理事务完成时终止；

（四）被代理人死亡前已经实施，为了被代理人的继承人的利益继续代理。

作为被代理人的法人、非法人组织终止的，参照适用前款规定。

第一百七十五条　法定代理的终止

有下列情形之一的，法定代理终止：

（一）被代理人取得或者恢复完全民事行为能力；

（二）代理人丧失民事行为能力；

（三）代理人或者被代理人死亡；

（四）法律规定的其他情形。

第八章　民 事 责 任

第一百七十六条　民事义务的履行和民事责任的承担

民事主体依照法律规定或者按照当事人约定，履行民事义务，承担民事责任。

第一百七十七条　按份责任

二人以上依法承担按份责任，能够确定责任大小的，各自承担相应的责任；难以确定责任大小的，平均承担责任。

▶理解与适用

按份责任，是指责任人为多人时，各责任人按照一定的份额向权利人承担民事责任，各责任人之间无连带关系。也就是说，责任人各自承担不同份额的责任，不具有连带性，权利人只能请求属于按份责任人的责任份额。按份责任产生的前提，是二个以上的民事主体不依照法律规定或者当事人约定履行民事义务，产生的民事责任。

适用本条规定应当符合下列构成要件：1. 主体的复数性。不依照法律规定或者当事人约定履行民事义务的主体应当为二个或者二个以上的民事主体，可以是自然人，也可以是法人或者非法人组织。2. 造成同一法律后果。二个或者二个以上的民事主体不依照法律规定或者当事人约定履行民事义务产生的民事责任是同一的，性质是相同的。

第一百七十八条　连带责任

二人以上依法承担连带责任的，权利人有权请求部分或者全部连带责任人承担责任。

连带责任人的责任份额根据各自责任大小确定；难以确定责任大小的，平均承担责任。实际承担责任超过自己责任份额的连带责任人，有权向其他连带责任人追偿。

连带责任，由法律规定或者当事人约定。

▶理解与适用

连带责任，是指依照法律规定或者当事人的约定，两个或者两个以上当事人对共同产生的不履行民事义务的民事责任承担全部责任，并因此引起内部债务关系的一种民事责任。连带责任是一项重要的责任承担方式。连带责任可能基于合同产生，也可能基于侵权行为导致。

连带责任对外是一个整体的责任。连带责任中的每个主体都需要对被损害者承担全部责任。被请求承担全部责任的连带责任主体，不得因自己的过错程度而只承担自己的责任。连带责任给了被损害者更多的选择权，被损害者可以请求一个或者数个连带责任人承担全部或者部分的赔偿责任。连带责任是法定责任，连带责任人之间不能约定改变责任的性质，对于内部责任份额的约定对外不发生效力。

在一个或者数个连带责任人清偿了全部责任后，实际承担责任的人有权向其他连带责任人追偿。行使追偿权的前提是连带责任人实际承担了超出自己责任的份额。

▶条文参见

《民法典》第518-521条；《建筑法》第27、66条；《产品质量法》第57、58条

第一百七十九条 **民事责任的承担方式**

承担民事责任的方式主要有：

（一）停止侵害；

（二）排除妨碍；

（三）消除危险；

（四）返还财产；

（五）恢复原状；

（六）修理、重作、更换；

（七）继续履行；

（八）赔偿损失；

（九）支付违约金；

（十）消除影响、恢复名誉；

（十一）赔礼道歉。

法律规定惩罚性赔偿的，依照其规定。

本条规定的承担民事责任的方式，可以单独适用，也可以合并适用。

第一百八十条 **不可抗力**

因不可抗力不能履行民事义务的，不承担民事责任。法律另有规定的，依照其规定。

不可抗力是不能预见、不能避免且不能克服的客观情况。

▶理解与适用

不可抗力是指不能预见、不能避免且不能克服的客观情况。对不能预见的理解，应是根据现有的技术水平，一般对某事件发生没有预知能力。人们对某事件的发生的预知能力取决于当代的科学技术水平。不能避免并不能克服，应是指当事人已经尽到最大努力和采取一切可以采取的措施，仍不能避免某个事件的发生并不能克服事件所造成的后果。其表明某个事件的发生和事件所造成的后果具有必然性。

通常情况下，因不可抗力不能履行民事义务的，不承担民事责任。但法律规定因不可抗力不能履行民事义务，也要承担民事责任的则需要依法承担民事责任。例如《民用航空法》规定，民用航空器造成他人损害的，民用航空器的经营人只有能够证明损害是武装冲突、骚乱造成的，或者是因受害人故意造成的，才能免除其责任。因不可抗力的自然灾害造成的，不能免除民用航空器经营人的责任。举例来说，民用飞机在空中遭雷击坠毁，造成地面人员伤亡。航空公司不能以不可抗力为由，对受害人予以抗辩。

第一百八十一条　正当防卫

因正当防卫造成损害的，不承担民事责任。

正当防卫超过必要的限度，造成不应有的损害的，正当防卫人应当承担适当的民事责任。

▶理解与适用

正当防卫，是指为了使国家利益、社会公共利益、本人或者他人的人身权利、财产权利以及其他合法权益免受正在进行的不法侵害，而针对实施侵害行为的人采取的制止不法侵害的行为。正当防卫作为行为人不承担责任和减轻责任的情形，其根据是行为的正当性、合法性，表明行为人主观上没有过错。正当防卫是法律赋予当事人自卫的权利，属于受法律鼓励的行为，目的是保护当事人本人、他人不受侵犯。

正当防卫应当同时具备以下六个要件：1. 必须是为了使国家利益、社会公共利益、本人或者他人的人身权利、财产权利以及其他合法权益免受不法侵害而实施的。《刑法》第20条第1款规定，为了使国家、公共利益、本人或者他人的人身、财产和其他权利免受正在进行的不法侵害，而采取的制止不法侵害的行为，对不法侵害人造成损害的，属于正当防卫，不负刑事责任。2. 必须有不法侵害行为发生。所谓不法侵害行为，是指对某种权利或者利益的侵害为法律所明文禁止，既包括犯罪行为，也包括其他违法的侵害行为。3. 必须是正在进行的不法侵害。正当防卫的目的是制止不法侵害，避免危害结果的发生，因此，不法侵害必须是正在进行的，而不是尚未开始，或者已经实施完毕，或者实施者确已自动停止。否则，就是防卫不适时，应当承担民事责任。4. 必须是国家利益、社会公共利益、本人或者他人的人身权利、财产权利以及其他合法权益遭受不法侵害，在来不及请求有关国家机关救助的情况下实施的防卫行为。5. 必须是针对不法侵害者本人实行。即正当防卫行为不能对没有实施不法侵害行为的第三者（包括不法侵害者的家属）造成损害。6. 不能明显超过必要限度造成损害。正当防卫是有益于社会的合法行为，但应受一定限度的制约，即正当防卫应以足以制止不法侵害为限。只有同时满足以上六个要件，才能构成正当防卫，防卫人才能免予承担民事责任。

对于正当防卫是否超过必要的限度，人民法院应当综合不法侵害的性质、手段、强度、危害程度和防卫的时机、手段、强度、损害后果等因素判断。经审理，正当防卫没有超过必要限度的，人民法院应当认定正当防卫人不承担责任。正当防卫超过必要限度的，人民法院应当认定正当防卫人在造成不应有的损害范围内承担部分责任；实施侵害行为的人请求正当防卫人承担全部责任的，人民法院不予支持。实施侵害行为的人不能证明防卫行为造成不应有的损害，仅以正当防卫人采取的反击方式和强度与不法侵害不相当为由主张防卫过当的，人民法院不予支持。

▶条文参见

《总则编解释》第 30、31 条

第一百八十二条　紧急避险

因紧急避险造成损害的，由引起险情发生的人承担民事责任。

危险由自然原因引起的，紧急避险人不承担民事责任，可以给予适当补偿。

紧急避险采取措施不当或者超过必要的限度，造成不应有的损害的，紧急避险人应当承担适当的民事责任。

▶理解与适用

紧急避险，是指为了使国家利益、社会公共利益、本人或者他人的人身权利、财产权利以及其他合法权益免受正在发生的急迫危险，不得已而采取的紧急措施。危险有时来自人的行为，有时来自自然原因。不管危险来源于哪儿，紧急避险人避让风险、排除危险的行为都有其正当性、合法性。

紧急避险的构成要件：1. 必须是为了使国家利益、社会公共利益、本人或者他人的人身权利、财产权利以及其他合法权益免受危险的损害。我国《刑法》第 21 条规定，为了使国家、公共利益、本人或者他人的人身、财产和其他权利免受正在发生的危险，不得已采取的紧急避险行为，造成损害的，不负刑事责任。2. 必须是针对正在发生的急迫危险。倘若危险已经消除或者尚未发生，或者虽然已经发生但不会对合法权益造成损害，则不得采取紧急避险措施。某人基于对危险状况的误解、臆想而采取紧急避险措施，造成他人利益损害的，应向他人承担民事责任。3. 必须是在不得已情况下采取避险措施。所谓不得已，是指当事人面对突然而遇的危险，不得不采取紧急避险措施，以保全更大的利益，且这个利益是法律所保护的。4. 避险行为不能超过必要的限度。所谓不能超过必要的限度，是指

59

在面临急迫危险时，避险人须采取适当的措施，以尽可能小的损害保全更大的利益，即紧急避险行为所引起的损害应轻于危险所可能带来的损害。对于紧急避险是否采取措施不当或者超过必要的限度，人民法院应当综合危险的性质、急迫程度、避险行为所保护的权益以及造成的损害后果等因素判断。

紧急避险人造成本人或者他人损害的，由引起险情发生的人承担责任。而当危险是由自然原因引起的，则区分两种情况：1. 紧急避险人是为了他人的利益而由受益人给予适当补偿。造成第三人利益损害的，免予对第三人承担责任。例如甲、乙、丙系邻居，丙的房子因雷击失火，甲为了引消防车进入灭火，推倒了乙的院墙，使消防车进入后及时扑灭了丙家的大火。按照紧急避险的抗辩事由，甲对乙不承担责任。2. 紧急避险人是为了本人的利益造成第三人利益损害的，则其不承担责任，但应当对第三人的损害给予补偿。

经审理，紧急避险采取措施并无不当且没有超过必要限度的，人民法院应当认定紧急避险人不承担责任。紧急避险采取措施不当或者超过必要限度的，人民法院应当根据紧急避险人的过错程度、避险措施造成不应有的损害的原因力大小、紧急避险人是否为受益人等因素认定紧急避险人在造成的不应有的损害范围内承担相应的责任。

▶条文参见

《总则编解释》第 32、33 条

第一百八十三条 **见义勇为的侵权责任和补偿责任**

因保护他人民事权益使自己受到损害的，由侵权人承担民事责任，受益人可以给予适当补偿。没有侵权人、侵权人逃逸或者无力承担民事责任，受害人请求补偿的，受益人应当给予适当补偿。

第一百八十四条 紧急救助的责任豁免

因自愿实施紧急救助行为造成受助人损害的，救助人不承担民事责任。

第一百八十五条 英雄烈士人格利益的保护

侵害英雄烈士等的姓名、肖像、名誉、荣誉，损害社会公共利益的，应当承担民事责任。

第一百八十六条 违约责任与侵权责任的竞合

因当事人一方的违约行为，损害对方人身权益、财产权益的，受损害方有权选择请求其承担违约责任或者侵权责任。

▶理解与适用

本条是关于违约责任与侵权责任竞合的规定。违约责任与侵权责任的竞合，是指义务人的违约行为既符合违约要件，又符合侵权要件，导致违约责任与侵权责任一并产生。从另一方面来说，受损害方既可以就违约责任行使请求权，也可以就侵权责任行使请求权。这就又产生两种请求权竞合的情况。根据公平原则，本条规定，受损害方可以在两种请求权中选择行使一种请求权。这意味着受损害方只能行使一种请求权，如果受损害方选择行使一种请求权并得到实现，那么另一种请求权即告消灭。但是，如果受损害方行使一种请求权未果，而另一种请求权并未因时效而消灭，则受损害方仍可行使另一种请求权。由于合同纠纷与侵权纠纷在管辖法院和适用法律方面存在区别，允许受损害方选择有利于自己的一种诉由提起诉讼，对受损害方比较方便，也有利于对受损害方的保护。对违约方来说，这两种责任无论对方要求其承担哪一种，都是合理的。

▶典型案例指引

东京海上日动火灾保险（中国）有限公司上海分公司与新杰物流集团股份有限公司保险人代位求偿权纠纷案（《最高人民法院公报》2019 年第 12 期）

案件适用要点：货物运输合同履行过程中托运人财产遭受损失，在承运人存在侵权与合同责任竞合的情形下，允许托运人或其保险人依据《合同法》第 122 条选择侵权诉讼或合同诉讼。但是，托运人要求承运人承担侵权责任的，承运人仍然可以依据货物运输合同的有关约定进行抗辩。法院应依据诚实信用原则，综合考虑合同条款效力、合同目的等因素确定赔偿范围。

第一百八十七条　民事责任优先

民事主体因同一行为应当承担民事责任、行政责任和刑事责任的，承担行政责任或者刑事责任不影响承担民事责任；民事主体的财产不足以支付的，优先用于承担民事责任。

第九章　诉　讼　时　效

第一百八十八条　普通诉讼时效

向人民法院请求保护民事权利的诉讼时效期间为三年。法律另有规定的，依照其规定。

诉讼时效期间自权利人知道或者应当知道权利受到损害以及义务人之日起计算。法律另有规定的，依照其规定。但是，自权利受到损害之日起超过二十年的，人民法院不予保护，有特殊情况的，人民法院可以根据权利人的申请决定延长。

▶理解与适用

诉讼时效是权利人在法定期间内不行使权利，该期间届满后，发生义务人可以拒绝履行其给付义务效果的法律制度。该制度有利于促使权利人及时行使权利，维护交易秩序和安全。

本法将原《民法通则》规定的普通诉讼时效期间从 2 年延长为 3 年，自权利人知道或者应当知道权利受到损害以及义务人之日起计算。法律另有规定时，根据特别规定优于一般规定的原则，优先适用特别规定。

考虑到如果权利人知悉权利受到损害较晚，以致诉讼时效过分迟延地不能完成，会影响到制度的稳定性和宗旨。极端情况下，可能发生从权利被侵害的事实出现到权利人知道这一事实，超过普通诉讼时效期间的情况。因此，有必要配套规定客观主义起算点的最长权利保护期间加以限制。应当指出，这种最长权利保护期间并非一种独立的期间类型，是制度设计上的一种补足，在性质上是不变期间，本条将最长权利保护期规定为 20 年。如 20 年期间仍不够用的，人民法院可以根据权利人的申请决定延长。

▶条文参见

《民事诉讼法》第 57 条；《保险法》第 26 条；《拍卖法》第 61 条；《环境保护法》第 66 条

第一百八十九条　分期履行债务诉讼时效的起算

当事人约定同一债务分期履行的，诉讼时效期间自最后一期履行期限届满之日起计算。

▶理解与适用

分期履行债务是按照当事人事先约定，分批分次完成一个债务履行的情况。分期付款买卖合同是最典型的分期履行债务。分期履行债务具有整体性和唯一性，系本条规定的同一债务，诉讼时效期间自该一个债务履行期限届满之日起计算。

第一百九十条　对法定代理人请求权诉讼时效的起算

无民事行为能力人或者限制民事行为能力人对其法定代理人的请求权的诉讼时效期间，自该法定代理终止之日起计算。

▶理解与适用

本条规定实质上旨在保障无民事行为能力人或者限制民事行为能力人对其法定代理人行使请求权。本法第175条规定了法定代理关系终止的主要情形，认定本条规定的法定代理终止应当依照该条的规定。

第一百九十一条　未成年人遭受性侵害的损害赔偿诉讼时效的起算

未成年人遭受性侵害的损害赔偿请求权的诉讼时效期间，自受害人年满十八周岁之日起计算。

▶理解与适用

需注意的是，如果年满18周岁之前，其法定代理人选择与侵害人私了的方式解决纠纷，受害人在年满18周岁之后，可以依据本条的规定请求损害赔偿。未成年人遭受性侵害的损害赔偿请求权的诉讼时效期间，自受害人年满18周岁之日起计算。其具体的诉讼时效期间，适用本法第188条3年的普通诉讼时效期间的规定，即从年满18周岁之日起计算3年；符合本法第194条、第195条诉讼时效中止、中断情形的，可以相应中止、中断。

第一百九十二条　诉讼时效届满的法律后果

诉讼时效期间届满的，义务人可以提出不履行义务的抗辩。

诉讼时效期间届满后，义务人同意履行的，不得以诉讼时效期间届满为由抗辩；义务人已经自愿履行的，不得请求返还。

▶理解与适用

根据本条规定，诉讼时效期间届满的，义务人可以提出不履行义务的抗辩。这就意味着，权利人享有起诉权，可以向法院主张其已过诉讼时效之权利，法院应当受理。如果义务人不提出时效完成的抗辩，法院将以公权力维护权利人的利益；如果义务人行使抗辩权，法院审查后会依法保护义务人的抗辩权，不得强制义务人履行义务。但是，义务人行使时效抗辩权不得违反诚实信用原则，否则即使诉讼时效完成，义务人也不能取得时效抗辩权。例如在诉讼时效期间届满前，义务人通过与权利人协商，营造其将履行义务的假象，及至时效完成后，立即援引时效抗辩拒绝履行义务。该种行为违反诚实信用原则，构成时效抗辩权的滥用，不受保护。

诉讼时效期间届满后，权利人虽不能请求法律的强制性保护，但法律并不否定其权利的存在。若义务人放弃时效利益自愿履行的，权利人可以受领并保持，受领不属于不当得利，义务人不得请求返还。诉讼时效期间届满后，义务人同意履行的，不得以诉讼时效期间届满为由抗辩。这是因为诉讼时效届满后，义务人可以处分自己的时效利益。此时义务人同意履行义务，属于对时效利益的放弃。义务人放弃时效利益的行为属于单方法律行为，并且是处分行为，自义务人放弃时效利益的意思表示到达权利人时即发生时效利益放弃的法律效果，不以权利人同意为条件。

第一百九十三条　诉讼时效援引的当事人主义

人民法院不得主动适用诉讼时效的规定。

▶理解与适用

本条将诉讼时效的客体明确为抗辩权，诉讼时效期间届满的直接效果是义务人取得抗辩权。抗辩权属于私权的一种，可以选择行使，也可以选择不行使。义务人对时效利益的处分不违反法律的规定，也没有侵犯国家、集体及他人的合法权益，人民法院不应当主动干预。

需要注意的是，关于诉讼时效的释明。根据《最高人民法院关于审理民事案件适用诉讼时效制度若干问题的规定》第3条规定，当事人未提出诉讼时效抗辩，人民法院不应对诉讼时效问题进行释明。

第一百九十四条　诉讼时效的中止

在诉讼时效期间的最后六个月内，因下列障碍，不能行使请求权的，诉讼时效中止：

（一）不可抗力；

（二）无民事行为能力人或者限制民事行为能力人没有法定代理人，或者法定代理人死亡、丧失民事行为能力、丧失代理权；

（三）继承开始后未确定继承人或者遗产管理人；

（四）权利人被义务人或者其他人控制；

（五）其他导致权利人不能行使请求权的障碍。

自中止时效的原因消除之日起满六个月，诉讼时效期间届满。

▶理解与适用

诉讼时效中止，是因法定事由的存在使诉讼时效停止进行，待法定事由消除后继续进行的制度。在诉讼时效进行中的某一时间内，出现了权利人主张权利的客观障碍，导致权利人无法在诉讼时效期间内行使权利，可能产生不公平的结果，因此法律规定了诉讼时效中止制度。

▶条文参见

《国防动员法》第 67 条；《海商法》第 266 条

第一百九十五条　诉讼时效的中断

有下列情形之一的，诉讼时效中断，从中断、有关程序终结时起，诉讼时效期间重新计算：

（一）权利人向义务人提出履行请求；

（二）义务人同意履行义务；

（三）权利人提起诉讼或者申请仲裁；

（四）与提起诉讼或者申请仲裁具有同等效力的其他情形。

▶理解与适用

诉讼时效期间中断，指诉讼时效期间进行过程中，出现了权利人积极行使权利的法定事由，从而使已经经过的诉讼时效期间归于消灭，重新计算期间的制度。

诉讼时效中断的特征表现为，一是发生于诉讼时效的进行中，诉讼时效尚未开始计算或者已经届满的情况下排除其适用。二是发生了一定的法定事由导致诉讼时效存在的基础被推翻。三是它使已经进行的诉讼时效重新起算，以前经过的期间归于消灭。

▶条文参见

《最高人民法院关于审理民事案件适用诉讼时效制度若干问题的规定》第10、13－16条

第一百九十六条 **不适用诉讼时效的请求权**

下列请求权不适用诉讼时效的规定：

（一）请求停止侵害、排除妨碍、消除危险；

（二）不动产物权和登记的动产物权的权利人请求返还财产；

（三）请求支付抚养费、赡养费或者扶养费；

（四）依法不适用诉讼时效的其他请求权。

▶典型案例指引

上海市虹口区久乐大厦小区业主大会诉上海环亚实业总公司业主共有权纠纷案（最高人民法院指导案例65号）

案件适用要点：专项维修资金是专门用于物业共用部位、共用设施设备保修期满后的维修和更新、改造的资金，属于全体业主共有。缴纳专项维修资金是业主为维护建筑物的长期安全使用而应承担的一项法定义务。业主拒绝缴纳专项维修资金，并以诉讼时效提出抗辩的，人民法院不予支持。

第一百九十七条　诉讼时效法定

诉讼时效的期间、计算方法以及中止、中断的事由由法律规定，当事人约定无效。

当事人对诉讼时效利益的预先放弃无效。

第一百九十八条　仲裁时效的准用

法律对仲裁时效有规定的，依照其规定；没有规定的，适用诉讼时效的规定。

第一百九十九条　除斥期间

法律规定或者当事人约定的撤销权、解除权等权利的存续期间，除法律另有规定外，自权利人知道或者应当知道权利产生之日起计算，不适用有关诉讼时效中止、中断和延长的规定。存续期间届满，撤销权、解除权等权利消灭。

▶典型案例指引

绵阳市红日实业有限公司、蒋某诉绵阳高新区科创实业有限公司股东会决议效力及公司增资纠纷案（《最高人民法院公报》2011年第3期）

案件适用要点：在民商事法律关系中，公司作为行为主体实施法律行为的过程可以划分为两个层次：一是公司内部的意思形成阶段，通常表现为股东会或董事会决议；二是公司对外作出意思表示的阶段，通常表现为公司对外签订的合同。出于保护善意第三人和维护交易安全的考虑，在公司内部意思形成过程存在瑕疵的情况下，只要对外的表示行为不存在无效的情形，公司就应受其表示行为的制约。

根据《公司法》的规定，公司新增资本时，股东有权优先按照实缴的出资比例认缴出资。从权利性质上来看，股东对于新增资本的优先认缴权应属形成权。现行法律并未明确规定该项权利的行使期限，但从维护交易安全和稳定经济秩序的角度出发，结合商事行为的规则和特点，人民法院在处理相关案件时应限定该项权利行使的合理期间，对于超出合理期间行使优先认缴权的主张不予支持。

第十章　期间计算

第二百条　期间的计算单位

民法所称的期间按照公历年、月、日、小时计算。

第二百零一条　期间的起算

按照年、月、日计算期间的，开始的当日不计入，自下一日开始计算。

按照小时计算期间的，自法律规定或者当事人约定的时间开始计算。

▶条文参见

《民事诉讼法》第 85 条

第二百零二条　期间到期日的确定

按照年、月计算期间的，到期月的对应日为期间的最后一日；没有对应日的，月末日为期间的最后一日。

第二百零三条　期间计算的特殊规定

期间的最后一日是法定休假日的，以法定休假日结束的次日为期间的最后一日。

期间的最后一日的截止时间为二十四时；有业务时间的，停止业务活动的时间为截止时间。

▶条文参见

《劳动法》第44、45条；《民事诉讼法》第85条；《全国年节及纪念日放假办法》；《国务院关于职工工作时间的规定》第7条

第二百零四条　期间计算方法的例外

期间的计算方法依照本法的规定，但是法律另有规定或者当事人另有约定的除外。

第二编　物　　权

……

第四分编　担保物权

第十六章　一般规定

第三百八十六条　担保财产优先受偿

担保物权人在债务人不履行到期债务或者发生当事人约定的实现担保物权的情形，依法享有就担保财产优先受偿的权利，但是法律另有规定的除外。

▶理解与适用

担保物权以确保债权人的债权得到完全清偿为目的。这是担保物权与其他物权的最大区别。

担保物权是在债务人或者第三人的财产上成立的权利。债务人既可以以自己的财产，也可以第三人的财产为债权设立担保物权。

担保物权具有物上代位性。债权人设立担保物权并不以使用担保财产为目的，而是以取得该财产的交换价值为目的，因此，担保财产灭失、毁损，但代替该财产的交换价值还存在的，担保物权的效力仍存在，但此时担保物权的效力转移到了该代替物上。

▶典型案例指引

深圳市奕之帆贸易有限公司、侯某宾与深圳兆邦基集团有限公司、深圳市康诺富信息咨询有限公司、深圳市鲤鱼门投资发展有限公司、第三人广东立兆电子科技有限公司合同纠纷案（《最高人民法院公报》2020年第2期）

案件适用要点：让与担保的设立应在债务履行期届满之前，但就让与担保的实现问题，参照《物权法》第170条的规定则需要满足债务人不履行到期债务或者发生当事人约定的实现权利的情形等条件。双方当事人在设立让与担保的合同中约定，如担保物的价值不足以覆盖相关债务，即使债务履行期尚未届满，债权人亦有权主张行使让与担保权利。该约定不违反法律行政法规的强制性规定，应当认定合法有效。

为防止出现债权人取得标的物价值与债权额之间差额等类似于流质、流押之情形，让与担保权利的实现应对当事人课以清算义务。双方当事人就让与担保标的物价值达成的合意，可认定为确定标的物价值的有效方式。在让与担保标的物价值已经确定，但双方均预见债权数额有可能发生变化的情况下，当事人仍应在最终据实结算的债务数额基础上履行相应的清算义务。

第三百八十七条　担保物权及反担保的设立

债权人在借贷、买卖等民事活动中，为保障实现其债权，需要担保的，可以依照本法和其他法律的规定设立担保物权。

第三人为债务人向债权人提供担保的，可以要求债务人提供反担保。反担保适用本法和其他法律的规定。

▶理解与适用

本条第1款规定了担保的适用范围，即在借贷、买卖等民事活动中发生的债权债务关系。对该适用范围的规定，应当注意以下几点：第一，担保物权适用于民事活动，不适用于国家行政行为（如税款）、司法行为（如扣押产生的费用）等不平等主体之间产生的关系。这是由担保物权本身的性质所决定的，担保物权是平等主体之间为确保债权的实现而设定的。第二，为了引导当事人设定担保物权，本法列举了借贷、买卖两种典型的可以设定担保物权的民事活动，但可以设定担保物权的民事活动很广泛，并不仅限于这两种民事活动。在其他民事活动中，如货物运输、加工承揽等都可以设定担保物权。第三，对因侵权行为已经产生的债权，属于普通债权的范围，可以用设定担保物权的方式确保债权的实现。

本条提到的依照本法和其他法律的规定设立担保物权，担保物权分为三种：（1）物权编规定的抵押权、质权和留置权；（2）《民法典》第642条规定的所有权保留；（3）其他法律规定的优先权等。这些都是担保物权，可以分为典型担保物权，如抵押权、质权、留置权，以及非典型担保物权，如所有权保留、优先权以及法律没有规定的让与担保（《全国法院民商事审判工作会议纪要》第71条规定了让与担保为担保物权）。

反担保的方式，既可以是债务人自己担保，也可以是其他第三人担保。反担保也是担保，其实质内容与担保完全一样，设立程序上也无不同，抵押反担保和质押反担保适用《民法典》物权编的规定，保证反担保适用《民法典》合同编的规定。

第三百八十八条　担保合同的界定及其与主债权合同的关系

设立担保物权，应当依照本法和其他法律的规定订立担保合同。担保合同包括抵押合同、质押合同和其他具有担保功能的合同。担保合同是主债权债务合同的从合同。主债权债务合同无效的，担保合同无效，但是法律另有规定的除外。

担保合同被确认无效后，债务人、担保人、债权人有过错的，应当根据其过错各自承担相应的民事责任。

▶理解与适用

对此首先应注意，担保合同随主债权债务合同无效而无效只是一般规则，但并不是绝对的，在法律另有规定的情况下，担保合同可以作为独立合同存在，不受主债权债务合同效力的影响。例如，在本法规定的最高额抵押权中，最高额抵押合同就具有相对的独立性。

本条只规定了主合同无效，导致担保合同无效的情形。需特别强调的是，导致担保合同无效的原因很多，主债权债务合同无效导致担保合同无效只是原因之一。在主债权债务合同有效的情况下，担保合同也有可能无效。例如，担保合同违反社会公共利益或者国家利益无效，担保合同因债权人与债务人的恶意串通而无效等。因为主合同与担保合同都是民事法律行为，因此其适用民事法律行为无效的规则。也就是说，判断担保合同是否有效，不能仅以主债权债务合同是否有效为标准。

第三百八十九条　担保范围

担保物权的担保范围包括主债权及其利息、违约金、损害赔偿金、保管担保财产和实现担保物权的费用。当事人另有约定的，按照其约定。

▶理解与适用

担保物权的担保范围包括：

（1）主债权。主债权指债权人与债务人之间因债的法律关系所发生的原本债权，例如金钱债权、交付货物的债权或者提供劳务的债权。主债权不包括利息以及其他因主债权而产生的附随债权。

（2）利息。利息指实现担保物权时主债权所应产生的收益。一般来说，金钱债权都有利息，因此其当然也在担保范围内。利息可以按照法律规定确定，也可以由当事人自己约定，但当事人不能违反法律规定约定过高的利息，否则超过部分的利息无效。

（3）违约金。违约金指按照当事人的约定，一方当事人违约的，应向另一方支付的金钱。

（4）损害赔偿金。损害赔偿金指一方当事人因违反合同或者因其他行为给债权人造成的财产、人身损失而给付的赔偿额。损害赔偿金的范围可以由法律直接规定，或由双方约定，在法律没有特别规定或者当事人另有约定的情况下，应按照完全赔偿原则确定具体赔偿数额。

（5）保管担保财产的费用。保管担保财产的费用指债权人在占有担保财产期间因履行善良保管义务而支付的各种费用。

（6）实现担保物权的费用。实现担保物权的费用指担保物权人在实现担保物权过程中所花费的各种实际费用，如对担保财产的评估费用、拍卖或者变卖担保财产的费用、向人民法院申请强制变卖或者拍卖的费用等。

第三百九十条 担保物权的物上代位性

担保期间，担保财产毁损、灭失或者被征收等，担保物权人可以就获得的保险金、赔偿金或者补偿金等优先受偿。被担保债权的履行期限未届满的，也可以提存该保险金、赔偿金或者补偿金等。

▶理解与适用

本条是对担保物权物上代位性的规定。关于代位物的范围应注意：

第一，这里损害赔偿金是担保财产因第三人的侵权行为或者其他原因毁损、灭失时，担保人所获得的赔偿。

第二，担保财产毁损、灭失或者被征收后担保人所得的损害赔偿金、保险金或者补偿金只是代位物的几种形态，但并不仅仅以此为限，如担保财产的残留物也属于代位物的范围。

第三百九十一条　债务转让对担保物权的效力

第三人提供担保，未经其书面同意，债权人允许债务人转移全部或者部分债务的，担保人不再承担相应的担保责任。

第三百九十二条　混合担保规则

被担保的债权既有物的担保又有人的担保的，债务人不履行到期债务或者发生当事人约定的实现担保物权的情形，债权人应当按照约定实现债权；没有约定或者约定不明确，债务人自己提供物的担保的，债权人应当先就该物的担保实现债权；第三人提供物的担保的，债权人可以就物的担保实现债权，也可以请求保证人承担保证责任。提供担保的第三人承担担保责任后，有权向债务人追偿。

▶理解与适用

本条区分三种情况对同一债权上既有物的担保又有人的担保的情况作了规定：

（1）在当事人对物的担保和人的担保的关系有约定的情况下，应当尊重当事人的意思，按约定实现。这充分尊重了当事人的意愿。

（2）在没有约定或者约定不明确，债务人自己提供物的担保的情况下，应当先就该物的担保实现担保权。

（3）在没有约定或者约定不明确，既有第三人提供物的担保，又有人的担保的情况下，应当允许当事人进行选择。

实践中，对同一债权，还可能出现债务人和第三人均提供了物的担保，还有第三人提供人的担保的情形。在这种情况下，无论是从公平的角度，还是从防止日后追索权的烦琐、节约成本的角度，债权人都应当先行使债务人提供的物的担保，再行使第三人提供的人或物的担保，否则保证人可以有抗辩权。

第三百九十三条　担保物权消灭的情形

有下列情形之一的，担保物权消灭：
（一）主债权消灭；
（二）担保物权实现；
（三）债权人放弃担保物权；
（四）法律规定担保物权消灭的其他情形。

第十七章　抵　押　权

第一节　一般抵押权

第三百九十四条　抵押权的界定

为担保债务的履行，债务人或者第三人不转移财产的占有，将该财产抵押给债权人的，债务人不履行到期债务或者发生当事人约定的实现抵押权的情形，债权人有权就该财产优先受偿。

前款规定的债务人或者第三人为抵押人，债权人为抵押权人，提供担保的财产为抵押财产。

▶典型案例指引

中国长城资产管理公司济南办事处与中国重汽集团济南卡车股份有限公司、山东小鸭集团有限责任公司借款抵押合同纠纷案（《最高人民法院公报》2008 年第 3 期）

案件适用要点：抵押担保是物的担保。在抵押人不是主债务人的情况下，抵押权人可以请求拍卖、变卖抵押财产优先受偿，但不得请求抵押人直接承担债务人的债务。

第三百九十五条 可抵押财产的范围

债务人或者第三人有权处分的下列财产可以抵押：

（一）建筑物和其他土地附着物；

（二）建设用地使用权；

（三）海域使用权；

（四）生产设备、原材料、半成品、产品；

（五）正在建造的建筑物、船舶、航空器；

（六）交通运输工具；

（七）法律、行政法规未禁止抵押的其他财产。

抵押人可以将前款所列财产一并抵押。

▶理解与适用

抵押财产，也称为抵押权标的物或者抵押物，是指被设置了抵押权的不动产、动产或者权利。抵押财产的特点是：(1) 抵押财产包括不动产、特定动产和权利。抵押财产主要是不动产，也包括特定的动产，以及建设用地使用权、土地经营权等物权。(2) 抵押财产须具有可转让性，抵押权的性质是变价权，供抵押的不动产或者动产如果有妨害其使用的目的，具有不得让与的性质或者即使可以让与但让与会导致其变价受到影响的，都不能设置抵押权。

第三百九十六条　动产浮动抵押规则

企业、个体工商户、农业生产经营者可以将现有的以及将有的生产设备、原材料、半成品、产品抵押，债务人不履行到期债务或者发生当事人约定的实现抵押权的情形，债权人有权就抵押财产确定时的动产优先受偿。

▶理解与适用

浮动抵押权，是指企业、个体工商户、农业生产经营者作为抵押人，以其所有的全部或者部分财产包括现有的以及将有的生产设备、原材料、半成品、产品为标的而设立的动产抵押权。债务人不履行到期债务或者发生当事人约定的实现抵押权的情形，债权人有权就抵押财产确定时的动产优先受偿。比如企业以现有的以及未来可能买进的机器设备、库存产成品、生产原材料等动产担保债务的履行。

浮动抵押权设定后，抵押人可以将抵押的原材料投入成品生产，也可以卖出抵押的财产。当发生债务履行期届满未清偿债务、当事人约定的实现抵押权的情形成就时，抵押财产确定，也就是说此时企业有什么财产，这些财产就是抵押财产。抵押财产确定前企业卖出的财产不追回，买进的财产算作抵押财产。

第三百九十七条　建筑物和相应的建设用地使用权一并抵押规则

以建筑物抵押的，该建筑物占用范围内的建设用地使用权一并抵押。以建设用地使用权抵押的，该土地上的建筑物一并抵押。

抵押人未依据前款规定一并抵押的，未抵押的财产视为一并抵押。

第三百九十八条 乡镇、村企业的建设用地使用权与房屋一并抵押规则

乡镇、村企业的建设用地使用权不得单独抵押。以乡镇、村企业的厂房等建筑物抵押的，其占用范围内的建设用地使用权一并抵押。

▶理解与适用

乡镇、村企业不能仅以集体所有的建设用地使用权抵押，但可以将乡镇、村企业的厂房等建筑物抵押，以厂房等建筑物抵押的，其占用范围内的建设用地使用权一并抵押。以乡镇、村企业的厂房等建筑物占用范围内的建设用地使用权抵押的，实现抵押权后，未经法定程序不得改变土地所有权的性质和土地的用途。

第三百九十九条 禁止抵押的财产范围

下列财产不得抵押：

（一）土地所有权；

（二）宅基地、自留地、自留山等集体所有土地的使用权，但是法律规定可以抵押的除外；

（三）学校、幼儿园、医疗机构等为公益目的成立的非营利法人的教育设施、医疗卫生设施和其他公益设施；

（四）所有权、使用权不明或者有争议的财产；

（五）依法被查封、扣押、监管的财产；

（六）法律、行政法规规定不得抵押的其他财产。

▶理解与适用

土地所有权包括国有土地所有权，也包括集体土地所有权。

依法被查封、扣押的财产，指被人民法院或者行政机关采取强制措施就地贴上封条或者运到另外的处所，不准任何人占

有、使用或者处分的财产。依法被监管的财产，指行政机关依照法律规定监督、管理的财产。比如海关依照有关法律、法规，监管进出境的运输工具、货物、行李物品、邮递物品和其他物品，对违反海关法和其他有关法律法规规定的进出境货物、物品予以扣留。依法被查封、扣押、监管的财产，其合法性处于不确定状态，国家法律不能予以确认和保护。因此禁止以依法被查封、扣押、监管的财产抵押。但已经设定抵押的财产被采取查封、扣押等财产保全或者执行措施的，不影响抵押权的效力。

第四百条　抵押合同

设立抵押权，当事人应当采用书面形式订立抵押合同。

抵押合同一般包括下列条款：

（一）被担保债权的种类和数额；

（二）债务人履行债务的期限；

（三）抵押财产的名称、数量等情况；

（四）担保的范围。

第四百零一条　流押条款的优先受偿效力

抵押权人在债务履行期限届满前，与抵押人约定债务人不履行到期债务时抵押财产归债权人所有的，只能依法就抵押财产优先受偿。

▶理解与适用

本条是对禁止流押的规定。

流押，是指抵押权人与抵押人约定，当债务人届期不履行债务时，抵押权人有权直接取得抵押财产的所有权的协议。抵押权人在债务履行期届满前，不得与抵押人约定在债务人不履行到期债务时，抵押财产归债权人所有。抵押权人和抵押人订立的流押契约、流押的条款一律无效。即使是在抵押权实现时订立的实现抵押权协议，也不得出现流押契约。只有当事人以抵押财产折价方式清偿债务的，才是正常的抵押权实现方法。

订立流押条款的，虽然流押条款无效，但是抵押权仍然成立，因而只能依法就抵押财产优先受偿，使债务得到清偿。

第四百零二条　不动产抵押的登记生效主义

以本法第三百九十五条第一款第一项至第三项规定的财产或者第五项规定的正在建造的建筑物抵押的，应当办理抵押登记。抵押权自登记时设立。

▶理解与适用

抵押权是担保物权，设定抵押权除了要订立抵押合同之外，对某些财产设置抵押权还须进行抵押权登记，并且只有经过抵押权登记，才能发生抵押权的效果。本条规定，以下列财产抵押的，应办理抵押登记，抵押权自登记时设立：（1）建筑物和其他土地附着物；（2）建设用地使用权；（3）海域使用权；（4）正在建造的建筑物。

▶典型案例指引

中国光大银行股份有限公司上海青浦支行诉上海东鹤房地产有限公司、陈某绮保证合同纠纷案（《最高人民法院公报》2014年第9期）

案件适用要点：开发商为套取银行资金，与自然人串通签订虚假的预售商品房买卖合同，以该自然人的名义与银行签订商品房抵押贷款合同而获得银行贷款，当商品房买卖合同被依法确认无效后，开发商与该自然人应对银行的贷款共同承担连带清偿责任。

预售商品房抵押贷款中，虽然银行与借款人（购房人）对预售商品房做了抵押预告登记，但该预告登记并未使银行获得现实的抵押权，而是待房屋建成交付借款人后银行就该房屋设立抵押权的一种预先的排他性保全。如果房屋建成后的产权未登记至借款人名下，则抵押权设立登记无法完成，银行不能对该预售商品房行使抵押权。

第四百零三条 动产抵押权设立的登记对抗主义

以动产抵押的，抵押权自抵押合同生效时设立；未经登记，不得对抗善意第三人。

▶理解与适用

以动产抵押的，例如《民法典》第395条规定的生产设备、原材料、半成品、产品、正在建造的船舶、正在建造的航空器、交通运输工具等，采取登记对抗主义，抵押权自抵押合同生效时设立；未经抵押权登记的，抵押权亦设立，只是不得对抗善意第三人。

第四百零四条 动产抵押权对抗效力的限制

以动产抵押的，不得对抗正常经营活动中已经支付合理价款并取得抵押财产的买受人。

第四百零五条 抵押权和租赁关系之间的效力等级

抵押权设立前，抵押财产已经出租并转移占有的，原租赁关系不受该抵押权的影响。

第四百零六条 抵押期间抵押财产转让应当遵循的规则

抵押期间，抵押人可以转让抵押财产。当事人另有约定的，按照其约定。抵押财产转让的，抵押权不受影响。

抵押人转让抵押财产的，应当及时通知抵押权人。抵押权人能够证明抵押财产转让可能损害抵押权的，可以请求抵押人将转让所得的价款向抵押权人提前清偿债务或者提存。转让的价款超过债权数额的部分归抵押人所有，不足部分由债务人清偿。

▶理解与适用

在抵押关系存续期间，抵押人转让抵押财产的，原《物权法》

第191条采取比较严格的规则，即抵押期间，抵押人经抵押权人同意转让抵押财产的，应当将转让所得的价款向抵押权人提前清偿债务或者提存。转让的价款超过债权数额的部分归抵押人所有，不足部分由债务人清偿。抵押期间，抵押人未经抵押权人同意，不得转让抵押财产，但受让人代为清偿债务消灭抵押权的除外。

事实上，在财产上设置抵押权，只要抵押权跟随抵押财产一并移转，就能够保障抵押权人的权利。故《民法典》在规定抵押期间转让抵押财产的规则时，改变了原《物权法》的规定，采纳了从宽的规则，具体为：（1）抵押期间，抵押人可以转让抵押财产，只是在转让时应当及时通知抵押权人。（2）如果当事人对此另有约定的，按照其约定。（3）抵押期间，抵押人将抵押财产转让的，抵押权不受影响，即抵押财产是设有抵押权负担的财产，进行转让，抵押权随着所有权的转让而转让，取得抵押财产的受让人在取得所有权的同时，也负有抵押人所负担的义务，受到抵押权的约束。（4）抵押权人能够证明抵押财产转让可能损害抵押权的，可以请求抵押人将转让所得的价款向抵押权人提前清偿债务或者提存。转让的价款超过债权数额的部分归抵押人所有，不足部分由债务人清偿。

第四百零七条　抵押权的从属性

抵押权不得与债权分离而单独转让或者作为其他债权的担保。债权转让的，担保该债权的抵押权一并转让，但是法律另有规定或者当事人另有约定的除外。

第四百零八条　抵押财产价值减少时抵押权人的补救措施

抵押人的行为足以使抵押财产价值减少的，抵押权人有权请求抵押人停止其行为；抵押财产价值减少的，抵押权人有权请求恢复抵押财产的价值，或者提供与减少的价值相应的担保。抵押人不恢复抵押财产的价值，也不提供担保的，抵押权人有权请求债务人提前清偿债务。

第四百零九条 抵押权人放弃抵押权或抵押权顺位的法律后果

抵押权人可以放弃抵押权或者抵押权的顺位。抵押权人与抵押人可以协议变更抵押权顺位以及被担保的债权数额等内容。但是，抵押权的变更未经其他抵押权人书面同意的，不得对其他抵押权人产生不利影响。

债务人以自己的财产设定抵押，抵押权人放弃该抵押权、抵押权顺位或者变更抵押权的，其他担保人在抵押权人丧失优先受偿权益的范围内免除担保责任，但是其他担保人承诺仍然提供担保的除外。

▶ 理解与适用

抵押权人放弃抵押权，不必经过抵押人的同意。抵押权人放弃抵押权的，抵押权消灭。此时抵押权人变成普通债权人，其债权应当与其他普通债权人按照债权的比例受偿。

抵押权的顺位是抵押权人优先受偿的顺序，作为抵押权人享有的一项利益，抵押权人可以放弃其顺位，即放弃优先受偿的次序利益。抵押权人放弃抵押权顺位的，放弃人处于最后顺位，所有后顺位抵押权人的顺位依次递进。但在放弃人放弃抵押权顺位后新设定的抵押权不受该放弃的影响，其顺位仍应在放弃人的抵押权顺位之后。

抵押权顺位的变更，是指将同一抵押财产上的数个抵押权的清偿顺序互换。抵押权的顺位变更后，各抵押权人只能在其变更后的顺序上行使优先受偿权。抵押权顺位的变更对其他抵押权人产生不利影响时，必须经过他们的书面同意。

第四百一十条 抵押权实现的方式和程序

债务人不履行到期债务或者发生当事人约定的实现抵押权的情形，抵押权人可以与抵押人协议以抵押财产折价或者以拍卖、变卖该抵押财产所得的价款优先受偿。协议损害其他债权人利益的，其他债权人可以请求人民法院撤销该协议。

抵押权人与抵押人未就抵押权实现方式达成协议的，抵押权人可以请求人民法院拍卖、变卖抵押财产。

抵押财产折价或者变卖的，应当参照市场价格。

第四百一十一条　动产浮动抵押的抵押财产价值的确定时间

依据本法第三百九十六条规定设定抵押的，抵押财产自下列情形之一发生时确定：

（一）债务履行期限届满，债权未实现；

（二）抵押人被宣告破产或者解散；

（三）当事人约定的实现抵押权的情形；

（四）严重影响债权实现的其他情形。

第四百一十二条　抵押财产孳息归属

债务人不履行到期债务或者发生当事人约定的实现抵押权的情形，致使抵押财产被人民法院依法扣押的，自扣押之日起，抵押权人有权收取该抵押财产的天然孳息或者法定孳息，但是抵押权人未通知应当清偿法定孳息义务人的除外。

前款规定的孳息应当先充抵收取孳息的费用。

▶理解与适用

当出现债务人不履行到期债务或者发生当事人约定的实现抵押权情形，致使抵押财产被人民法院依法扣押的，等于抵押权人对抵押财产已经开始主张权利，因而自抵押财产被扣押之日起，抵押权人有权收取该抵押财产的天然孳息或者法定孳息，但是抵押权人未通知应当清偿法定孳息的义务人的除外，故抵押权人自抵押财产被扣押后，如果要收取抵押财产的法定孳息，应当通知清偿法定孳息的义务人。

已经被扣押的孳息，尽管抵押权人可以收取，但是仍然是抵押人的财产，扣押的孳息仍然应当用于清偿抵押权人的债务，实现抵押权人的债权。

第四百一十三条　抵押财产变现清偿债务

抵押财产折价或者拍卖、变卖后，其价款超过债权数额的部分归抵押人所有，不足部分由债务人清偿。

第四百一十四条　同一财产上多个抵押权的效力顺序

同一财产向两个以上债权人抵押的，拍卖、变卖抵押财产所得的价款依照下列规定清偿：

（一）抵押权已经登记的，按照登记的时间先后确定清偿顺序；

（二）抵押权已经登记的先于未登记的受偿；

（三）抵押权未登记的，按照债权比例清偿。

其他可以登记的担保物权，清偿顺序参照适用前款规定。

▶理解与适用

同一财产向两个以上的债权人抵押的，拍卖、变卖抵押财产所得价款的清偿顺位有三项标准：（1）抵押权都已经登记的，按照登记的先后顺序清偿。顺序相同的，按照债权比例清偿。抵押登记的日期是在同一天的，则抵押权的顺序相同。（2）抵押权已经登记的，先于未登记的受偿。已经登记的优先清偿，没有登记的，只能在经过登记的抵押权实现后，以剩余的抵押财产受偿。（3）抵押权未登记的，不具有对抗效力，无优先受偿权，仍按照债权比例清偿。

第四百一十五条　既有抵押权又有质权的财产的清偿顺序

同一财产既设立抵押权又设立质权的，拍卖、变卖该财产所得的价款按照登记、交付的时间先后确定清偿顺序。

▶理解与适用

本条是民法典新增的条文，是关于抵押权与质权关系的规定。

我国立法承认动产抵押，因而可能发生抵押财产被质押或质押财产被抵押的情形。同一财产既设立抵押权又设立质权的，本条规定的清偿顺序是：拍卖、变卖该财产所得的价款，按照登记、交付的时间先后确定清偿顺序。这一规则十分简单，即不论是抵押权还是质权，不论是登记成立还是交付成立，只要是权利设立在先，就优先受清偿。

第四百一十六条　动产抵押担保的优先效力规则

动产抵押担保的主债权是抵押物的价款，标的物交付后十日内办理抵押登记的，该抵押权人优先于抵押物买受人的其他担保物权人受偿，但是留置权人除外。

第四百一十七条　以建设用地使用权抵押后新增建筑物不属于抵押财产

建设用地使用权抵押后，该土地上新增的建筑物不属于抵押财产。该建设用地使用权实现抵押权时，应当将该土地上新增的建筑物与建设用地使用权一并处分。但是，新增建筑物所得的价款，抵押权人无权优先受偿。

第四百一十八条　以集体土地使用权抵押的实现抵押权后应当遵守的规则

以集体所有土地的使用权依法抵押的，实现抵押权后，未经法定程序，不得改变土地所有权的性质和土地用途。

第四百一十九条　抵押权的行使期间

抵押权人应当在主债权诉讼时效期间行使抵押权；未行使的，人民法院不予保护。

▶理解与适用

抵押权的受保护期间与其担保的主债权的诉讼时效期间一致。主债权诉讼时效一直没有届满的，抵押权就一直存续而不消灭。主债权适用特殊诉讼时效的，抵押权的行使期间也与之相同。

▶典型案例指引

王某诉李某抵押合同纠纷案（《最高人民法院公报》2017年第7期）

案件适用要点：抵押权人在主债权诉讼时效期间未行使抵押权将导致抵押权消灭，而非胜诉权的丧失。抵押权消灭后，抵押人要求解除抵押权登记的，人民法院应当支持。

第二节　最高额抵押权

第四百二十条　最高额抵押规则

为担保债务的履行，债务人或者第三人对一定期间内将要连续发生的债权提供担保财产的，债务人不履行到期债务或者发生当事人约定的实现抵押权的情形，抵押权人有权在最高债权额限度内就该担保财产优先受偿。

最高额抵押权设立前已经存在的债权，经当事人同意，可以转入最高额抵押担保的债权范围。

▶理解与适用

最高额抵押具有以下特征：

（1）最高额抵押是限额抵押。设定抵押时，抵押人与抵押权人协议约定抵押财产担保的最高债权限额，无论将来实际发生的债权如何增减变动，抵押权人只能在最高债权额范围内对抵押财产享有优先受偿权。实际发生的债权超过最高限额的，以抵押权设定时约定的最高债权额为限优先受偿；不及最高限额的，以实际发生的债权额为限优先受偿。

（2）最高额抵押是为将来发生的债权提供担保。最高额抵押权设定时，不以主债权的存在为前提，是典型的担保将来债权的抵押权。这里的"将来债权"，是指设定抵押时尚未发生，在抵押期间将要发生的债权。

（3）最高额抵押所担保的最高债权额是确定的，但实际发生额不确定。设定最高额抵押权时，债权尚未发生，为担保将来债权的履行，抵押人和抵押权人协议确定担保的最高数额，在此额度内对债权担保。

（4）最高额抵押是对一定期间内连续发生的债权作担保。这里讲的一定期间，不仅指债权发生的期间，更是指抵押权担保的期间。连续发生的债权，是指所发生的债权次数不确定，且接连发生。

▶典型案例指引

中国工商银行股份有限公司宣城龙首支行诉宣城柏冠贸易有限公司、江苏凯盛置业有限公司等金融借款合同纠纷案（最高人民法院指导案例95号）

案件适用要点：当事人另行达成协议将最高额抵押权设立前已经存在的债权转入该最高额抵押担保的债权范围，只要转入的债权数额仍在该最高额抵押担保的最高债权额限度内，即使未对该最高额抵押权办理变更登记手续，该最高额抵押权的效力仍然及于被转入的债权，但不得对第三人产生不利影响。

第四百二十一条 最高额抵押权担保的部分债权转让效力

最高额抵押担保的债权确定前，部分债权转让的，最高额抵押权不得转让，但是当事人另有约定的除外。

第四百二十二条 最高额抵押债权确定前的内容变更

最高额抵押担保的债权确定前，抵押权人与抵押人可以通过协议变更债权确定的期间、债权范围以及最高债权额。但是，变更的内容不得对其他抵押权人产生不利影响。

第四百二十三条　最高额抵押所担保债权的确定时间

有下列情形之一的，抵押权人的债权确定：

（一）约定的债权确定期间届满；

（二）没有约定债权确定期间或者约定不明确，抵押权人或者抵押人自最高额抵押权设立之日起满二年后请求确定债权；

（三）新的债权不可能发生；

（四）抵押权人知道或者应当知道抵押财产被查封、扣押；

（五）债务人、抵押人被宣告破产或者解散；

（六）法律规定债权确定的其他情形。

第四百二十四条　最高额抵押的法律适用

最高额抵押权除适用本节规定外，适用本章第一节的有关规定。

第十八章　质　　权

第一节　动　产　质　权

第四百二十五条　动产质权概念

为担保债务的履行，债务人或者第三人将其动产出质给债权人占有的，债务人不履行到期债务或者发生当事人约定的实现质权的情形，债权人有权就该动产优先受偿。

前款规定的债务人或者第三人为出质人，债权人为质权人，交付的动产为质押财产。

第四百二十六条　禁止出质的动产范围

法律、行政法规禁止转让的动产不得出质。

▶理解与适用

合法拥有的并且依法可以转让的动产，都可以作为设定质权的标的。但是，法律、行政法规规定禁止流通的动产不得设定质权，例如毒品、管制枪支等。规定禁止转让的动产的依据只能是全国人大及其常委会制定的法律以及国务院制定的行政法规。其他规范性文件，不能作为规定禁止转让动产的依据。

第四百二十七条　质押合同形式及内容

设立质权，当事人应当采用书面形式订立质押合同。
质押合同一般包括下列条款：
（一）被担保债权的种类和数额；
（二）债务人履行债务的期限；
（三）质押财产的名称、数量等情况；
（四）担保的范围；
（五）质押财产交付的时间、方式。

第四百二十八条　流质条款的优先受偿效力

质权人在债务履行期限届满前，与出质人约定债务人不履行到期债务时质押财产归债权人所有的，只能依法就质押财产优先受偿。

▶理解与适用

流质，也称绝押，是指转移质物所有权的预先约定。订立质押合同时，出质人和质权人在合同中不得约定在债务人履行期限届满质权人未受清偿时，将质物所有权转移为债权人所有。

当事人在质押合同中约定流质条款的，流质条款无效，但是质押合同还是有效的，因此，只能依法就质押财产优先受偿。

第四百二十九条　质权的设立

质权自出质人交付质押财产时设立。

▶理解与适用

出质人与质权人订立动产质押合同，该合同自成立时生效。但是在移转质押财产的占有之前，并不发生担保物权的效力；出质人只有将质押财产通过交付的形式实际移转给质权人占有时，质权才发生效力。根据本条的规定，质押财产是否移转是质权是否生效的判断标准：当事人没有移转质押财产，质权无效。其质押合同是否有效要根据本法合同编的有关规定判断，质权无效并不当然导致合同无效，不应将质权有效与否与质押合同的效力合二为一混同判断。

▶典型案例指引

中国农业发展银行安徽省分行诉张某标、安徽长江融资担保集团有限公司执行异议之诉纠纷案（最高人民法院指导案例54号）

案件适用要点：当事人依约为出质的金钱开立保证金专门账户，且质权人取得对该专门账户的占有控制权，符合金钱特定化和移交占有的要求，即使该账户内资金余额发生浮动，也不影响该金钱质权的设立。

第四百三十条　质权设立期间的孳息收取

质权人有权收取质押财产的孳息，但是合同另有约定的除外。

前款规定的孳息应当先充抵收取孳息的费用。

▶理解与适用

　　质权人有权收取质押财产的孳息。孳息不仅包括天然孳息，也包括法定孳息。质权合同另有约定的，按照其约定。不过，质权人收取质物的孳息，并不是取得孳息的所有权，而是取得质物孳息的质权，取得对质物孳息的占有，但质物孳息的所有权仍然归属于出质人。

第四百三十一条　质权人对质押财产处分的限制及其法律责任

　　质权人在质权存续期间，未经出质人同意，擅自使用、处分质押财产，造成出质人损害的，应当承担赔偿责任。

第四百三十二条　质物保管义务

　　质权人负有妥善保管质押财产的义务；因保管不善致使质押财产毁损、灭失的，应当承担赔偿责任。

　　质权人的行为可能使质押财产毁损、灭失的，出质人可以请求质权人将质押财产提存，或者请求提前清偿债务并返还质押财产。

第四百三十三条　质押财产保全

　　因不可归责于质权人的事由可能使质押财产毁损或者价值明显减少，足以危害质权人权利的，质权人有权请求出质人提供相应的担保；出质人不提供的，质权人可以拍卖、变卖质押财产，并与出质人协议将拍卖、变卖所得的价款提前清偿债务或者提存。

第四百三十四条　转质

　　质权人在质权存续期间，未经出质人同意转质，造成质押财产毁损、灭失的，应当承担赔偿责任。

第四百三十五条　放弃质权

质权人可以放弃质权。债务人以自己的财产出质，质权人放弃该质权的，其他担保人在质权人丧失优先受偿权益的范围内免除担保责任，但是其他担保人承诺仍然提供担保的除外。

▶ 理解与适用

质权人放弃质权，是指质权人放弃其因享有质权而优先于普通债权人就质物受清偿的权利的行为。质权人有权处分自己的质权，当质权人以放弃质权的方式处分质权时，应当符合法律的规定。质权人放弃质权应当明示，质权人不行使质权或者怠于行使质权的，不能推定为质权人放弃质权。质权人放弃质权，原因可能是多方面的，是质权人单方的意思表示，无须取得出质人的同意。质权因质权人放弃质权而消灭。

▶ 典型案例指引

黑龙江北大荒投资担保股份有限公司与黑龙江省建三江农垦七星粮油工贸有限责任公司、黑龙江省建三江农垦宏达粮油工贸有限公司等担保合同纠纷案（《最高人民法院公报》2018年第1期）

案件适用要点：同一债权上既有人的担保，又有债务人提供的物的担保，债权人与债务人的共同过错致使本应依法设立的质权未设立，保证人对此并无过错的，债权人应对质权未设立承担不利后果。《物权法》第176条对债务人提供的物保与第三人提供的人保并存时的债权实现顺序有明文规定，保证人对先以债务人的质物清偿债务存在合理信赖，债权人放弃质权损害了保证人的顺位信赖利益，保证人应依《物权法》第218条的规定在质权人丧失优先受偿权益的范围内免除保证责任。

第四百三十六条　质物返还与质权实现

债务人履行债务或者出质人提前清偿所担保的债权的，质权人应当返还质押财产。

债务人不履行到期债务或者发生当事人约定的实现质权的情形，质权人可以与出质人协议以质押财产折价，也可以就拍卖、变卖质押财产所得的价款优先受偿。

质押财产折价或者变卖的，应当参照市场价格。

第四百三十七条　出质人请求质权人及时行使质权

出质人可以请求质权人在债务履行期限届满后及时行使质权；质权人不行使的，出质人可以请求人民法院拍卖、变卖质押财产。

出质人请求质权人及时行使质权，因质权人怠于行使权利造成出质人损害的，由质权人承担赔偿责任。

▶理解与适用

本法未规定质权时效，但为了避免质权人怠于行使权利，本条赋予了出质人行使质权的请求权及质权人怠于行使质权的责任。适用本条时注意：

（1）出质人的质权行使请求权。出质人在债务履行期届满，不能偿还债务时，有权请求质权人及时行使质权，如果质权人经出质人请求后仍不行使的，出质人可以请求人民法院拍卖、变卖质物，以清偿债务。

（2）质权人怠于行使质权的责任。质物存在随着市场风险变化价值下跌或者意外毁损、灭失的风险。因此，一旦债务履行期届满而债务人未清偿债务的，质权人应当及时行使质权，以免给出质人造成损失，出质人也有权请求质权人行使权利。因质权人怠于行使权利致使质物价格下跌，或者发生其他毁损、灭失等情形使质物无法实现其原有的变价额的，质权人对于出质人的损失要承担赔偿责任。

第四百三十八条　质押财产变价款归属

质押财产折价或者拍卖、变卖后，其价款超过债权数额的部分归出质人所有，不足部分由债务人清偿。

第四百三十九条　最高额质权

出质人与质权人可以协议设立最高额质权。

最高额质权除适用本节有关规定外，参照适用本编第十七章第二节的有关规定。

▶理解与适用

最高额质权，是指对于一定期间内连续发生的不特定的债权预定一个限额，由债务人或者第三人提供质物予以担保而设定的特殊质权。

第二节　权利质权

第四百四十条　可出质的权利的范围

债务人或者第三人有权处分的下列权利可以出质：

（一）汇票、本票、支票；

（二）债券、存款单；

（三）仓单、提单；

（四）可以转让的基金份额、股权；

（五）可以转让的注册商标专用权、专利权、著作权等知识产权中的财产权；

（六）现有的以及将有的应收账款；

（七）法律、行政法规规定可以出质的其他财产权利。

▶理解与适用

权利质权，是指以所有权以外的依法可转让的债权或者其他财产权利为标的物而设定的质权。权利质权是以所有权以外的财产权为标的物的质权，能够作为权利质权标的物的权利须符合以下几项条件：（1）仅以财产权利为限；（2）必须是依法可以转让的财产权利；（3）必须是不违背现行法规定及权利质权性质的财产权利。权利质权的设定以登记或者权利凭证的交付作为生效要件。

▶典型案例指引

1. 福建海峡银行股份有限公司福州五一支行诉长乐亚新污水处理有限公司、福州市政工程有限公司金融借款合同纠纷案（最高人民法院指导案例 53 号）

案件适用要点：特许经营权的收益权可以质押，并可作为应收账款进行出质登记。特许经营权的收益权依其性质不宜折价、拍卖或变卖，质权人主张优先受偿权的，人民法院可以判令出质债权的债务人将收益权的应收账款优先支付质权人。

2. 常州新区工行诉康美公司借款合同纠纷案（《最高人民法院公报》2005 年第 4 期）

案件适用要点：根据《担保法》第 75 条第 4 项规定，以出口退税账户托管的方式贷款，构成出口退税权利质押。贷款人在借款得不到清偿时，有权在借款人的出口退税款中优先受偿。

第四百四十一条 **有价证券出质的形式要件以及质权生效时间**

以汇票、本票、支票、债券、存款单、仓单、提单出质的，质权自权利凭证交付质权人时设立；没有权利凭证的，质权自办理出质登记时设立。法律另有规定的，依照其规定。

▶典型案例指引

中国建设银行股份有限公司广州荔湾支行诉广东蓝粤能源发展有限公司等信用证开证纠纷案（最高人民法院指导案例 111 号）

案件适用要点：提单持有人是否因受领提单的交付而取得物权以及取得何种类型的物权，取决于合同的约定。开证行根据其与开证申请人之间的合同约定持有提单时，人民法院应结合信用证交易的特点，对案涉合同进行合理解释，确定开证行持有提单的真实意思表示。

开证行对信用证项下单据中的提单以及提单项下的货物享有质权的，开证行行使提单质权的方式与行使提单项下货物动产质权的方式相同，即对提单项下货物折价、变卖、拍卖后所得价款享有优先受偿权。

第四百四十二条　提前行使权利质权

汇票、本票、支票、债券、存款单、仓单、提单的兑现日期或者提货日期先于主债权到期的，质权人可以兑现或者提货，并与出质人协议将兑现的价款或者提取的货物提前清偿债务或者提存。

第四百四十三条　基金份额质权、股权质权

以基金份额、股权出质的，质权自办理出质登记时设立。

基金份额、股权出质后，不得转让，但是出质人与质权人协商同意的除外。出质人转让基金份额、股权所得的价款，应当向质权人提前清偿债务或者提存。

第四百四十四条　知识产权质权

以注册商标专用权、专利权、著作权等知识产权中的财产权出质的，质权自办理出质登记时设立。

知识产权中的财产权出质后，出质人不得转让或者许可

他人使用，但是出质人与质权人协商同意的除外。出质人转让或者许可他人使用出质的知识产权中的财产权所得的价款，应当向质权人提前清偿债务或者提存。

第四百四十五条　应收账款质权

以应收账款出质的，质权自办理出质登记时设立。

应收账款出质后，不得转让，但是出质人与质权人协商同意的除外。出质人转让应收账款所得的价款，应当向质权人提前清偿债务或者提存。

第四百四十六条　权利质权的法律适用

权利质权除适用本节规定外，适用本章第一节的有关规定。

第十九章　留　置　权

第四百四十七条　留置权规则

债务人不履行到期债务，债权人可以留置已经合法占有的债务人的动产，并有权就该动产优先受偿。

前款规定的债权人为留置权人，占有的动产为留置财产。

▶理解与适用

留置权，是对于法律规定可以留置的债权，债权人依债权占有属于债务人的动产，在债务人未按照约定的期限履行债务时，债权人有权依法留置该财产，以该财产折价或者以拍卖、变卖的价款优先受偿的法定担保物权。留置权具有以下几项特征：

（1）从属性。留置权依主债权的存在而存在，依主债权的转移而转移，并因主债权的消灭而消灭。

（2）法定性。留置权只能直接依据法律的规定发生，不能由当事人自由设定。只要债务人不履行到期债务，债权人即可以依照法律规定留置已经合法占有的债务人的动产，并在满足法律规定的条件的情况下，折价或者拍卖、变卖留置财产以受偿。

（3）不可分性。留置权的不可分性表现为：一是留置权所担保的是债权的全部，而不是部分；二是留置权的效力及于债权人所留置的全部留置财产，留置权人可以对留置财产的全部行使留置权，而不是部分。只要债权未受全部清偿，留置权人就可以对全部留置财产行使权利，不受债权分割或者部分清偿以及留置财产分割的影响。当然，为了公平起见，依据本法第450条，留置财产为可分物的，债权人留置的财产的价值应当相当于债务的金额，而不应留置其占有的债务人的全部动产。

第四百四十八条　留置权积极要件

债权人留置的动产，应当与债权属于同一法律关系，但是企业之间留置的除外。

▶理解与适用

所谓"同一法律关系"，是指动产的占有和债权的发生之间有关联，动产的占有与债权的发生均基于同一法律关系。同一法律关系不以合同关系为限，合同关系以外的其他法律关系，诸如因不当得利、无因管理、侵权行为而发生的债权关系，若与动产的占有之间存在关联，亦属于存在同一法律关系。

▶典型案例指引

长三角商品交易所有限公司诉卢某云返还原物纠纷案（《最高人民法院公报》2017年第1期）

案件适用要点：留置权是平等主体之间实现债权的担保方式；除企业之间留置的以外，债权人留置的动产，应当与债权属于同一法律关系。

劳动关系主体双方在履行劳动合同过程中处于管理与被管理的不平等关系。劳动者以用人单位拖欠劳动报酬为由，主张对用人单位供其使用的工具、物品等动产行使留置权，因此类动产不是劳动合同关系的标的物，与劳动债权不属于同一法律关系，故人民法院不予支持该主张。

第四百四十九条　留置权消极要件

法律规定或者当事人约定不得留置的动产，不得留置。

第四百五十条　可分留置物

留置财产为可分物的，留置财产的价值应当相当于债务的金额。

第四百五十一条　留置权人保管义务

留置权人负有妥善保管留置财产的义务；因保管不善致使留置财产毁损、灭失的，应当承担赔偿责任。

第四百五十二条　留置财产的孳息收取

留置权人有权收取留置财产的孳息。
前款规定的孳息应当先充抵收取孳息的费用。

第四百五十三条　留置权实现的一般规则

留置权人与债务人应当约定留置财产后的债务履行期限；没有约定或者约定不明确的，留置权人应当给债务人六十日以上履行债务的期限，但是鲜活易腐等不易保管的动产除外。债务人逾期未履行的，留置权人可以与债务人协议以留置财产折价，也可以就拍卖、变卖留置财产所得的价款优先受偿。
留置财产折价或者变卖的，应当参照市场价格。

第四百五十四条 债务人请求留置权人行使留置权

债务人可以请求留置权人在债务履行期限届满后行使留置权；留置权人不行使的，债务人可以请求人民法院拍卖、变卖留置财产。

▶理解与适用

值得注意的是本条规定的"债务履行期限届满"无宽限期的限制。也就是说，债务履行期限届满，留置权成立后，债务履行的宽限期届满前，债务人可以要求留置权人行使留置权。留置权人不行使的，债务人可以请求人民法院对留置财产拍卖、变价，从而清偿债务。

第四百五十五条 留置权实现方式

留置财产折价或者拍卖、变卖后，其价款超过债权数额的部分归债务人所有，不足部分由债务人清偿。

第四百五十六条 留置权优先于其他担保物权效力

同一动产上已经设立抵押权或者质权，该动产又被留置的，留置权人优先受偿。

▶理解与适用

本条是关于留置权与抵押权或者质权关系的规定。适用本条应注意：在同一动产上，无论留置权是产生于抵押权或者质权之前，还是产生于抵押权或者质权之后，留置权的效力都优先于抵押权或者质权。也就是说，留置权对抵押权或者质权的优先效力不受其产生时间的影响。

第四百五十七条　留置权消灭

留置权人对留置财产丧失占有或者留置权人接受债务人另行提供担保的，留置权消灭。

……

第三编　合　　同

第一分编　通　　则

第一章　一般规定

第四百六十三条　合同编的调整范围

本编调整因合同产生的民事关系。

第四百六十四条　合同的定义及身份关系协议的法律适用

合同是民事主体之间设立、变更、终止民事法律关系的协议。

婚姻、收养、监护等有关身份关系的协议，适用有关该身份关系的法律规定；没有规定的，可以根据其性质参照适用本编规定。

▶理解与适用

根据本条规定，合同是民事主体之间设立、变更、终止民事法律关系的协议。其特征是：1. 合同的主体是民事主体，包括自然人、法人和非法人组织；2. 合同的内容是民事主体设立、变更、终止民事法律关系；3. 合同是协议，是民事主体之间就上述内容达成的协议。因此，合同的本质是民事主体就民事权利义务关系的变动达成合意而形成的协议。

婚姻、收养、监护等有关身份关系的协议也是民事合同，由于其内容的性质不同，因而应当适用有关该身份关系的法律规定。当这些具有身份关系、人格关系的协议在总则编、人格权编、婚姻家庭编等或者其他法律中没有规定的，可以根据其性质参照适用本编关于合同的规定。

▶条文参见

《保险法》第 10 条

第四百六十五条 依法成立的合同受法律保护及合同相对性原则

依法成立的合同，受法律保护。

依法成立的合同，仅对当事人具有法律约束力，但是法律另有规定的除外。

▶理解与适用

依法成立的合同受法律保护，说的是合同成立后即在当事人之间产生了法律效力，当事人必须受到合同的约束。如果当事人在合同依法成立后，不履行合同义务，或者不完全履行合同义务，法律将强制其履行，并苛以违约责任。当然，合同的法律约束力是有限度的，即只对合同当事人发生，对合同以外的人不发生法律约束力。这就是合同的相对性原则。

本条第 2 款规定的但书，含义是在法律另有规定的情况下，可以打破合同相对性原则。比如涉他合同，合同约定为他人设置权利的，债务人应当向第三人履行义务，突破了合同相对性原则拘束。

第四百六十六条　合同的解释规则

当事人对合同条款的理解有争议的，应当依据本法第一百四十二条第一款的规定，确定争议条款的含义。

合同文本采用两种以上文字订立并约定具有同等效力的，对各文本使用的词句推定具有相同含义。各文本使用的词句不一致的，应当根据合同的相关条款、性质、目的以及诚信原则等予以解释。

▶理解与适用

合同的解释，是指在合同所使用的语言文字或推定行为的内涵不明确、不清楚而发生争议时，由有权机关依照一定的规则对合同加以阐明或补充。

根据本条规定，合同解释的方法主要有以下几种：

（1）文义解释。合同条款是由语言文字构成，解释合同条款时应当首先从合同所使用的词句的含义开始。确定合同词句的含义，固然需要明确该词句的通常含义，但在当事人赋予词句特别含义时，对合同条款的解释就并非始于词句的本身含义，而是始于当事人签订合同时采用的含义。

（2）体系解释。又称为整体解释，是指把全部合同条款和构成部分看作一个统一的整体，从各个合同条款及构成部分的相互关联、所处的地位总体联系上阐明当事人有争议词句的含义。

（3）目的解释。在合同词句表达的意思与合同目的相反时，应当通过解释更正合同词句；当合同内容不明确或相互矛盾时，应当在确认合同的每一组成部分的词句和条款都有效的前提下，尽可能通过解释的方式予以统一和协调，使之符合合同的目的；当合同词句有不同意思时，应当按照符合合同目的的含义的解释，摒弃有违合同目的的含义。

（4）参照交易习惯和惯例原则。是指在合同词句或条款的含义发生歧义时，按照交易习惯或者惯例的含义予以明确；在合同存在漏洞，致使当事人的权利和义务无法确定时，参照交易习惯或者惯例加以补充。关于交易习惯的认定，《民法典合同编通则司法解释》第 2 条作出规定，下列情形，不违反法律、行政法规的强制性规定且不违背公序良俗的，人民法院可以认定为民法典所称的"交易习惯"：（一）当事人之间在交易活动中的惯常做法；（二）在交易行为当地或者某一领域、某一行业通常采用并为交易对方订立合同时所知道或者应当知道的做法。对于交易习惯，由提出主张的当事人一方承担举证责任。

（5）诚实信用原则。在合同词句含混不清、意义不明时，当事人和司法人员应当依照诚实信用原则对合同的条款进行解释。在进行解释时要平衡当事人双方的利益、公平合理地确定合同的内容。

总之，当事人对合同条款的理解发生争议时，应当按照合同所使用的词句、合同的有关条款、订立合同的目的、交易习惯以及诚实信用的原则，确定该条款的真实意思。

▶条文参见

《民法典》第 142 条第 1 款；《民法典合同编通则司法解释》第 1、2 条

第四百六十七条 非典型合同及特定涉外合同的法律适用

本法或者其他法律没有明文规定的合同，适用本编通则的规定，并可以参照适用本编或者其他法律最相类似合同的规定。

在中华人民共和国境内履行的中外合资经营企业合同、中外合作经营企业合同、中外合作勘探开发自然资源合同，适用中华人民共和国法律。

▶理解与适用

无名合同又叫非典型合同，是指法律尚未规定，也未赋予其一定名称的合同。本法或者其他法律没有明文规定的合同就

是无名合同。依照合同自由原则，在不违反法律强制性规定和公序良俗的前提下，当事人可以根据实际生活需要，选择订立法律没有规范的无名合同。

第四百六十八条　非合同之债的法律适用

非因合同产生的债权债务关系，适用有关该债权债务关系的法律规定；没有规定的，适用本编通则的有关规定，但是根据其性质不能适用的除外。

▶理解与适用

非因合同产生的债权债务关系，是合同以外的债权债务关系，依照《民法典》第118条第2款规定，包括无因管理之债、不当得利之债、侵权行为之债以及法律的其他规定的债，例如单方允诺之债。

本条规定的主要目的，是为合同编第三分编规定的无因管理之债和不当得利之债的法律适用，提供一般规则的法律依据，同时，也对侵权行为之债以及其他法律规定的债与合同编通则规定的关系予以明确。

第二章　合同的订立

第四百六十九条　合同形式

当事人订立合同，可以采用书面形式、口头形式或者其他形式。

书面形式是合同书、信件、电报、电传、传真等可以有形地表现所载内容的形式。

以电子数据交换、电子邮件等方式能够有形地表现所载内容，并可以随时调取查用的数据电文，视为书面形式。

▶条文参见

《民法典》第 135 条；《电子签名法》第 4 条；《仲裁法》第 16 条

第四百七十条　合同主要条款及示范文本

合同的内容由当事人约定，一般包括下列条款：

（一）当事人的姓名或者名称和住所；

（二）标的；

（三）数量；

（四）质量；

（五）价款或者报酬；

（六）履行期限、地点和方式；

（七）违约责任；

（八）解决争议的方法。

当事人可以参照各类合同的示范文本订立合同。

▶理解与适用

合同条款是表达合同当事人约定的合同内容的具体条款。本条第 1 款列举了合同应当包含的条款，没有规定合同的主要条款。合同的主要条款是合同的必备条款，缺少必备条款，合同不能成立，缺少其他条款，则可以通过法律规定的确定方法等予以确定，不能导致合同不能成立。合同的主要条款就是标的和数量。

▶条文参见

《保险法》第 18 条；《著作权法》第 26、27 条

第四百七十一条　订立合同的方式

当事人订立合同，可以采取要约、承诺方式或者其他方式。

▶ 理解与适用

合同订立，是缔约人为意思表示并达成合意的状态。合同订立是当事人为实现预期目的，为意思表示并达成合意的动态过程，包含当事人各方为了进行交易，与对方进行接触、洽谈，最终达成合意的整个过程，是动态行为和静态协议的统一体。合同订立与合同成立不同，合同成立是合同订立的组成部分。

合同订立的方式是要约和承诺。在订立合同中，一方当事人提出要约，另一方当事人予以承诺，双方就交易目的及其实现达成合意，合同即告成立。因此，要约和承诺既是合同订立的方式，也是合同订立的两个阶段，其结果是合同成立。

合同成立的其他方式，主要是指格式条款和悬赏广告等。

第四百七十二条 **要约的定义及其构成**

要约是希望与他人订立合同的意思表示，该意思表示应当符合下列条件：

（一）内容具体确定；

（二）表明经受要约人承诺，要约人即受该意思表示约束。

▶ 理解与适用

要约是在合同订立过程中，要约人希望与他人订立合同的意思表示。一方当事人以缔结合同为目的，向对方当事人提出合同条件，希望对方当事人接受的意思表示，就是要约，亦称发价、发盘、出盘、出价或者报价。要约的性质，是一种与承诺结合后成立一个民事法律行为的意思表示，本身并不构成一个独立的法律行为。

要约发生法律效力，应当符合下列构成要件：1. 要约的内容具体、确定。内容具体，是指要约必须具有足以确定合同成立的内容，包含合同的主要条款。要约人发出要约后，受要约人一旦承诺，合同就告成立。内容确定，是指要约的内容必须明确，不能含混不清，应当达到一般人能够理解其真实含义的水平，否则合同将无法履行。2. 表明经受要约人承诺，要约人即受该意思表示约束。不论要约人向特定的还是不特定的受要约人发出要约，要约的内容都须表明，一旦该要约经受要约人承诺，要约人即受该意思表示约束，约束的具体表现是要约被承诺后合同即告成立，要约人要受合同效力的约束。在实践中，不可能要求所有的要约都能够明确地、直截了当地写明自己接受要约内容约束的文字，但是，只要当事人发出要约，就意味着自己愿意接受要约意思表示的约束。只要依据要约的条文能够合理分析出要约人在要约中含有已经承诺即受拘束的意旨，或者通过要约人明确的订立合同的意图可以合理推断该要约包含了要约人愿意接受承诺后果的意思表示，即可认为符合该要件。

第四百七十三条　要约邀请

> 要约邀请是希望他人向自己发出要约的表示。拍卖公告、招标公告、招股说明书、债券募集办法、基金招募说明书、商业广告和宣传、寄送的价目表等为要约邀请。
>
> 商业广告和宣传的内容符合要约条件的，构成要约。

▶ 理解与适用

要约邀请，即要约引诱，也称为邀请要约，是一方希望他人向自己发出要约的表示。

在实践中，要约和要约邀请较为相似，有时难以区分，其实这两个概念有着本质的不同。要约邀请只是订立合同的预备行为，发出要约邀请时，当事人仍然处于订立合同的准备阶段，既不能因相对人的承诺而成立合同，也不能因自己作出某种承诺而约束要约人。要约邀请是一种事实行为，在发出要约邀请后，要约邀请人撤回其要约邀请，只要没有给善意相对人造成信赖利益的损失，要约邀请人一般不承担法律责任。

要约邀请与要约的主要区别是：(1) 要约是一种法律行为，

具有法律意义；要约邀请是一种事实行为，不具有法律意义。(2) 要约是当事人自己主动提出愿意与他人订立合同的意思表示；要约邀请是希望他人向自己发出要约的意思表示。(3) 要约中表明经受要约人承诺，要约人即受该意思表示约束的意思，要约一旦被承诺，合同即告成立，要约人受其要约的约束；而要约邀请则不包括发出要约邀请的当事人表示愿意接受要约邀请内容约束的意思，受要约邀请的人依要约邀请发出要约，要约邀请人仍然享有是否作出承诺的选择权。(4) 要约的内容应当包括合同的主要条款，这样才能因受要约人的承诺而成立合同；而要约邀请只是希望对方向自己发出要约，无须具备合同的主要条款。

拍卖公告、招标公告、招股说明书、债券募集办法、基金招募说明书、商业广告和宣传、寄送的价目表，都是要约邀请，因而具有这些形式的意思表示都不是要约，而是要约邀请。

在这些形式的意思表示中，只有商业广告和宣传才有特例，即在一般情况下，它们是要约邀请，但是，如果商业广告和宣传具备了要约的条件，就构成了要约。比如，在商品房买卖中，商品房的销售广告和宣传资料为要约邀请，但是出卖人就商品房开发规划范围内的房屋及相关设施所作的说明和允诺具体确定，并对商品房买卖合同的订立以及房屋价格的确定有重大影响的，构成要约。该说明和允诺即使未载入商品房买卖合同，亦应当为合同内容，当事人违反的，应当承担违约责任。(参见《最高人民法院关于审理商品房买卖合同纠纷案件适用法律若干问题的解释》第 3 条)

▶条文参见

《公司法》第 85、86 条；《招标投标法》第 10、16、17 条；《拍卖法》第 45 - 48 条

▶典型案例指引

1. 时间集团公司诉浙江省玉环县国土局土地使用权出让合同纠纷案 (《最高人民法院公报》2005 年第 5 期)

案件适用要点：根据《合同法》第15条第1款的规定，国有土地使用权出让公告属于要约邀请，竞买人在竞买申请中提出报价，并按要约邀请支付保证金的行为，属于要约，双方当事人尚未形成土地使用权出让合同关系。国有土地使用权出让方因出让公告违反法律的禁止性规定，撤销公告后，造成竞买人在缔约阶段发生信赖利益损失的，应对竞买人的实际损失承担缔约过失责任。

2. 成都鹏伟实业有限公司与江西省永修县人民政府、永修县鄱阳湖采砂管理工作领导小组办公室采矿权纠纷案（《最高人民法院公报》2010年第4期）

案件适用要点：当事人在网站发布公开拍卖推介书的行为，实质上是就公开拍卖事宜向社会不特定对象发出的要约邀请。在受要约人与之建立合同关系，且双方对合同约定的内容产生争议时，该要约邀请对合同的解释可以产生证据的效力。

第四百七十四条　要约的生效时间

要约生效的时间适用本法第一百三十七条的规定。

第四百七十五条　要约的撤回

要约可以撤回。要约的撤回适用本法第一百四十一条的规定。

第四百七十六条　要约不得撤销情形

要约可以撤销，但是有下列情形之一的除外：

（一）要约人以确定承诺期限或者其他形式明示要约不可撤销；

（二）受要约人有理由认为要约是不可撤销的，并已经为履行合同做了合理准备工作。

▶理解与适用

　　要约撤销，是指要约人在要约生效之后，受要约人作出承诺之前，宣布取消该项要约，使该要约的效力归于消灭的行为。

　　要约的撤回与要约的撤销是不同的。要约的撤回是在要约未生效前使其不发生效力，而要约的撤销是指在要约作出并生效之后，行为人又作出取消其要约的意思表示。由于要约在到达后已经生效，相对人已知悉了要约的内容，甚至可能已经对该要约产生了合理的信赖，因此，行为人能否在要约生效时取消其意思表示，需要考虑保障相对人合理信赖的问题。这与要约撤回中仅考虑保护意思表示行为人对其意思表示的自由处分权利存在较大区别。考虑到要约生效后，已经对行为人产生了法律约束力，能否撤销，要平衡行为人和相对人的利益，不宜泛泛规定行为人可以撤销意思表示，基于此，本法规定，要约可以撤销，但撤销要约的通知应当在受要约人发出承诺通知之前到达受要约人。

　　本条在规定要约可以撤销的同时，规定了以下限制性的条件：1. 要约人以确定承诺期限或者以其他形式明示要约不可撤销。(1) 要约中确定了承诺期限，就意味着要约人向受要约人允诺在承诺期限内要约是可以信赖的。在承诺期限内，发生不利于要约人的变化，应当视为商业风险，也意味着受要约人在承诺期限内取得了承诺资格和对承诺期限的信赖，只要在承诺期限内作出承诺，就可以成立合同。即便受要约人没有发出承诺，受要约人也可能已经在为履约做准备，待准备工作就绪后再向要约人承诺，订立合同。因此，在承诺期限内，不得撤销要约。(2) 以其他形式明示要约不可撤销。例如，标明"保证现货供应""随到随买"等字样的要约，根据交易习惯就是不得撤销的要约。2. 受要约人有理由认为要约不可撤销，并且已经为履行合同做了准备工作。

第四百七十七条　要约撤销条件

　　撤销要约的意思表示以对话方式作出的，该意思表示的内容应当在受要约人作出承诺之前为受要约人所知道；撤销要约的意思表示以非对话方式作出的，应当在受要约人作出承诺之前到达受要约人。

▶理解与适用

　　要约人行使要约撤销权，应在要约生效之后，受要约人作出承诺之前。如果受要约人已经发出承诺通知，即使承诺通知仍然在途中，要约人撤销要约无异于撕毁合同，要约人应当承担违约责任或者缔约过失责任。

　　本条对于要约撤销生效时间分以下两种情形：1.撤销要约的意思表示以对话方式作出的，该意思表示的内容应当在受要约人作出承诺之前为受要约人所知道，即仍然采取知道主义。2.撤销要约的意思表示以非对话方式作出的，应当在受要约人作出承诺之前到达受要约人。如果在承诺之后要约撤销的意思表示才到达受要约人的，就不再是要约撤销，而是违约行为，因为要约一经承诺，合同即成立。

第四百七十八条　要约失效

　　有下列情形之一的，要约失效：
　　（一）要约被拒绝；
　　（二）要约被依法撤销；
　　（三）承诺期限届满，受要约人未作出承诺；
　　（四）受要约人对要约的内容作出实质性变更。

▶理解与适用

　　要约在特定的情形下会丧失效力，对要约人和受要约人不再产生约束力。此时，受要约人不再有承诺的资格，即使作出

"承诺"，也不再发生承诺的效力，这就是要约失效。

要约失效的事由是：1. 要约被拒绝。受要约人直接向要约人明确表示对要约予以拒绝，拒绝的通知到达要约人时要约失效。2. 要约被依法撤销。要约人依照法律的规定撤销要约，发生要约失效的法律效力。撤销要约后，如果收到受要约人拒绝要约的通知，可以免除要约人撤销要约的法律责任。3. 承诺期限届满，受要约人未作出承诺。凡是要约规定了承诺期限的，必须在该期限内作出承诺，超过承诺期限受要约人未作出承诺，要约失效。4. 受要约人对要约的内容作出实质性变更。承诺是对要约内容的全部接受，凡是对要约的内容进行实质性变更的，都是新的要约，受要约人变成要约人，原要约人成为受要约人，原要约人发出的要约失效。

▶条文参见

《拍卖法》第 36 条

第四百七十九条 承诺的定义

承诺是受要约人同意要约的意思表示。

▶理解与适用

承诺以接受要约的全部条件为内容，其目的在于与要约人订立合同。

承诺应当符合下列条件：

1. 承诺须由受要约人或者其代理人向要约人作出。承诺是受要约人的权利，在承诺期限内，要约人不得随意撤销要约，受要约人一旦承诺，就成立合同，要约人不得否认。这种权利是直接由要约人赋予的。

2. 承诺是受要约人同意要约的意思表示。同意要约，是以接受要约的全部条件为内容，是无条件的承诺，对要约的内容既不得限制，也不得扩张，更不能变更，但对要约的非实质性变更除外。

3. 承诺必须在规定的期限内到达要约人。承诺必须遵守承诺期间，没有规定承诺期间的，按照《民法典》第481条第2款规定确定。

4. 承诺的方式必须符合要约的要求。承诺应当以通知的方式作出。要约规定承诺须以特定方式作出，否则承诺无效的，承诺人承诺时须符合要约人规定的承诺方式。

第四百八十条　承诺的方式

承诺应当以通知的方式作出；但是，根据交易习惯或者要约表明可以通过行为作出承诺的除外。

▶理解与适用

承诺的方式是指受要约人将承诺的意思送达要约人的具体方式。

承诺的法定形式是通知方式，称为积极的承诺方式，是受要约人以明示的方式明确无误地表达承诺意思表示内容的形式。

选择通知以外的行为方式进行承诺的是：1. 根据交易习惯或者要约表明可以通过行为的形式作出承诺的，也是符合要求的承诺方式。交易习惯是指某种合同的承诺适合以行为作为承诺方式，例如悬赏广告，或者当事人之间进行交易的某种习惯。2. 要约人在要约中表明可以通过行为作出承诺。只要这种表明没有违背法律和公序良俗，就对受要约人产生约束力，受要约人应当依照要约人规定的方式进行承诺。如要约人在要约中明确表明"同意上述条件，即可在某期限内发货"的，就表明了要约人同意受要约人以发货行为作为承诺的意思表示。

缄默或者不行为不能作为承诺的方式，以缄默或者不行为回应要约的，承诺不成立，而不是承诺无效。因为要约人没有权利为受要约人设定义务。

第四百八十一条　承诺的期限

承诺应当在要约确定的期限内到达要约人。

要约没有确定承诺期限的，承诺应当依照下列规定到达：

（一）要约以对话方式作出的，应当即时作出承诺；

（二）要约以非对话方式作出的，承诺应当在合理期限内到达。

▶理解与适用

承诺期限，实际上是受要约人资格的存续期限，在该期限内受要约人具有承诺资格，可以向要约人发出具有约束力的承诺。承诺资格是要约人依法赋予受要约人的有期限的权利。

本条中的"合理期限"，应当根据交易性质、交易习惯和要约采用的传递方式进行综合考虑予以确定，一般为依通常情形可期待承诺到达时期，大致可由三段构成：（1）要约到达受要约人的期间；（2）作出承诺所必要的期间；（3）承诺的通知到达要约人所必要的期间。其中，第（1）段与第（3）段的期间，根据通讯方式的不同而有所差别，如以信件或电报的方式进行要约或承诺通常所必要的期间。第（2）段的期间，是自要约到达受要约人起至受要约人发送承诺通知的期间，是受要约人考虑是否承诺所必需的时间。这个时间可以通常人为标准确定，但依要约的内容不同有所差异，内容复杂，考虑的时间一般就长。

第四百八十二条　承诺期限的起算

要约以信件或者电报作出的，承诺期限自信件载明的日期或者电报交发之日开始计算。信件未载明日期的，自投寄该信件的邮戳日期开始计算。要约以电话、传真、电子邮件等快速通讯方式作出的，承诺期限自要约到达受要约人时开始计算。

117

以电话、传真、电子邮件等快捷通讯方式发出的要约，承诺期限从要约到达受要约人的时间开始计算，电话以接听为准，传真、电子邮件则适用本法总则编第137条第2款规定的该数据电文进入受要约人的特定系统时生效的规则。

第四百八十三条 合同成立时间

承诺生效时合同成立，但是法律另有规定或者当事人另有约定的除外。

▶理解与适用

合同成立的时间是双方当事人的磋商过程结束、达成共同意思表示的时间界限。

合同成立的时间标志是承诺生效。承诺生效，意味着受要约人完全接受要约的意思表示，订约过程结束，要约、承诺的内容对要约人和受要约人产生法律约束力。承诺生效时，合同即告成立。如果当事人对合同是否成立存在争议，则以能够确定当事人名称或者姓名、标的和数量的达成合意的时间为认定合同成立的标准，其他内容依照有关合同内容确定和合同内容解释的规定予以确定。

第四百八十四条 承诺生效时间

以通知方式作出的承诺，生效的时间适用本法第一百三十七条的规定。

承诺不需要通知的，根据交易习惯或者要约的要求作出承诺的行为时生效。

▶理解与适用

承诺生效时间，是承诺在何时发生法律约束力。承诺生效时间在合同法的理论和实践中具有重大意义：1. 由于承诺的时间就是合同成立的时间，因而承诺在什么时间生效，就直接决定了合同在什么时间成立。2. 由于合同的成立时间和生效时间的一致性，承诺生效之时又是合同生效之日，是双方享有合同权利、承担合同义务之日。3. 合同的生效时间可能涉及诉讼时效、履行期限利益等问题。4. 合同的成立涉及合同签订地以及法院管辖权、准据法的确定等问题。

根据需要通知和不需要通知，确定承诺的生效时间的方法是：1. 承诺是以通知方式作出的，承诺生效的时间依照《民法典》第137条规定确定，采用到达主义。2. 承诺不需要通知的，应当根据交易习惯或者要约的要求作出承诺的行为时生效。根据交易习惯，某种承诺的性质可以确定用行为的方式承诺，该承诺行为实施的时间，就是承诺生效的时间。如果要约已经表明承诺可以由行为作出的意思表示确立，则实施该行为的时间就是承诺生效时间。

第四百八十五条　承诺的撤回

承诺可以撤回。承诺的撤回适用本法第一百四十一条的规定。

▶理解与适用

承诺的撤回，是指在发出承诺之后，承诺生效之前，宣告收回发出的承诺，取消其效力的行为。法律规定承诺人的承诺撤回权，是由于承诺的撤回发生在承诺生效之前，要约人还未曾知晓受要约人承诺的事实，合同没有成立，一般不会造成要约人的损害，因而允许承诺人根据市场的变化、需求等各种经济情势，改变发出的承诺，以保护承诺人的利益。

第四百八十六条　逾期承诺及效果

受要约人超过承诺期限发出承诺，或者在承诺期限内发出承诺，按照通常情形不能及时到达要约人的，为新要约；但是，要约人及时通知受要约人该承诺有效的除外。

▶理解与适用

逾期承诺，是指受要约人在超过承诺期限发出承诺，或者在承诺期限内发出承诺，按照通常情形不能及时到达要约人的。因受要约人原因的承诺迟到，是受要约人虽然在承诺期限内发出承诺，但是按照通常情形，该承诺不能及时到达要约人，从而使承诺到达要约人时超过承诺期限。本条将其纳入逾期承诺中，一并规定法律效果。

逾期承诺的效力是：

1. 逾期承诺不发生承诺的法律效力。由于在承诺期限届满之后，受要约人不再有承诺的资格，因而逾期承诺的性质不是承诺，对要约人没有承诺的约束力，不能因此而成立合同。

2. 逾期承诺是一项新要约。逾期承诺因时间因素而不具有承诺的性质，但它还是对要约人的要约内容作出了响应，故应视为新要约。该新要约须以原来的要约和逾期承诺的内容为内容。对方可以在合理的时间内给予承诺，即按照一般的承诺期限作出承诺的，合同成立。

3. 要约人及时通知受要约人该承诺有效的情况下，逾期承诺具有承诺的法律效力。逾期承诺到达要约人，要约人认为该逾期承诺可以接受的，应当按照当事人的意志，承认承诺的效力，合同成立。

第四百八十七条 迟到的承诺

受要约人在承诺期限内发出承诺，按照通常情形能够及时到达要约人，但是因其他原因致使承诺到达要约人时超过承诺期限的，除要约人及时通知受要约人因承诺超过期限不接受该承诺外，该承诺有效。

▶理解与适用

承诺迟延，是承诺人在承诺期限内发出承诺，按照通常情形能够及时到达要约人，但是因其他原因致使承诺到达要约人

120

时超出了承诺期限。承诺迟延和逾期承诺不同，逾期承诺的受要约人发出承诺的时间就已经超出了承诺期限。

非因受要约人原因的承诺迟延的法律效力是，原则上该承诺发生承诺的法律效力，但要约人及时通知受要约人因承诺超过期限不接受承诺的，不发生承诺的效力。

第四百八十八条　承诺对要约内容的实质性变更

承诺的内容应当与要约的内容一致。受要约人对要约的内容作出实质性变更的，为新要约。有关合同标的、数量、质量、价款或者报酬、履行期限、履行地点和方式、违约责任和解决争议方法等的变更，是对要约内容的实质性变更。

▶理解与适用

承诺与要约内容一致性原则，是承诺的一般规则。承诺是以接受要约的全部条件为内容的，是对要约的无条件认可，因而承诺的内容须与要约的内容一致。这就是英美法的"镜像原则"，即要求承诺如同镜子一般照出要约的内容。

随着社会经济的发展，在保证交易安全的前提下，合同规则对传统有所修正，区分承诺变更的实质性和非实质性，规定不同的效果。本条后段规定的是受要约人对要约的内容作出实质性变更及效果的规定。

受要约人对要约的内容作出实质性变更的效果，是成立新要约。凡是对要约的内容进行了实质性变更的，都意味着受要约人不同意要约人的要约，因此一律作为新要约处理，在学理上称为反要约。

判断受要约人是否对要约内容作出实质性变更，根据以下项目进行：1. 合同标的的变更，改变了要约人的根本目的，发生根本的变化；2. 数量、质量的变更，对要约人的权利义务有重大影响；3. 价款或者报酬的变更，对要约人将来的权利义务有重大影响；4. 履行期限的变更，改变了当事人的期限利益；

121

5. 履行地点的变更，关系到运费的负担、标的物所有权的转移和意外灭失风险的转移；6. 履行方式的变更，对双方的权利有不同影响；7. 违约责任的变更，有可能不利于要约人；8. 解决争议方法的变更，有可能不利于要约人。这些变更都属于对要约内容的实质性变更。

第四百八十九条　承诺对要约内容的非实质性变更

承诺对要约的内容作出非实质性变更的，除要约人及时表示反对或者要约表明承诺不得对要约的内容作出任何变更外，该承诺有效，合同的内容以承诺的内容为准。

▶理解与适用

承诺对要约的内容作出非实质性变更的，原则上为有效承诺，合同的内容以承诺的内容为准。对要约的非实质性变更在下列情况下无效：1. 变更了要约内容的承诺到达要约人后，要约人及时对承诺人表示反对的，该"承诺"不发生承诺的效力，是一种新要约。2. 要约人在要约中明确表示承诺不得对要约的内容作出任何变更的，承诺对要约的内容的非实质性变更，为反要约即新要约。

第四百九十条　采用书面形式订立合同的成立时间

当事人采用合同书形式订立合同的，自当事人均签名、盖章或者按指印时合同成立。在签名、盖章或者按指印之前，当事人一方已经履行主要义务，对方接受时，该合同成立。

法律、行政法规规定或者当事人约定合同应当采用书面形式订立，当事人未采用书面形式但是一方已经履行主要义务，对方接受时，该合同成立。

▶理解与适用

根据本条规定，签名、盖章或者按指印是订约人最终对合同书或者确认书的承认，是自愿接受其约束的意思表示，也是当事人签署合同书的三种形式，除非有特别约定，只要有其中一种签署形式，就发生合同成立的效力。当事人各方签名、盖章或者按指印不在同一时间的，以最后一方签名、盖章或者按指印的时间为合同成立的时间。

本条还规定了两个特殊情形：1. 在合同书签名、盖章或者按指印之前，如果当事人一方已经履行主要义务，对方予以接受时，该合同成立。2. 法律、行政法规规定或者当事人约定合同应当采用书面形式订立，当事人未采用书面形式，但是一方已经履行主要义务，对方接受时，该合同也成立。

▶条文参见

《电子签名法》第 13、14 条；《电子商务法》第 49 条；《保险法》第 13 条；《信托法》第 8 条；《最高人民法院关于审理买卖合同纠纷案件适用法律问题的解释》（以下简称《买卖合同解释》）第 1 条

第四百九十一条　签订确认书的合同及电子合同成立时间

当事人采用信件、数据电文等形式订立合同要求签订确认书的，签订确认书时合同成立。

当事人一方通过互联网等信息网络发布的商品或者服务信息符合要约条件的，对方选择该商品或者服务并提交订单成功时合同成立，但是当事人另有约定的除外。

▶理解与适用

对于采用信件和电子数据订立合同的，实际上在符合要求的承诺作出之后，合同就成立了。不过，如果当事人约定还要签订确认书的，则在签订确认书时，该合同方成立。因此，双方签署确认书的时间，是信件、数据电文合同成立的时间。

根据网络交易的特点（线上签订合同，缺少明显的要约、承诺的行为标志），确认网络交易中的合同订立，一方在互联网

等信息网络发布的商品或者服务信息，只要符合要约的条件，就认为是网络交易合同的要约。对方也就是消费者在网络上选择该商品或者服务，并提交订单的，为承诺。当网络交易服务界面显示提交订单成功时，合同成立。因而，界面显示"提交订单成功"时，就是网络交易合同的成立时间。

▶条文参见

《电子商务法》第49条；《拍卖法》第52条

第四百九十二条　合同成立的地点

承诺生效的地点为合同成立的地点。

采用数据电文形式订立合同的，收件人的主营业地为合同成立的地点；没有主营业地的，其住所地为合同成立的地点。当事人另有约定的，按照其约定。

▶理解与适用

合同成立地点，是当事人经过对合同内容的磋商，最终意思表示一致的地点。最终意思表示一致以承诺的生效为标志。确定合同生效地点的一般原则，是以承诺生效的地点为合同成立的地点。合同成立地点成为缔约地，对于合同的纠纷管辖、法律适用等具有重要意义。

采用数据电文形式订立合同的，没有明显的承诺生效地点，因而以收件人的主营业地为合同成立的地点；如果收件人没有主营业地的，其住所地为合同成立的地点。如果采用数据电文形式订立合同的当事人对合同成立地点另有约定的，按照其约定确定合同成立地点。

第四百九十三条　采用合同书订立合同的成立地点

当事人采用合同书形式订立合同的，最后签名、盖章或者按指印的地点为合同成立的地点，但是当事人另有约定的除外。

▶条文参见

《电子签名法》第12条；《民事诉讼法》第35条

第四百九十四条　强制缔约义务

国家根据抢险救灾、疫情防控或者其他需要下达国家订货任务、指令性任务的，有关民事主体之间应当依照有关法律、行政法规规定的权利和义务订立合同。

依照法律、行政法规的规定负有发出要约义务的当事人，应当及时发出合理的要约。

依照法律、行政法规的规定负有作出承诺义务的当事人，不得拒绝对方合理的订立合同要求。

第四百九十五条　预约合同

当事人约定在将来一定期限内订立合同的认购书、订购书、预订书等，构成预约合同。

当事人一方不履行预约合同约定的订立合同义务的，对方可以请求其承担预约合同的违约责任。

▶理解与适用

［预约和本约］

预约，也叫预备合同或合同预约，是指当事人之间约定在将来一定期限内应当订立合同的预先约定。而将来应当订立的合同叫本约，或者本合同。预约是订立合同的意向，本约是订立的合同本身。预约的表现形式，通常是认购书、订购书、预订书等。预约成立之后，产生预约的法律效力，即当事人在将来一定期限内订立本约的债务。预约的成立应当遵循合同成立的一般规则。

［预约合同的认定］

根据《民法典合同编通则司法解释》第6条规定，当事人以认购书、订购书、预订书等形式约定在将来一定期限内订立合同，或者为担保在将来一定期限内订立合同交付了定金，能够确定将来所要订立合同的主体、标的等内容的，人民法院应当认定预约合同成立。当事人通过签订意向书或者备忘录等方式，仅表达交易的意向，未约定在将来一定期限内订立合同，或者虽然有约定但是难以确定将来所要订立合同的主体、标的等内容，一方主张预约合同成立的，人民法院不予支持。当事人订立的认购书、订购书、预订书等已就合同标的、数量、价款或者报酬等主要内容达成合意，符合本解释第3条第1款规定的合同成立条件，未明确约定在将来一定期限内另行订立合同，或者虽然有约定但是当事人一方已实施履行行为且对方接受的，人民法院应当认定本约合同成立。

[违反预约合同的认定]

根据《民法典合同编通则司法解释》第7条规定，预约合同生效后，当事人一方拒绝订立本约合同或者在磋商订立本约合同时违背诚信原则导致未能订立本约合同的，人民法院应当认定该当事人不履行预约合同约定的义务。人民法院认定当事人一方在磋商订立本约合同时是否违背诚信原则，应当综合考虑该当事人在磋商时提出的条件是否明显背离预约合同约定的内容以及是否已尽合理努力进行协商等因素。

[违反预约合同的违约责任]

根据《民法典合同编通则司法解释》第8条规定，预约合同生效后，当事人一方不履行订立本约合同的义务，对方请求其赔偿因此造成的损失的，人民法院依法予以支持。前款规定的损失赔偿，当事人有约定的，按照约定；没有约定的，人民法院应当综合考虑预约合同在内容上的完备程度以及订立本约合同的条件的成就程度等因素酌定。

▶条文参见

《民法典合同编通则司法解释》第6-8条

第四百九十六条　格式条款

> 格式条款是当事人为了重复使用而预先拟定，并在订立合同时未与对方协商的条款。
>
> 采用格式条款订立合同的，提供格式条款的一方应当遵循公平原则确定当事人之间的权利和义务，并采取合理的方式提示对方注意免除或者减轻其责任等与对方有重大利害关系的条款，按照对方的要求，对该条款予以说明。提供格式条款的一方未履行提示或者说明义务，致使对方没有注意或者理解与其有重大利害关系的条款的，对方可以主张该条款不成为合同的内容。

▶理解与适用

格式条款合同，是指当事人为了重复使用而预先拟定，并在订立合同时未与对方协商的条款。格式条款合同与一般合同不同，其主要特征是：1. 格式条款合同一般由居于垄断地位的一方所拟定；2. 格式条款合同的对方当事人处于从属地位；3. 格式条款合同可以用不同的但必须是明确的书面形式表达出来。

格式条款的优点是便捷、易行、高效，缺点是无协商余地，双方地位不平等。故对提供格式条款的一方当事人规定了法定义务：1. 遵循公平原则确定当事人权利义务的义务；2. 采取合理的方式提示对方注意免除或者减轻其责任等与对方有重大利害关系条款的义务；3. 按照对方的要求对该条款予以说明的义务。

提供格式条款的一方在合同订立时采用通常足以引起对方注意的文字、符号、字体等明显标识，提示对方注意免除或者减轻其责任、排除或者限制对方权利等与对方有重大利害关系的异常条款的，人民法院可以认定其已经履行民法典第496条第2款规定的提示义务。

提供格式条款的一方按照对方的要求，就与对方有重大利害关系的异常条款的概念、内容及其法律后果以书面或者口头形式向对方作出通常能够理解的解释说明的，人民法院可以认定其已经履行民法典第 496 条第 2 款规定的说明义务。

▶条文参见

《民法典合同编通则司法解释》第 9、10 条

▶典型案例指引

刘某捷诉中国移动通信集团江苏有限公司徐州分公司电信服务合同纠纷案（最高人民法院指导案例 64 号）

案件适用要点：经营者在格式合同中未明确规定对某项商品或服务的限制条件，且未能证明在订立合同时已将该限制条件明确告知消费者并获得消费者同意的，该限制条件对消费者不产生效力。

电信服务企业在订立合同时未向消费者告知某项服务设定了有效期限限制，在合同履行中又以该项服务超过有效期限为由限制或停止对消费者服务的，构成违约，应当承担违约责任。

第四百九十七条　格式条款无效的情形

有下列情形之一的，该格式条款无效：

（一）具有本法第一编第六章第三节和本法第五百零六条规定的无效情形；

（二）提供格式条款一方不合理地免除或者减轻其责任、加重对方责任、限制对方主要权利；

（三）提供格式条款一方排除对方主要权利。

▶理解与适用

具有以下情形之一的格式条款无效：

1. 格式条款具备《民法典》第一编第六章第三节和第 506 条规定的情形，即无民事行为能力人实施的民事法律行为、虚假的民事法律行为、违反法律强制性规定的民事法律行为、违背公序良俗的民事法律行为、恶意串通的民事法律行为，以及

造成对方人身损害、因故意或者重大过失造成对方财产损失的免责条款，一律无效。

2. 提供格式条款一方不合理地免除或者减轻责任、加重对方责任、限制对方主要权利。这些情形都不是合同当事人订立合同时所期望的，与当事人订立合同的目的相悖，严重地损害对方当事人的合法权益，明显违背公平原则等民法基本原则，因而都是导致格式条款无效的法定事由，只要出现其中一种情形，格式条款就无效。

3. 提供格式条款一方排除对方主要权利。排除对方当事人的主要权利，将导致对方当事人订立合同的目的不能实现，因而属于格式条款绝对无效的情形。

▶条文参见

《民用航空法》第 130 条；《保险法》第 19 条；《消费者权益保护法》第 26 条；《海商法》第 126 条

▶典型案例指引

1. 周某治、俞某芳与余姚众安房地产开发有限公司商品房销售合同纠纷案（《最高人民法院公报》2016 年第 11 期）

案件适用要点：商品房买卖中，开发商的交房义务不仅仅局限于交钥匙，还需出示相应的证明文件，并签署房屋交接单等。合同中分别约定了逾期交房与逾期办证的违约责任，但同时又约定开发商承担了逾期交房的责任之后，逾期办证的违约责任就不予承担的，应认定该约定属于免除开发商按时办证义务的无效格式条款，开发商仍应按照合同约定承担逾期交房、逾期办证的多项违约之责。

2. 王某国诉中国人寿保险公司淮安市楚州支公司保险合同纠纷案（《最高人民法院公报》2015 年第 12 期）

案件适用要点：保险公司以保险合同格式条款限定被保险人患病时的治疗方式，既不符合医疗规律，也违背保险合同签订的目的。被保险人有权根据自身病情选择最佳的治疗方式，而不必受保险合同关于治疗方式的限制。保险公司不能以被保险人没有选择保险合同指定的治疗方式而免除自己的保险责任。

3. 孙某静诉上海一定得美容有限公司服务合同纠纷案（《最高人民法院公报》2014年第11期）

案件适用要点：在消费者预先支付全部费用、经营者分期分次提供商品或服务的预付式消费模式中，如果经营者提供的格式条款载明"若消费者单方终止消费，则经营者对已经收费但尚未提供商品或服务部分的价款不予退还"的，该类格式条款违反我国合同法、消费者权益保护法的相关规定，应属无效。

在预付式消费中，如果消费者单方终止消费，经营者并无违约或过错行为的，应结合消费者过错程度、经营者已经提供的商品或服务量占约定总量的比例、约定的计价方式等因素综合确定消费者的违约责任。

第四百九十八条 **格式条款的解释方法**

对格式条款的理解发生争议的，应当按照通常理解予以解释。对格式条款有两种以上解释的，应当作出不利于提供格式条款一方的解释。格式条款和非格式条款不一致的，应当采用非格式条款。

▶理解与适用

格式条款解释，是在当事人对格式条款的含义存在不同理解时，应当依据何种事实、原则对该条款作出合理的说明。当对格式条款的理解发生争议时，应当对格式条款的内容进行解释。

格式条款解释的方法是：

1. 通常解释原则。格式条款解释的一般原则，是对有争议的合同条款按照通常的理解予以解释。

2. 不利解释原则。对格式条款有两种以上解释的，应当作不利于格式条款的提供方的解释。这是由于格式条款是由特定的一方当事人提供的，其服从性和不可协商性有可能使对方当事人的意思表示不真实，因而使其利益受到损害。格式条款在整体上会出现有利于提供者而不利于相对方的问题。

3. 格式条款和非格式条款不一致的，应当采用非格式条款。这是指在格式条款合同中，既存在格式条款，又存在非格式条款，内容不一致，采用不同的条款会对双方当事人的利益产生重大影响。对此，非格式条款处于优先地位，应当采用非格式条款确认合同内容，与该非格式条款相矛盾的格式条款无效。

▶条文参见

《保险法》第30条；《旅行社条例》第29条；《最高人民法院关于适用〈中华人民共和国保险法〉若干问题的解释（三)》第14、17条

▶典型案例指引

1. 曹某成、胡某兰、曹某建、曹某忠诉民生人寿保险股份有限公司江苏分公司保险合同纠纷案（《最高人民法院公报》2014年第10期)

案件适用要点：在保险人责任免除条款及保险条款释义中，没有对机动车的认定标准作出规定的情况下，基于轻便摩托车生产厂家产品说明书、产品检验合格证（均显示该车为助力车）的误导，以及被保险人客观上无法取得机动车号牌的事实，作出案涉车辆不属于保险人免责条款中所规定的机动车之解释，符合一个普通车辆购买人及使用人的认知标准，应作出有利于被保险人的解释，案涉车辆应认定为不属于保险人免责条款中所规定的机动车。此时，被保险人在不领取驾驶证的情况下驾驶上述车辆，亦不属于免责条款规定的无证驾驶情形。

2. 顾某芳诉张某君、林某钢、钟某军追偿权纠纷案（《最高人民法院公报》2017年第10期)

案件适用要点：对格式条款的理解发生争议的，首先应当按照通常理解予以解释。只有按照通常理解对格式条款有两种

以上解释的，才应采用不利解释原则。连带共同保证中保证人减少时，应按实际保证人人数平均分配保证份额。

第四百九十九条　悬赏广告

悬赏人以公开方式声明对完成特定行为的人支付报酬的，完成该行为的人可以请求其支付。

▶ 理解与适用

依据本条规定，悬赏广告的构成要满足以下几个条件：一是要以公开的方式作出声明。公开的具体方式，可以是通过广播电视、报纸期刊或者互联网等媒介发布，也可以是在公众场所发传单、在公开的宣传栏张贴广告等。二是悬赏人在声明中提出明确的要求，即要完成特定行为。该要求，要有具体、明确的表达，不能含混不清。三是悬赏人具有支付报酬的意思表示，即对完成特定行为的人给付一定报酬。悬赏人应当对报酬的形式、给付方式等作出明确的表达。如果报酬是给付金钱，应当明确金钱的币种、数额等。对于满足以上条件的悬赏广告，完成该特定行为的人可以请求悬赏人支付报酬，悬赏人不得拒绝。

第五百条　缔约过失责任

当事人在订立合同过程中有下列情形之一，造成对方损失的，应当承担赔偿责任：

（一）假借订立合同，恶意进行磋商；

（二）故意隐瞒与订立合同有关的重要事实或者提供虚假情况；

（三）有其他违背诚信原则的行为。

▶ 理解与适用

本条是对缔约过失责任的规定。缔约过失责任，也称为先契约责任或者缔约过失中的损害赔偿责任，是指在合同缔结过程中，一方当事人违反了以诚实信用为基础的先契约义务，造成了另一方当事人的损害，因此应承担的法律后果。

缔约过失责任的法律特征是：1. 是缔结合同过程中发生的民事责任；2. 是以诚实信用原则为基础的民事责任；3. 是以补偿缔约相对人损害后果为特征的民事责任。

缔约过失责任的主要表现是：1. 假借订立合同，恶意进行磋商。恶意磋商实际上已经超出了缔约过失的范围，而是恶意借订立合同之机加害于对方当事人或者第三人。对此造成的损失应当予以赔偿。2. 故意隐瞒与订立合同有关的重要事实或者提供虚假情况。故意隐瞒构成缔约过失，如知道或者应当知道合同无效的原因存在而不告知对方，使对方产生信赖而造成损失。3. 有其他违背诚信原则的行为。这是缔约过失责任的主要部分，只要当事人在缔约过程中具有违背诚信原则的过失，使对方相信合同已经成立，因而造成损失的，都构成缔约过失责任。

缔约过失责任的形式是损害赔偿。对方因基于对对方当事人的信赖，而相信合同成立产生的信赖利益损失，有过失的一方缔约人应当全部予以赔偿。

▶ 典型案例指引

深圳市标榜投资发展有限公司与鞍山市财政局股权转让纠纷案（《最高人民法院公报》2017 年第 12 期）

案件适用要点：合同约定生效要件为报批允准，承担报批义务方不履行报批义务的，应当承担缔约过失责任。

缔约过失人获得利益以善意相对人丧失交易机会为代价，善意相对人要求缔约过失人赔偿的，人民法院应予支持。

除直接损失外，缔约过失人对善意相对人的交易机会损失等间接损失，应予赔偿。间接损失数额应考虑缔约过失人过错程度及获得利益情况、善意相对人成本支出及预期利益等，综合衡量确定。

第五百零一条 合同缔结人的保密义务

> 当事人在订立合同过程中知悉的商业秘密或者其他应当保密的信息，无论合同是否成立，不得泄露或者不正当地使用；泄露、不正当地使用该商业秘密或者信息，造成对方损失的，应当承担赔偿责任。

▶理解与适用

商业秘密，是指不为公众所知悉、能为权利人带来经济利益、具有实用性并经权利人采取保密措施的技术信息和经营信息。经营者不得采用下列手段侵犯商业秘密：（1）以盗窃、利诱、胁迫或者其他不正当手段获取权利人的商业秘密；（2）披露、使用或者允许他人使用以前项手段获取的权利人的商业秘密；（3）违反约定或者违反权利人有关保守商业秘密的要求，披露、使用或者允许他人使用其所掌握的商业秘密。第三人明知或者应知侵犯商业秘密的违法行为，获取、使用或者披露他人的商业秘密，视为侵犯商业秘密。

知悉对方当事人的商业秘密或者其他应当保密的信息的当事人，如果违反保密义务，向他人泄露该秘密，或者自己不正当地使用该商业秘密或者信息，凡是给对方造成损失的，都应当承担损害赔偿责任。

▶条文参见

《反不正当竞争法》第9、21条

第三章　合同的效力

第五百零二条 合同生效时间及未办理批准手续的处理规则

> 依法成立的合同，自成立时生效，但是法律另有规定或者当事人另有约定的除外。

依照法律、行政法规的规定，合同应当办理批准等手续的，依照其规定。未办理批准等手续影响合同生效的，不影响合同中履行报批等义务条款以及相关条款的效力。应当办理申请批准等手续的当事人未履行义务的，对方可以请求其承担违反该义务的责任。

依照法律、行政法规的规定，合同的变更、转让、解除等情形应当办理批准等手续的，适用前款规定。

▶ 理解与适用

合同的效力是法律赋予依法成立的合同对当事人的法律强制力。合同生效，是指已经成立的合同在当事人之间产生法律约束力。合同生效时间，是合同在什么时间发生法律约束力。同时成立之原则，是合同生效时间的基本规则，即合同的成立与其效力同时发生。

合同生效时间包含两个内容：1. 合同生效的一般时间界限，是合同依法成立。这里的"依法"，为承诺生效，合同即告成立。在这种情况下，合同成立和合同生效的时间是一致的。2. 法律另有规定或者当事人另有约定的，按照法律规定或者当事人约定的合同生效时间发生法律效力。例如当事人约定合同经过公证后生效，则在办理公证后合同生效。

本条第 2 款规定的是法律规定的合同生效时间。依照法律、行政法规规定应当办理批准等手续才生效的合同，在办理了相关的手续时生效。如果没有办理批准等手续，该合同不生效，但不是合同无效，仍然可以通过补办报批手续而使其生效。因此，未办理批准等手续，并不影响合同中履行报批等义务条款以及相关条款的效力。负有履行报批义务的当事人拒不履行该义务，致使合同无法生效的，应当承担损害赔偿责任，对对方当事人因此造成的损失，承担违约责任。

本条第 3 款规定的是，依照法律、行政法规的规定，合同的变更、转让、解除等情形也应当办理批准等手续的，也应当按照第2款规定的规则处理。

▶条文参见

《城市房地产管理法》第44条；《民用航空法》第14条；《海商法》第13条；《最高人民法院关于审理建设工程施工合同纠纷案件适用法律问题的解释（一）》第3条；《最高人民法院关于审理矿业权纠纷案件适用法律若干问题的解释》第6条；《最高人民法院关于审理商品房买卖合同纠纷案件适用法律若干问题的解释》第2、6条；《最高人民法院关于审理涉及国有土地使用权合同纠纷案件适用法律问题的解释》第2、8、13条；《民法典合同编通则司法解释》第12－14条

▶典型案例指引

1. 陈某全与确山县团山矿业开发有限公司采矿权转让合同纠纷案（2016年7月12日最高人民法院发布十起审理矿业权民事纠纷案件典型案例）

案件适用要点：对矿业权的转让进行审批，是国家规范矿业权有序流转，实现矿产资源科学保护、合理开发的重要制度。矿业权转让合同未经国土资源主管部门批准并办理矿业权变更登记手续，不发生矿业权物权变动的效力，但应确认转让合同中的报批义务条款自合同成立时起即具有法律效力，报批义务人应依约履行。在转让合同不具有法定无效情形且报批义务具备履行条件的情况下，相对人有权请求报批义务人履行报批义务；人民法院依据案件事实和相对人的请求，也可以判决由相对人自行办理报批手续。允许相对人自行办理报批手续既符合诚实信用和鼓励交易的原则，也有利于衡平双方当事人的利益。

2. 陈某斗与宽甸满族自治县虎山镇老边墙村民委员会采矿权转让合同纠纷案（《最高人民法院公报》2012年第3期）

案件适用要点：租赁采矿权属于一种特殊的矿业权转让方

式，采矿权转让合同属于批准后才生效的合同。根据国务院《探矿权采矿权转让管理办法》第 10 条第 3 款的规定，出租采矿权须经有权批准的机关审批，批准转让的，转让合同自批准之日起生效。

诉讼中，采矿权租赁合同未经批准，人民法院应认定该合同未生效。采矿权合同虽未生效，但合同约定的报批条款依然有效。如果一方当事人据此请求对方继续履行报批义务，人民法院经审查认为客观条件允许的，对其请求应予支持；继续报批缺乏客观条件的，依法驳回其请求。

第五百零三条　被代理人以默示方式追认无权代理

无权代理人以被代理人的名义订立合同，被代理人已经开始履行合同义务或者接受相对人履行的，视为对合同的追认。

▶理解与适用

对于无权代理人以被代理人的名义订立的合同，尽管被代理人没有明示表示追认，但是被代理人已经开始履行该合同约定的义务，或者对对方当事人的履行行为予以受领的，就表明他已经接受了该合同订立的事实，并且承认其效力，因而视为被代理人对该合同的追认。被代理人不得再主张该合同对其不发生效力，善意相对人也不得对该合同行使撤销权。

第五百零四条　超越权限订立合同的效力

法人的法定代表人或者非法人组织的负责人超越权限订立的合同，除相对人知道或者应当知道其超越权限外，该代表行为有效，订立的合同对法人或者非法人组织发生效力。

▶理解与适用

《民法典合同编通则司法解释》对超越职权的情形作了细

化规定。第 21 条规定，合同所涉事项有下列情形之一的，人民法院应当认定法人、非法人组织的工作人员在订立合同时超越其职权范围：（一）依法应当由法人、非法人组织的权力机构或者决策机构决议的事项；（二）依法应当由法人、非法人组织的执行机构决定的事项；（三）依法应当由法定代表人、负责人代表法人、非法人组织实施的事项；（四）不属于通常情形下依其职权可以处理的事项。

《民法典合同编通则司法解释》对越权代表合同的效力作了进一步规定。第 20 条规定，法律、行政法规为限制法人的法定代表人或者非法人组织的负责人的代表权，规定合同所涉事项应当由法人、非法人组织的权力机构或者决策机构决议，或者应当由法人、非法人组织的执行机构决定，法定代表人、负责人未取得授权而以法人、非法人组织的名义订立合同，未尽到合理审查义务的相对人主张该合同对法人、非法人组织发生效力并由其承担违约责任的，人民法院不予支持，但是法人、非法人组织有过错的，可以参照民法典第 157 条的规定判决其承担相应的赔偿责任。相对人已尽到合理审查义务，构成表见代表的，人民法院应当依据民法典第 504 条的规定处理。合同所涉事项未超越法律、行政法规规定的法定代表人或者负责人的代表权限，但是超越法人、非法人组织的章程或者权力机构等对代表权的限制，相对人主张该合同对法人、非法人组织发生效力并由其承担违约责任的，人民法院依法予以支持。但是，法人、非法人组织举证证明相对人知道或者应当知道该限制的除外。法人、非法人组织承担民事责任后，向有过错的法定代表人、负责人追偿因越权代表行为造成的损失的，人民法院依法予以支持。法律、司法解释对法定代表人、负责人的民事责任另有规定的，依照其规定。

▶条文参见

《最高人民法院关于适用〈中华人民共和国民法典〉有关

担保制度的解释》第7条；《民法典合同编通则司法解释》第20、21条

第五百零五条　超越经营范围订立的合同效力

当事人超越经营范围订立的合同的效力，应当依照本法第一编第六章第三节和本编的有关规定确定，不得仅以超越经营范围确认合同无效。

▶理解与适用

本条确定的规则是，当事人超越经营范围订立的合同的效力，应当依照总则编第六章关于民事法律行为效力问题的规定，以及本编关于合同效力的规定来确定，如果具有无效的事由，则应当确定合同无效，如果属于可撤销民事法律行为，则依照撤销权人的意志确定撤销还是不撤销，如果是效力待定的民事法律行为，则应当依照具体规则处理。如果不存在这些方面的法定事由，那么，这个合同就是有效的，不能仅仅以订立合同超越了该法人或者非法人组织的经营范围而确认合同无效。这样的规则延续了《民法典》第65条规定的不得对抗善意相对人的要求。如果相对人是非善意的，则应当依据上述民事法律行为效力的基本规则确定合同的效力。

▶条文参见

《最高人民法院关于审理建设工程施工合同纠纷案件适用法律问题的解释（一）》第4条

▶典型案例指引

招商银行股份有限公司大连东港支行与大连振邦氟涂料股份有限公司、大连振邦集团有限公司借款合同纠纷案（《最高人民法院公报》2015年第2期）

案件适用要点：《公司法》第16条第2款规定，公司为公司股东或者实际控制人提供担保的，必须经股东会或者股东大

会决议。该条款是关于公司内部控制管理的规定，不应以此作为评价合同效力的依据。担保人抗辩认为其法定代表人订立抵押合同的行为超越代表权，债权人以其对相关股东会决议履行了形式审查义务，主张担保人的法定代表人构成表见代理的，人民法院应予支持。

第五百零六条 免责条款无效情形

合同中的下列免责条款无效：

（一）造成对方人身损害的；

（二）因故意或者重大过失造成对方财产损失的。

▶理解与适用

合同免责条款，是指双方当事人在合同中预先达成的免除将来可能发生损害的赔偿责任的合同条款。合同免责条款的特点是：1. 由双方约定；2. 以明示方式作出，并规定在合同中；3. 对当事人具有相当的约束力。

人身损害免责条款，是约定因履行合同对一方当事人造成人身伤害，而对方当事人对此不负责任、免除其赔偿责任的条款。这种免责条款是无效的。比如在劳动合同中，双方当事人约定免除人身伤害赔偿责任的条款都没有法律上的约束力，不能预先免除雇主的赔偿责任。不过这一规定有特例，例如在竞技体育中，对于某些有严重危险的项目，事先约定免除竞赛者的民事责任，为有效。如拳击、散打、跆拳道、搏击等项目，一方过失造成对方的人身伤害，不需承担赔偿责任，只有故意伤害对方当事人的，才应当承担赔偿责任。

财产损害免责条款，是约定一方当事人因故意或者重大过失造成对方损失，而免除其赔偿责任的条款。这样的免责条款，将会给对方当事人以损害他人财产的合法理由，因而也是无效的。

现有法律规定中免责条款无效的情形：

保险合同。订立保险合同，采用保险人提供的格式条款的，保险人向投保人提供的投保单应当附格式条款，保险人应当向投保人说明合同的内容。对保险合同中免除保险人责任的条款，保险人在订立合同时应当在投保单、保险单或者其他保险凭证上作出足以引起投保人注意的提示，并对该条款的内容以书面或者口头形式向投保人作出明确说明；未作提示或者明确说明的，该条款不产生效力。

安全生产。生产经营单位不得以任何形式与从业人员订立协议，免除或者减轻其对从业人员因生产安全事故伤亡依法应承担的责任。

航空运输。任何旨在免除《民用航空法》规定的承运人责任或者降低《民用航空法》规定的赔偿责任限额的条款，均属无效；但是，此种条款的无效，不影响整个航空运输合同的效力。

海上旅客运输合同。海上旅客运输合同中的以下条款无效：（1）免除承运人对旅客应当承担的法定责任；（2）降低《海商法》关于海上旅客运输合同中规定的承运人责任限额；（3）对《海商法》关于海上旅客运输合同中规定的举证责任作出相反的约定；（4）限制旅客提出赔偿请求的权利。

合同条款的无效，不影响合同其他条款的效力。

▶条文参见

《民用航空法》第130条；《保险法》第19条；《消费者权益保护法》第26条；《海商法》第126条

第五百零七条　**争议解决条款的独立性**

> 合同不生效、无效、被撤销或者终止的，不影响合同中有关解决争议方法的条款的效力。

▶理解与适用

仲裁协议独立存在，合同的变更、解除、终止或者无效，不影响仲裁协议的效力。（参见《仲裁法》第19条第1款）

合同成立后未生效或者被撤销的，仲裁协议效力的认定适用《仲裁法》第19条第1款的规定。当事人在订立合同时就争议达成仲裁协议的，合同未成立不影响仲裁协议的效力。（参见《最高人民法院关于适用〈中华人民共和国仲裁法〉若干问题的解释》第10条）

▶典型案例指引

1. 苏州东宝置业有限公司、苏州市金城担保有限责任公司、苏州市东宝金属材料有限公司、苏州市东宝有黑色金属材料有限公司、徐某大与苏州百货总公司、江苏少女之春集团公司资产转让合同纠纷案（《最高人民法院公报》2007年第2期）

案件适用要点：当事人签订的多份合同中，有的约定了仲裁条款，有的既没有约定仲裁条款，也没有明确将其列为约定了仲裁条款的合同的附件，或表示接受约定了仲裁条款的合同关于仲裁管辖的约定。尽管上述合同之间具有一定的关联性，但不能因此否认各自的独立性。

根据仲裁法的相关规定，当事人采用仲裁方式解决纠纷，应当自愿达成仲裁协议；未达成仲裁协议，一方当事人申请仲裁的，仲裁委员会不予受理。因此，当事人约定仲裁管辖必须有明确的意思表示并订立仲裁协议，仲裁条款也只在达成仲裁协议的当事人之间产生法律效力。

2. 招商银行股份有限公司无锡分行与中国光大银行股份有限公司长春分行委托合同纠纷管辖权异议案（《最高人民法院公报》2016年第7期）

案件适用要点：合同效力是对已经成立的合同是否具有合法性的评价，依法成立的合同，始对当事人具有法律约束力。《合同法》第57条关于"合同无效、被撤销或者终止的，不影响合同中独立存在的有关解决争议方法的条款的效力"的规定适用于已经成立的合同，"有关解决争议方法的条款"应当符合法定的成立条件。

142

审查管辖权异议，注重程序公正和司法效率，既要妥当保护当事人的管辖异议权，又要及时矫正、遏制当事人错用、滥用管辖异议权。确定管辖权应当以起诉时为标准，结合诉讼请求对当事人提交的证据材料进行形式要件审查以确定管辖。

从双方当事人在两案中的诉讼请求看，后诉的诉讼请求如果成立，存在实质上否定前诉裁判结果的可能，如果后诉的诉讼请求不能完全涵盖于前诉的裁判结果之中，后诉和前诉的诉讼请求所依据的民事法律关系并不完全相同，前诉和后诉并非重复诉讼。

案件移送后，当事人的诉讼请求是否在另案中通过反诉解决，超出了管辖异议的审查和处理的范围，应由受移送的人民法院结合当事人对诉权的处分等情况，依据《最高人民法院关于适用〈中华人民共和国民事诉讼法〉的解释》第232条、第233条等的有关规定依法处理。

3. 中国恒基伟业集团有限公司、北京北大青鸟有限责任公司与广晟投资发展有限公司、香港青鸟科技发展有限公司借款担保合同纠纷案（《最高人民法院公报》2008年第1期）

案件适用要点：《最高人民法院关于适用〈中华人民共和国仲裁法〉若干问题的解释》第16条规定："对涉外仲裁协议的效力审查，适用当事人约定的法律；当事人没有约定适用的法律但约定了仲裁地的，适用仲裁地法律；没有约定适用的法律也没有约定仲裁地或者仲裁地约定不明的，适用法院地法律。"据此，在涉外合同纠纷案件中，当事人在合同中约定有仲裁条款的，可以同时对确定该仲裁条款效力的准据法作出明确约定。因仲裁条款的独立性，故合同中约定的适用于解决合同争议的准据法，不能用以判定该仲裁条款的效力。如果当事人在合同中没有约定确定仲裁条款效力的准据法，也没有约定仲裁地或者对仲裁地约定不明，应当适用法院地法律审查仲裁协议的效力。

合同效力适用指引

> 本编对合同的效力没有规定的，适用本法第一编第六章的有关规定。

▶理解与适用

本条是对认定合同效力适用民事法律行为效力规则的规定。

在原《民法通则》和原《合同法》之间，曾经存在民事法律行为效力规则和合同效力规则的双重规制，部分规定之间存在冲突。这是在松散型民法中不可避免的问题，故只能采取新法优于旧法的原则处理。

第四章　合同的履行

第五百零九条 合同履行的原则

> 当事人应当按照约定全面履行自己的义务。
>
> 当事人应当遵循诚信原则，根据合同的性质、目的和交易习惯履行通知、协助、保密等义务。
>
> 当事人在履行合同过程中，应当避免浪费资源、污染环境和破坏生态。

▶理解与适用

本条是对履行合同原则的规定。

合同履行是合同债务人全面地、适当地完成其合同义务，债权人的合同债权得到完全实现。

合同履行的原则，是指当事人在履行合同债务时应当遵循的基本准则。当事人在履行合同债务中，只有遵守这些基本准则，才能够实现债权人的债权，当事人期待的合同利益才能实现。

本条规定了三个合同履行原则：

1. 遵守约定原则，亦称约定必须信守原则。依法订立的合同对当事人具有法律约束力。双方的履行过程一切都要服从约定，信守约定，约定的内容是什么就履行什么，一切违反约定的履行行为都属于对该原则的违背。遵守约定原则包括：(1) 适当履行原则，合同当事人按照合同约定的履行主体、标的、时间、地点以及方式等履行，且均须适当，完全符合合同约定的要求。(2) 全面履行原则，要求合同当事人按照合同所约定的各项条款，全部而完整地完成合同义务。

2. 诚实信用原则，对于一切合同及合同履行的一切方面均应适用，根据合同的性质、目的和交易习惯履行合同义务。具体包括：(1) 协作履行原则，要求当事人基于诚实信用原则的要求，对对方当事人的履行债务行为给予协助：一是及时通知，二是相互协助，三是予以保密。(2) 经济合理原则，要求当事人在履行合同时追求经济效益，付出最小的成本，取得最佳的合同利益。

3. 绿色原则，依照《民法典》第9条规定，履行合同应当避免浪费资源、污染环境和破坏生态，遵守绿色原则。

▶ 典型案例指引

1. 陆某芳诉中国人寿保险股份有限公司太仓支公司保险合同纠纷案（《最高人民法院公报》2013年第11期）

案件适用要点：人寿保险合同未约定具体的保费缴纳方式，投保人与保险人之间长期以来形成了较为固定的保费缴纳方式的，应视为双方成就了特定的交易习惯。保险公司单方改变交易习惯，违反最大诚信原则，致使投保人未能及时缴纳保费的，不应据此认定保单失效，保险公司无权终止合同效力并解除保险合同。

2. 周某栋诉江东农行储蓄合同纠纷案（《最高人民法院公报》2006年第2期）

案件适用要点：对于商业银行法规定的保证支付、取款自由、为储户保密应当进行全面理解。保证支付不仅是指银行不得拖延、拒绝支付，还包括银行应当以适当的方式履行支付义务；取款自由，不仅包括取款时间、取款数额上的自由，在有柜台和自动取款机等多种取款方式的情况下，还应当包括选择取款方式的自由；为储户保密不仅是指银行应当对储户已经提供的个人信息保密，也包括应当为到银行办理交易的储户提供必要的安全、保密的环境。

第五百一十条　约定不明时合同内容的确定

合同生效后，当事人就质量、价款或者报酬、履行地点等内容没有约定或者约定不明确的，可以协议补充；不能达成补充协议的，按照合同相关条款或者交易习惯确定。

▶理解与适用

合同的标的和数量是主要条款，其他条款属于非主要条款。当事人就合同的主要条款达成合意即合同成立，非主要条款没有约定或者约定不明确，并不影响合同成立。

▶条文参见

《买卖合同解释》第 2 条；《民法典合同编通则司法解释》第 3 条

▶典型案例指引

罗某某诉张某某买卖合同纠纷案（最高人民法院民事审判第一庭《民事审判指导与参考》2010 年第 1 辑）

案件适用要点：双方当事人签订的《石料供应合同》合法有效，在出卖方不能证明供货的具体数量，仅能证明送货次数的情况下，则以运输车辆的核定载重吨位为准来确定。

第五百一十一条　质量、价款、履行地点等内容的确定

当事人就有关合同内容约定不明确，依据前条规定仍不能确定的，适用下列规定：

（一）质量要求不明确的，按照强制性国家标准履行；没有强制性国家标准的，按照推荐性国家标准履行；没有推荐性国家标准的，按照行业标准履行；没有国家标准、行业标准的，按照通常标准或者符合合同目的的特定标准履行。

（二）价款或者报酬不明确的，按照订立合同时履行地的市场价格履行；依法应当执行政府定价或者政府指导价的，依照规定履行。

（三）履行地点不明确，给付货币的，在接受货币一方所在地履行；交付不动产的，在不动产所在地履行；其他标的，在履行义务一方所在地履行。

（四）履行期限不明确的，债务人可以随时履行，债权人也可以随时请求履行，但是应当给对方必要的准备时间。

（五）履行方式不明确的，按照有利于实现合同目的的方式履行。

（六）履行费用的负担不明确的，由履行义务一方负担；因债权人原因增加的履行费用，由债权人负担。

▶条文参见

《标准化法》第 10 - 12 条；《民法典合同编通则司法解释》第 3 条

第五百一十二条　电子合同交付时间的认定

通过互联网等信息网络订立的电子合同的标的为交付商品并采用快递物流方式交付的，收货人的签收时间为交付时间。电子合同的标的为提供服务的，生成的电子凭证或者实物凭证中载明的时间为提供服务时间；前述凭证没有载明时间或者载明时间与实际提供服务时间不一致的，以实际提供服务的时间为准。

电子合同的标的物为采用在线传输方式交付的，合同标的物进入对方当事人指定的特定系统且能够检索识别的时间为交付时间。

电子合同当事人对交付商品或者提供服务的方式、时间另有约定的，按照其约定。

▶理解与适用

确定网络交易合同的交付时间，分为三种情形：

1. 网络买卖合同的商品交付，采用快递物流方式交付标的物的，应当以收货人的签收时间为交付时间。网络服务合同，由于没有明显的交付标志，因此以生成的电子凭证或者实物凭证中载明的时间为提供服务时间；如果前述凭证没有载明时间或者载明时间与实际提供服务时间不一致的，以实际提供服务的时间为准。

2. 电子合同的标的为采用在线传输方式交付的，例如网络咨询服务合同，合同标的物（如咨询报告）在进入对方当事人指定的且能够检索识别的时间为交付时间。

3. 电子合同当事人对交付商品或者提供服务的方式、时间另有约定的，按照其约定。例如，网络买卖合同的买受人主张自己选择快递物流取货的，将买卖标的物交付给买受人自己选择的快递物流单位的时间为交付时间。

▶条文参见

《电子商务法》第51–57条

第五百一十三条　执行政府定价或指导价的合同价格确定

执行政府定价或者政府指导价的，在合同约定的交付期限内政府价格调整时，按照交付时的价格计价。逾期交付标的物的，遇价格上涨时，按照原价格执行；价格下降时，按照新价格执行。逾期提取标的物或者逾期付款的，遇价格上涨时，按照新价格执行；价格下降时，按照原价格执行。

148

▶理解与适用

合同的标的物属于政府定价或者政府指导价的，必须按照政府定价和政府指导价确定其价格，当事人不得另行约定价格。

政府定价是国家对少数关乎国计民生的产品由政府直接确定价格，企业不得违背的定价。政府指导价是政府对少数产品确定一个中准价，各地根据当地情况作出具体定价，按照当地政府确定的定价进行交易，当事人应当执行这种定价。

合同在履行过程中，如果遇到政府定价或者政府指导价作调整时，确定产品价格的原则是保护按约履行合同的一方。具体办法是：1. 执行政府定价和政府指导价的，在履行中遇到政府定价或者政府指导价作调整时，应按交付时的政府定价或者政府指导价计价，即按新的价格执行：交付货物时，该货物提价的，按已提的价格执行；降价的，则按所降的价格计算。2. 当事人逾期交货的，该产品的政府定价或者政府指导价提高时，按原定的价格执行；该产品政府定价或者政府指导价降低时，按已降低的价格执行。3. 当事人超过合同规定时间提货或付款的，该产品的政府定价或者政府指导价提高时，按已提高的价格计价付款；该产品政府定价或者政府指导价降低时，则按原来合同所议定的价格执行。

第五百一十四条 金钱之债给付货币的确定规则

以支付金钱为内容的债，除法律另有规定或者当事人另有约定外，债权人可以请求债务人以实际履行地的法定货币履行。

▶理解与适用

本条是新增条文。金钱债务，又称为金钱之债、货币之债，是指以给付一定数额的金钱为标的的债务。金钱债务的履行，涉及清偿时用何种货币支付的问题。

本条规定的规则是：1. 法律规定或者当事人有约定的，依照法律规定或者当事人约定的货币种类予以支付。例如法律规定在中国境内不能以外币支付的就应当以人民币结算；当事人约定的支付币种不违反国家法律规定的，依当事人约定。2. 除前述情形外，债权人可以请求债务人以实际履行地的法定货币履行。

第五百一十五条　选择之债中债务人的选择权

标的有多项而债务人只需履行其中一项的，债务人享有选择权；但是，法律另有规定、当事人另有约定或者另有交易习惯的除外。

享有选择权的当事人在约定期限内或者履行期限届满未作选择，经催告后在合理期限内仍未选择的，选择权转移至对方。

▶理解与适用

选择之债，是指债的关系在成立之时，确定的标的有数个，当事人在履行时可以选定其中一个为给付的债。其要件是：1. 须预定数种给付债务；2. 债务人只需于数种给付债务中选定其一为给付。凡在债的给付标的、履行时间、方式、地点等诸方面可供选择的债，都为选择之债。

选择之债因选择权的行使，而最终确定一个给付为债的标的，并因此产生溯及既往的效力。在数种给付中确定其一为给付，就是选择之债的确定。选择权也叫择定权，是指在选择之债中，一方当事人享有的因自己的意思表示而引起选择之债变更为简单之债的形成权。

选择权以属于债务人为原则，因为债务毕竟是要由债务人实际履行的，将选择权归属于债务人，既有利于保护债务人的利益，也有利于债务的履行。如果法律另有规定或者当事人另有约定，则从其规定或者约定。

选择权也可以转移，转移的条件是：享有选择权的当事人在约定期限内或者履行期限届满未作选择，经催告后在合理期限内仍未选择。

第五百一十六条　选择权的行使

当事人行使选择权应当及时通知对方，通知到达对方时，标的确定。标的确定后不得变更，但是经对方同意的除外。

可选择的标的发生不能履行情形的，享有选择权的当事人不得选择不能履行的标的，但是该不能履行的情形是由对方造成的除外。

▶理解与适用

选择权是形成权，一经行使，即发生选择的效力，被选择的债务就被特定化，其他选项的债务消灭。故享有选择权的当事人在行使选择权时，以对相对人作出意思表示而发生效力，即及时通知对方，通知到达对方时，标的确定，从而使该选择之债自始成为简单之债。该意思表示非经相对人同意，不得变更，也不得撤销，除非对方当事人同意。

如果在选择之债的数种给付中，其中一个或数个因不可抗力等原因而履行不能时，则选择权人只能就剩余的给付加以选择。尤其是只有一种可以履行而其他均发生履行不能时，则当事人丧失选择的余地，只能按可以履行的标的履行，选择之债变更为简单之债，无须另行选择。此种不能履行应当以不可归责于无选择权的当事人为限。如果该履行不能因无选择权的当事人的行为所致，则选择权人仍然有权就该不能履行的给付加以选择。如果选择权人为债务人，可以通过选择不能履行的给付而免予承担自己的债务；如果选择权人为债权人，则其可以通过选择不能履行的给付而解除合同，追究对方的违约责任。

第五百一十七条　按份债权与按份债务

债权人为二人以上，标的可分，按照份额各自享有债权的，为按份债权；债务人为二人以上，标的可分，按照份额各自负担债务的，为按份债务。

按份债权人或者按份债务人的份额难以确定的，视为份额相同。

▶理解与适用

可分之债，是指在债的关系中，债权或者债务是可以分割的债。可分之债的性质为复数之债，且只是因为标的的同一而联系在一起，各债权或者债务并无共同目的，故各债权人或者债务人发生的事项，原则上不对其他债权人或者债务人产生效力。债权或者债务是否可以分割的标准是：1. 债权或者债务的分割是否损害债的目的。分割不损害债的目的的，为可分给付；否则为不可分给付。2. 债权或者债务的分割是否在约定中予以禁止。3. 债权或者债务分割是否符合交易习惯和标的物的用途。比如钥匙与锁的关系，不能仅交付其一。

可分之债分为可分债权和可分债务。债权人为二人以上，标的可分，按照份额各自享有债权的，为按份债权；债务人为二人以上，标的可分，按照份额各自负担债务的，为按份债务。

第五百一十八条 连带债权与连带债务

债权人为二人以上，部分或者全部债权人均可以请求债务人履行债务的，为连带债权；债务人为二人以上，债权人可以请求部分或者全部债务人履行全部债务的，为连带债务。

连带债权或者连带债务，由法律规定或者当事人约定。

▶理解与适用

本条是对连带债权和连带债务的规定。

连带之债，是指在一个债的关系中，债权人或者债务人有数人时，各个债权人均得请求债务人履行全部债务，各个债务人均负有履行全部债务的义务，且全部债务因一次全部履行而归于消灭的债。

连带之债产生于两种原因：1. 法定连带之债，例如合伙债务、代理上的连带债务、共同侵权行为的损害赔偿责任为连带之债，以及法律规定的其他连带之债。2. 意定连带之债，当事人通过协议，约定为连带债权或者连带债务，如数个借款合同债务人就同一借贷，约定各负清偿全部债务的义务。

▶条文参见

《合伙企业法》第39、40条

第五百一十九条　连带债务份额的确定及追偿

连带债务人之间的份额难以确定的，视为份额相同。

实际承担债务超过自己份额的连带债务人，有权就超出部分在其他连带债务人未履行的份额范围内向其追偿，并相应地享有债权人的权利，但是不得损害债权人的利益。其他连带债务人对债权人的抗辩，可以向该债务人主张。

被追偿的连带债务人不能履行其应分担份额的，其他连带债务人应当在相应范围内按比例分担。

▶理解与适用

连带债务对外不分份额，只有对内才分份额，连带债务人在内部对自己的份额承担最终责任。连带债务人可以事先约定份额，或者根据实际情况确定份额。如果债务份额难以确定的，视为份额相同，各个债务人以同等份额承担最终责任。

在连带债务中，由于每一个债务人对外均负有履行全部债务的义务，债权人有权向连带债务人中的数人或者全体请求履行。被请求的债务人不得以还有其他债务人而互相推诿，也不得以自己仅负担债务中的一定份额为由而拒绝履行全部债务。连带债务人这时承担的清偿责任，是中间责任。在承担中间责任中，如果实际承担债务的连带债务人承担了超过自己的份额的，有权就超出部分在其他连带债务人未履行的份额范围内向其追偿。在行使追偿权时，承担了超出自己份额的中间责任的债务人，实际上相应地享有了债权人的权利，但是，行使这种债权，不得损害债权人的利益。连带债务人在行使追偿权时，如果其他连带债务人对连带债务的债权人享有抗辩权的，可以向该债务人主张对债权人的抗辩，对抗该债务人的追偿权。

本条第3款为新增条文，进一步明确了被追偿的连带债务人不能履行其应分担份额时，其他连带债务人的分担规则。

第五百二十条　连带债务人之一所生事项涉他效力

部分连带债务人履行、抵销债务或者提存标的物的，其他债务人对债权人的债务在相应范围内消灭；该债务人可以依据前条规定向其他债务人追偿。

部分连带债务人的债务被债权人免除的，在该连带债务人应当承担的份额范围内，其他债务人对债权人的债务消灭。

部分连带债务人的债务与债权人的债权同归于一人的，在扣除该债务人应当承担的份额后，债权人对其他债务人的债权继续存在。

债权人对部分连带债务人的给付受领迟延的，对其他连带债务人发生效力。

▶理解与适用

在连带债务中，就一债务人所生的事项，效力有的及于其他债务人，有的不及于其他债务人。前者称为有涉他效力的事项，后者称为无涉他效力的事项。

在连带债务中，有涉他效力的事项包括：

1. 部分连带债务人履行、抵销债务或者提存标的物的，其他债务人对债权人的债务在相应范围内消灭；该债务人可以依照前条规定向其他债务人追偿。

2. 部分连带债务人的债务被债权人免除的，在该连带债务人所应承担的份额范围内，其他债务人对债权人的债务消灭。

3. 部分连带债务人的债务与债权人的债权同归于一人的，在扣除该债务人所应承担的份额后，债权人对其他债务人的债权继续存在。

4. 债权人对部分连带债务人的给付受领迟延的，对其他连带债务人发生效力。

第五百二十一条 连带债权内外部关系

连带债权人之间的份额难以确定的，视为份额相同。

实际受领债权的连带债权人，应当按比例向其他连带债权人返还。

连带债权参照适用本章连带债务的有关规定。

第五百二十二条 向第三人履行

当事人约定由债务人向第三人履行债务，债务人未向第三人履行债务或者履行债务不符合约定的，应当向债权人承担违约责任。

法律规定或者当事人约定第三人可以直接请求债务人向其履行债务，第三人未在合理期限内明确拒绝，债务人未向第三人履行债务或者履行债务不符合约定的，第三人可以请求债务人承担违约责任；债务人对债权人的抗辩，可以向第三人主张。

▶理解与适用

向第三人履行，即第三人代债权人受领。合同当事人约定向第三人履行合同的，只要该第三人符合法律或合同规定的接受履行资格能够受领的，该第三人就成为合同的受领主体，是合格的受领主体，有权接受履行。第三人接受履行时，只是接受履行的主体，而不是合同当事人。第三人替债权人接受履行不适当或因此给债务人造成损失的，应由债权人承担民事责任。当债务人向第三人履行清偿义务，履行增加的费用，应当由债权人负担。

155

当债务人未向第三人履行债务或者履行债务不符合约定的，构成违约行为，债务人应当向债权人承担违约责任。第三人替债权人接受履行，通常是因为第三人与债权人之间存在一定关系，但第三人并不是债权人的代理人，不应当适用关于代理的规定。

本条在原《合同法》第64条的基础上增加规定了第2款。《民法典合同编通则司法解释》对本条作了进一步解释。第29条规定，民法典第522条第2款规定的第三人请求债务人向自己履行债务的，人民法院应予支持；请求行使撤销权、解除权等民事权利的，人民法院不予支持，但是法律另有规定的除外。合同依法被撤销或者被解除，债务人请求债权人返还财产的，人民法院应予支持。债务人按照约定向第三人履行债务，第三人拒绝受领，债权人请求债务人向自己履行债务的，人民法院应予支持，但是债务人已经采取提存等方式消灭债务的除外。第三人拒绝受领或者受领迟延，债务人请求债权人赔偿因此造成的损失的，人民法院依法予以支持。

▶条文参见

《民法典合同编通则司法解释》第29条

第五百二十三条　第三人履行

当事人约定由第三人向债权人履行债务，第三人不履行债务或者履行债务不符合约定的，债务人应当向债权人承担违约责任。

▶理解与适用

由第三人履行，也叫第三人代债务人履行，是指在合同的履行中，由第三人代替债务人向债权人履行债务。第三人代债务人履行，是合同的履行主体变化。在第三人代替债务人履行债务中，第三人与债权人、债务人并未达成转让债务协议，第三人并未成为合同当事人，只是按照合同当事人之间的约定，代替债务人向债权人履行债务，并不构成债务转移。根据合同自由原则，只要不违反法律规定和合同约定，且未给债权人造成损失或增加费用，由第三人履行是有效的。

构成由第三人履行，即当事人约定由第三人向债权人履行债务的，如果第三人不履行债务或者履行债务不符合约定，债务人构成违约行为，应当向债权人承担违约责任。

▶条文参见

《买卖合同解释》第 16 条

第五百二十四条　第三人代为履行

债务人不履行债务，第三人对履行该债务具有合法利益的，第三人有权向债权人代为履行；但是，根据债务性质、按照当事人约定或者依照法律规定只能由债务人履行的除外。

债权人接受第三人履行后，其对债务人的债权转让给第三人，但是债务人和第三人另有约定的除外。

▶理解与适用

本条为新增条文。当一个债务已届履行期，债务人不履行债务，该不履行债务的行为有可能损害第三人的利益时，第三人得代债务人向债权人履行债务，以使自己的合法利益得到保全。如果根据债务的性质、按照当事人约定或者依照法律规定，该债务只能由债务人履行的，不适用第三人代为履行的规则。

第三人代债务人履行之后，债权人已经接受第三人的履行的，债权人对债务人的债权就转让给了第三人，第三人对债务人享有该债权，可以向债务人主张该债权。如果债务人和第三人对如何确定他们之间的债权债务关系另有约定的，则按照约定办理，不受这一债权转让规则的拘束。

《民法典合同编通则司法解释》对第三人代为清偿规则的适用作了规定。第30条规定，下列民事主体，人民法院可以认定为民法典第524条第1款规定的对履行债务具有合法利益的第三人：（一）保证人或者提供物的担保的第三人；（二）担保财产的受让人、用益物权人、合法占有人；（三）担保财产上的后顺位担保权人；（四）对债务人的财产享有合法权益且该权益将因财产被强制执行而丧失的第三人；（五）债务人为法人或者非法人组织的，其出资人或者设立人；（六）债务人为自然人的，其近亲属；（七）其他对履行债务具有合法利益的第三人。第三人在其已经代为履行的范围内取得对债务人的债权，但是不得损害债权人的利益。担保人代为履行债务取得债权后，向其他担保人主张担保权利的，依据《最高人民法院关于适用〈中华人民共和国民法典〉有关担保制度的解释》第 13 条、第 14 条、第 18 条第 2 款等规定处理。

▶条文参见

《民法典合同编通则司法解释》第 30 条

第五百二十五条　同时履行抗辩权

当事人互负债务，没有先后履行顺序的，应当同时履行。一方在对方履行之前有权拒绝其履行请求。一方在对方履行债务不符合约定时，有权拒绝其相应的履行请求。

▶理解与适用

所谓抗辩权，是指对抗请求权或否认对方权利主张的权利，又称为异议权。其包括消灭的抗辩权和延缓的抗辩权。行使消灭的抗辩权会使对方的请求权归于消灭，而延缓的抗辩权仅阻碍对方请求权效力在一定期限内的发生。

同时履行抗辩权，又称为不履行抗辩权，是指双务合同的当事人在对方未为对待给付之前，得拒绝履行自己的给付。同时履行抗辩权的产生需要满足下列条件：（1）当事人双方因同一双务合同而互负债务。互负债务是指当事人所负的债务具有对价关系，而并非经济上完全等价。（2）合同中没有约定履行的先后顺序。（3）双方互负的债务均已届清偿期。（4）对方当事人未履行合同义务或者未按照约定履行合同义务。其中，未按照约定履行合同义务包括瑕疵履行即交付的标的物存在质量问题和部分履行即交付的标的物在数量上不足。（5）对方当事人的对待履行是可能的。如果对方当事人因客观原因不能履行合同义务，则应当通过合同变更、解除或者追究违约责任等规则来处理，适用同时履行抗辩权规则没有任何意义。例如，以特定物为标的的合同，在履行前标的物毁损灭失的，行使同时履行抗辩权无助于合同履行。

《民法典合同编通则司法解释》第31条第2款规定，当事人一方起诉请求对方履行债务，被告依据民法典第525条的规定主张双方同时履行的抗辩且抗辩成立，被告未提起反诉的，人民法院应当判决被告在原告履行债务的同时履行自己的债务，并在判项中明确原告申请强制执行的，人民法院应当在原告履行自己的债务后对被告采取执行行为；被告提起反诉的，人民法院应当判决双方同时履行自己的债务，并在判项中明确任何一方申请强制执行的，人民法院应当在该当事人履行自己的债务后对对方采取执行行为。

▶条文参见

《民法典合同编通则司法解释》第31条

第五百二十六条　**先履行抗辩权**

> 当事人互负债务，有先后履行顺序，应当先履行债务一方未履行的，后履行一方有权拒绝其履行请求。先履行一方履行债务不符合约定的，后履行一方有权拒绝其相应的履行请求。

▶理解与适用

先履行抗辩权，是指根据法律规定或者当事人约定，双务合同的一方当事人应当先履行合同义务，先履行一方未履行或者未适当履行的，后履行一方有权拒绝为相应履行。先履行抗辩权是为了保护后履行一方的期限利益或者其履行合同条件而规定的。先履行抗辩权的适用条件包括：（1）合同当事人根据

159

同一双务合同而互负债务。（2）合同当事人的债务履行有先后次序。（3）应当先履行的一方当事人没有履行或者履行不符合约定。（4）应当先履行的债务是可能履行的。先履行抗辩权属延期的抗辩权，只是暂时阻止对方当事人请求权的行使，非永久的抗辩权。对方当事人完全履行了合同义务，先履行抗辩权消灭，当事人应当履行自己的义务。当事人行使先履行抗辩权致使合同迟延履行的，迟延履行责任应由对方当事人承担。

《民法典合同编通则司法解释》第31条第3款规定，当事人一方起诉请求对方履行债务，被告依据民法典第526条的规定主张原告应先履行的抗辩且抗辩成立的，人民法院应当驳回原告的诉讼请求，但是不影响原告履行债务后另行提起诉讼。

▶条文参见

《买卖合同解释》第31条；《民法典合同编通则司法解释》第31条

第五百二十七条 不安抗辩权

应当先履行债务的当事人，有确切证据证明对方有下列情形之一的，可以中止履行：

（一）经营状况严重恶化；

（二）转移财产、抽逃资金，以逃避债务；

（三）丧失商业信誉；

（四）有丧失或者可能丧失履行债务能力的其他情形。

当事人没有确切证据中止履行的，应当承担违约责任。

▶理解与适用

不安抗辩权，是指双务合同中一方当事人应当先履行合同义务，在合同订立之后履行之前，有确切证据证明后履行一方当事人将来有不履行或者不能履行合同的可能时，先履行一方可以暂时中止履行，并及时通知对方当事人在合理的期限内提供适当担保；如果对方在合理期限内提供了适当担保，则应当恢复履行；如果对方未能在合理期限内提供适当担保，则中止履行的一方可以解除合同。例如，甲、乙订有一买卖合同，约定甲于6月1日前交货，乙收到货后2个月内付款。之后，甲发现乙因故需承担巨额赔偿责任，并有确切证据证明其难以付清货款，于是甲可以行使不安抗辩权中止向乙供货，并及时通知乙。如果乙提供了相应担保，甲应恢复履行合同义务。

不安抗辩权的适用条件包括以下几个方面：（1）双务合同中一方当事人应当先履行合同义务。如果当事人没有在合同中约定、法律也没有规定当事人履行义务的先后次序，则当事人应当同时履行合同义务，只能适用同时履行抗辩权，而不能行使不安抗辩权。（2）有确切的证据证明后履行一方当事人将来不履行或者不能履行合同义务。没有确切证据而中止自己的履行要承担违约责任。包括以下几种情形：①经营状况严重恶化，是指合同订立之后，当事人的经营状况发生不好的变化，财产大量减少，以致影响其履行债务的能力；②转移财产、抽逃资金，是指后履行债务的当事人以逃避债务为目的，将自己的财产转移到别处或者从企业中撤回所投入的资金；③丧失商业信誉，是指后履行债务的当事人失去了诚实信用、按期履行等良好的声誉；④有丧失或者可能丧失履行债务能力的其他情形。一方当事人出现丧失或者可能丧失履行债务能力的情形并不以其对这种结果的发生存在过错为条件，不论是何种原因造成的，只要存在丧失或者可能丧失履行债务能力的事实即可。（3）应当先履行一方当事人的合同义务已到履行期。如果先履行一方当事人的合同履行期限尚未届至，则其可以根据期限规定进行抗辩，而无须援用不安抗辩权。

▶典型案例指引

俞某新与福建华辰房地产有限公司、魏某瑞商品房买卖（预约）合同纠纷案（《最高人民法院公报》2011年第8期）

案件适用要点：根据合同的相对性原则，涉案合同一方当事人以案外人违约为由，主张在涉案合同履行中行使不安抗辩权的，人民法院不予支持。

第五百二十八条　不安抗辩权的行使

当事人依据前条规定中止履行的，应当及时通知对方。对方提供适当担保的，应当恢复履行。中止履行后，对方在合理期限内未恢复履行能力且未提供适当担保的，视为以自己的行为表明不履行主要债务，中止履行的一方可以解除合同并可以请求对方承担违约责任。

▶理解与适用

法律为求双务合同当事人双方利益的平衡，规定主张不安抗辩权的当事人对后履行一方当事人负担通知义务。法律要求主张不安抗辩权的一方当事人在提出权利主张的同时，应当立即通知另一方。不安抗辩权的行使取决于权利人一方的意思，无须取得另一方同意的必要。法律使其负即时通知义务，是为了避免另一方当事人因此受到损害。

通知的另一个目的在于，经过通知，便于后履行一方在获此通知后，及时提供充分的履行债务担保，以消灭不安抗辩权。不安抗辩权消灭后，先履行一方应当恢复履行。

不安抗辩权行使后产生的法律后果是：1. 先履行一方已经发出通知后，在后履行一方当事人没有提供适当担保之前，有权中止自己的履行。2. 后履行一方当事人接到通知后，向对方提供了适当担保的，不安抗辩权消灭，合同恢复履行，主张不安抗辩权的当事人应当承担先履行的义务。3. 先履行债务的当事人中止履行并通知对方当事人后，对方当事人在合理期限内没有恢复履行能力，也没有提供适当担保的，先履行债务的当事人产生法定解除权，可以单方解除合同，同时还可以主张追究后履行一方的违约责任。

第五百二十九条　因债权人原因致债务履行困难的处理

债权人分立、合并或者变更住所没有通知债务人，致使履行债务发生困难的，债务人可以中止履行或者将标的物提存。

▶理解与适用

在合同履行过程中，债务人应当诚实守信，积极履约，满足债权人的债权要求。但是，在由于债权人的原因，而使债务人履行发生困难时，就不能认为债务人违约。

第五百三十条　债务人提前履行债务

债权人可以拒绝债务人提前履行债务，但是提前履行不损害债权人利益的除外。

债务人提前履行债务给债权人增加的费用，由债务人负担。

第五百三十一条　债务人部分履行债务

债权人可以拒绝债务人部分履行债务，但是部分履行不损害债权人利益的除外。

债务人部分履行债务给债权人增加的费用，由债务人负担。

第五百三十二条　当事人变化不影响合同效力

合同生效后，当事人不得因姓名、名称的变更或者法定代表人、负责人、承办人的变动而不履行合同义务。

合同成立后，合同的基础条件发生了当事人在订立合同时无法预见的、不属于商业风险的重大变化，继续履行合同对于当事人一方明显不公平的，受不利影响的当事人可以与对方重新协商；在合理期限内协商不成的，当事人可以请求人民法院或者仲裁机构变更或者解除合同。

人民法院或者仲裁机构应当结合案件的实际情况，根据公平原则变更或者解除合同。

▶ **理解与适用**

情势变更原则，是指在合同成立后，订立合同的基础条件发生了当事人在订立合同时无法预见的、不属于商业风险的重大变化，仍然维持合同效力履行合同对于当事人一方明显不公平的情势，受不利影响的当事人可以请求对方重新协商，变更或解除合同并免除责任的合同效力规则。

《民法典合同编通则司法解释》对情势变更制度的适用作出规定。第 32 条规定，合同成立后，因政策调整或者市场供求关系异常变动等原因导致价格发生当事人在订立合同时无法预见的、不属于商业风险的涨跌，继续履行合同对于当事人一方明显不公平的，人民法院应当认定合同的基础条件发生了民法典第 533 条第 1 款规定的"重大变化"。但是，合同涉及市场属性活跃、长期以来价格波动较大的大宗商品以及股票、期货等风险投资型金融产品的除外。合同的基础条件发生了民法典第 533 条第 1 款规定的重大变化，当事人请求变更合同的，人民法院不得解除合同；当事人一方请求变更合同，对方请求解除合同的，或者当事人一方请求解除合同，对方请求变更合同的，人民法院应当结合案件的实际情况，根据公平原则判决变更或者解除合同。人民法院依据民法典第 533 条的规定判决变更或者解除合同的，应当综合考虑合同基础条件发生重大变化的时间、当事人重新协商的情况以及因合同变更或者解除给当事人造成的损失等因素，在判项中明确合同变更或者解除的时间。当事人事先约定排除民法典第533条适用的，人民法院应当认定该约定无效。

不可抗力制度和情势变更制度具有相同之处：（1）两者均非商业风险，也都是当事人事先无法预见的情形；（2）两者的发生及其影响均不可归责于当事人；（3）两者均可能对合同的履行和责任承担造成影响，并产生相应法律后果；（4）两者对于合同的影响均出现于合同订立之后履行完毕之前。

但二者毕竟是两种不同的制度，具有很多不同之处：（1）制度价值不同。不可抗力制度，主要是一种免责事由。该制度体现的精神是法律不强人所难，不让无辜者承担意外之责。情势变更制度体现的精神是当事人之间的公平和合同权利义务的对等。（2）适用范围不同。不可抗力制度作为民事责任的一般免责事由，除法律作出的特殊规定外，适用于所有民事责任领域，特别是侵权责任领域和合同领域。情势变更制度仅为合同领域的一项特殊制度。（3）对合同的影响方式和程度不同。不可抗力制度的适用前提是不可抗力造成当事人不能履行合同的后果。情势变更制度是合同基础条件与合同成立时相比出现了当事人无法预见且不可归责于当事人的重大变化，该重大变化对合同的履行也造成了重大影响，但是一般来说合同仍有继续履行的可能，只是继续履行合同对一方当事人明显不公平，例如履行成本显著上升、等价交换关系显著失衡。（4）法律效果不同。适用不可抗力制度体现为免责，对于因不可抗力造成的履行不能，免除全部或者部分责任。但是，其不直接导致变更合同内容，合同部分不能履行的，其他部分继续履行，合同一时不能履行的，影响消除后继续履行。适用情势变更制度则体现为合同的解除或者变更，不直接具有免责效果。在根据该制度调整权利义务前，当事人之间的权利义务关系不变，只有在根据该制度进行调整后，当事人的权利义务关系才按照调整后的内容

165

继续履行。至于如何调整,是解除合同,还是变更合同,如何变更合同,需要法院或仲裁机构在个案中根据具体情况判断。(5)当事人权利行使方式和程序不同。当不可抗力导致不能履行合同时,受不可抗力影响的一方应当及时向对方发出受不可抗力影响不能履行合同的通知,并在合理期限内提供证明。未发出通知导致对方损失扩大的,对于扩大的损失不能免责,对于迟延履行后发生不可抗力的也不能主张免除责任。对于情势变更制度,因情势变化导致合同履行对一方明显不公平时,受不利影响的当事人首先可以通过与对方协商调整失衡的利益,在合理期限内协商不成的,当事人可以请求法院或仲裁机构变更或解除合同。

▶条文参见

《民法典合同编通则司法解释》第 32 条

▶典型案例指引

大宗集团有限公司、宗某晋与淮北圣火矿业有限公司、淮北圣火房地产开发有限责任公司、涡阳圣火房地产开发有限公司股权转让纠纷案(《最高人民法院公报》2016 年第 6 期)

案件适用要点: 矿业权与股权是两种不同的民事权利,如果仅转让公司股权而不导致矿业权主体的变更,则不属于矿业权转让,转让合同无需地质矿产主管部门审批,在不违反法律、行政法规强制性规定的情况下,应认定合同合法有效。迟延履行生效合同约定义务的当事人以迟延履行期间国家政策变化为由主张情势变更的,不予支持。

第五百三十四条 合同监督

对当事人利用合同实施危害国家利益、社会公共利益行为的,市场监督管理和其他有关行政主管部门依照法律、行政法规的规定负责监督处理。

第五章 合同的保全

第五百三十五条 债权人代位权

因债务人怠于行使其债权或者与该债权有关的从权利，影响债权人的到期债权实现的，债权人可以向人民法院请求以自己的名义代位行使债务人对相对人的权利，但是该权利专属于债务人自身的除外。

代位权的行使范围以债权人的到期债权为限。债权人行使代位权的必要费用，由债务人负担。

相对人对债务人的抗辩，可以向债权人主张。

▶理解与适用

债权人代位权，是指债权人依法享有的为保全其债权，以自己的名义行使属于债务人对相对人权利的实体权利。当债务人怠于行使属于自己的债权或者与该债权有关的从权利，而害及债权人的权利实现时，债权人可依债权人代位权，以自己的名义行使债务人怠于行使的债权。其特征是：1. 债权人代位权是债权的从权利；2. 债权人代位权是债权人以自己的名义代债务人之位行使的权利；3. 债权人代位权的目的是保全债权；4. 债权人代位权的性质是管理权。

《民法典合同编通则司法解释》对专属于债务人自身的权利作了进一步规定。第34条规定，下列权利，人民法院可以认定为民法典第535条第1款规定的专属于债务人自身的权利：（一）抚养费、赡养费或者扶养费请求权；（二）人身损害赔偿请求权；（三）劳动报酬请求权，但是超过债务人及其所扶养家属的生活必需费用的部分除外；（四）请求支付基本养老保险金、失业保险金、最低生活保障金等保障当事人基本生活的权利；（五）其他专属于债务人自身的权利。

本条规定的是债权人债权到期的代位权，其行使要件是：1. 债权人对债务人的债权合法；2. 债务人怠于行使其债权或者与该债权有关的从权利；3. 影响债权人到期债权的实现；4. 债务人的权利不是专属于债务人自身的权利。

债权人行使代位权，是向人民法院请求以自己的名义行使债务人对相对人的权利。行使权利的范围，应当以债务人到期债权或者与该债权有关的从权利为限，对超出到期债权范围的部分，不能行使代位权。债权人行使代位权所支出的费用，由债务人负担，债权人可以向其追偿。

债权人行使代位权时，相对人对债务人的抗辩，可以向债权人主张，例如相对人因债务超过诉讼时效而取得抗辩权，该抗辩权可以直接向债权人行使，可以对抗债权人代位权。

对于起诉债务人后又提起代位权诉讼的情形，《民法典合同编通则司法解释》第38条规定，债权人向人民法院起诉债务人后，又向同一人民法院对债务人的相对人提起代位权诉讼，属于该人民法院管辖的，可以合并审理。不属于该人民法院管辖的，应当告知其向有管辖权的人民法院另行起诉；在起诉债务人的诉讼终结前，代位权诉讼应当中止。

对于代位权诉讼中债务人起诉相对人的情形，《民法典合同编通则司法解释》第39条规定，在代位权诉讼中，债务人对超过债权人代位请求数额的债权部分起诉相对人，属于同一人民法院管辖的，可以合并审理。不属于同一人民法院管辖的，应当告知其向有管辖权的人民法院另行起诉；在代位权诉讼终结前，债务人对相对人的诉讼应当中止。

对于代位权不成立的处理，《民法典合同编通则司法解释》第40条规定，代位权诉讼中，人民法院经审理认为债权人的主张不符合代位权行使条件的，应当驳回诉讼请求，但是不影响债权人根据新的事实再次起诉。

《合伙企业法》第41条有特殊规定：合伙人发生与合伙企

业无关的债务，相关债权人不得以其债权抵销其对合伙企业的债务；也不得代位行使合伙人在合伙企业中的权利。

▶条文参见

《最高人民法院关于审理建设工程施工合同纠纷案件适用法律问题的解释（一）》第44条；《民法典合同编通则司法解释》第33-41条

▶典型案例指引

1. 中国农业银行汇金支行诉张家港涤纶厂代位权纠纷案（《最高人民法院公报》2004年第4期）

案件适用要点：代位权制度的立法本意是鼓励债权人积极行使权利。在进入代位权诉讼程序后，债务人即丧失了主动处分次债务人债权的权利。代位权行使的后果直接归属于债权人，次债务人如果履行义务，只能向代位权人履行，不能向债务人履行。债务人和次债务人在诉讼中达成以资产抵债的协议从而主动清结债权债务，存在逃避诉讼、规避法律的故意，该协议无效，不能产生导致本案终结的法律后果。

债务人在债务到期后，没有以诉讼或者仲裁方式向次债务人主张债权，而是与次债务人签订协议延长履行债务期限，损害债权人债权的，属于《合同法》第73条规定的怠于行使到期债权的行为，债权人可以以自己的名义代位行使债务人的债权。债务人与次债务人之间的具体债务数额是否确定，不影响债权人行使代位权。

2. 成都市国土资源局武侯分局与招商（蛇口）成都房地产开发有限责任公司、成都港招实业开发有限责任公司、海南民丰科技实业开发总公司债权人代位权纠纷案（《最高人民法院公报》2012年第6期）

案件适用要点：债务人与次债务人约定以代物清偿方式清偿债务的，因代物清偿协议系实践性合同，故若次债务人未实际履行代物清偿协议，则次债务人与债务人之间的原金钱债务并未消灭，债权人仍有权代位行使债务人的债权。

企业改制只是转换企业的组织形式和变更企业的经济性质，原企业的债权债务并不因改制而消灭。根据《最高人民法院关于审理与企业改制相关的民事纠纷案件若干问题的规定》的规定，企业通过增资扩股或者转让部分产权，实现他人对企业的参股，将企业整体改造为有限责任公司或者股份有限公司的，原企业债务由改造后的新设公司承担。故债权人代位行使对次债务人的债权，次债务人改制的，由改制后的企业向债权人履行清偿义务。

3. 中国银行股份有限公司汕头分行与广东发展银行股份有限公司韶关分行、第三人珠海经济特区安然实业（集团）公司代位权纠纷案（《最高人民法院公报》2011 年第 11 期）

案件适用要点：债权人提起代位权诉讼，应以主债权和次债权的成立为条件。债权成立不仅指债权的内容不违反法律、法规的规定，而且要求债权的数额应当确定。债权数额的确定既可以表现为债务人、次债务人对债权的认可，也可以经人民法院判决或者仲裁机构裁决加以确认。

根据《最高人民法院关于审理民事案件适用诉讼时效制度若干问题的规定》的规定，债权人提起代位权诉讼的，应当认定对债权人的债权和债务人的债权均发生诉讼时效中断的效力。

第五百三十六条　　**保存行为**

债权人的债权到期前，债务人的债权或者与该债权有关的从权利存在诉讼时效期间即将届满或者未及时申报破产债权等情形，影响债权人的债权实现的，债权人可以代位向债务人的相对人请求其向债务人履行、向破产管理人申报或者作出其他必要的行为。

▶ 理解与适用

本条是新增条文。债权到期前债权人代位权行使的条件是，债务人对相对人享有的债权或者与该债权有关的从权利可能存在诉讼时效期间即将届满或者未及时申报破产债权等情形，影响债权人的债权实现。其具体方法是：1. 可以债务人的名义，代位向债务人的相对人请求其向债务人履行，这是典型的代位权行使方法。2. 相对人在破产程序中的，债权人可以代债务人之位，向破产管理人申报债权，将该债权纳入破产财产清偿范围，期待在破产清算中实现债权。3. 作出其他必要的行为，例如符合条件的，可以请求查封、冻结财产等。后两种方法超出了传统债权人代位权的范围，其目的仍然是保全债务人的财产以保护自己的债权，是针对实际情况所作的规定，对于保全债权人的债权具有重要意义。

第五百三十七条　代位权行使后的法律效果

人民法院认定代位权成立的，由债务人的相对人向债权人履行义务，债权人接受履行后，债权人与债务人、债务人与相对人之间相应的权利义务终止。债务人对相对人的债权或者与该债权有关的从权利被采取保全、执行措施，或者债务人破产的，依照相关法律的规定处理。

▶典型案例指引

北京大唐燃料有限公司诉山东百富物流有限公司买卖合同纠纷案（最高人民法院指导案例 167 号）

案件适用要点：代位权诉讼执行中，因相对人无可供执行的财产而被终结本次执行程序，债权人就未实际获得清偿的债权另行向债务人主张权利的，人民法院应予支持。

第五百三十八条　撤销债务人无偿行为

债务人以放弃其债权、放弃债权担保、无偿转让财产等方式无偿处分财产权益，或者恶意延长其到期债权的履行期限，影响债权人的债权实现的，债权人可以请求人民法院撤销债务人的行为。

▶**理解与适用**

债权人撤销权，是指债权人依法享有的为保全其债权，对债务人无偿或者低价处分作为债务履行资力的现有财产，以及放弃其债权或者债权担保、恶意延长到期债权履行期限的行为，请求法院予以撤销的权利。

债权人撤销权的目的，是保全债务人的一般财产，否定债务人不当减少一般财产的行为（欺诈行为），将已经脱离债务人一般财产的部分，恢复为债务人的一般财产。当债务人实施减少其财产或者放弃其到期债权而损害债权人债权的民事行为时，债权人可以依法行使这一权利，请求法院对该民事行为予以撤销，使已经处分了的财产恢复原状，以保护债权人债权实现的物质基础。

▶**条文参见**

《民法典合同编通则司法解释》第44条

▶**典型案例指引**

永安市燕诚房地产开发有限公司与郑某南、远东（厦门）房地产发展有限公司及第三人高某珍第三人撤销之诉案（《最高人民法院公报》2020年第4期）

案件适用要点：作为普通债权人的第三人一般不具有基于债权提起第三人撤销之诉的事由，但是如果生效裁判所确认的债务人相关财产处分行为符合《合同法》第74条所规定的撤销权条件，则依法享有撤销权的债权人与该生效裁判案件处理结果具有法律上的利害关系，从而具备以无独立请求权第三人身份提起第三人撤销之诉的原告主体资格。

第五百三十九条 **撤销债务人有偿行为**

债务人以明显不合理的低价转让财产、以明显不合理的高价受让他人财产或者为他人的债务提供担保，影响债权人的债权实现，债务人的相对人知道或者应当知道该情形的，债权人可以请求人民法院撤销债务人的行为。

▶理解与适用

债务人有偿处分自己财产的行为，原本与债权人的利益无关，但是债务人为逃避债务，恶意低价处分，就危及了债权人的债权。如果受让人对债务人低价处分财产行为知道或者应当知道的，构成恶意，债权人可以行使撤销权，撤销债务人与受让人的低价处分行为，保存债务人履行债务的财产资力。

《民法典合同编通则司法解释》对债权人撤销权诉讼中明显不合理低价或者高价的认定作出规定。第42条规定，对于民法典第539条规定的"明显不合理"的低价或者高价，人民法院应当按照交易当地一般经营者的判断，并参考交易时交易地的市场交易价或者物价部门指导价予以认定。转让价格未达到交易时交易地的市场交易价或者指导价百分之七十的，一般可以认定为"明显不合理的低价"；受让价格高于交易时交易地的市场交易价或者指导价百分之三十的，一般可以认定为"明显不合理的高价"。债务人与相对人存在亲属关系、关联关系的，不受前款规定的百分之七十、百分之三十的限制。

▶条文参见

《税收征收管理法》第50条；《民法典合同编通则司法解释》第42-44条

▶典型案例指引

王某某诉乐某某债权人撤销权纠纷案（最高人民法院中国应用法学研究所《人民法院案例选》2010年第4辑）

案件适用要点：债务人逾期未偿还债务，并以低于市场价70%的价格转让财产的，视为以明显不合理低价转让财产的行为；对债权人造成损害，且受让人明知的，债权人可以请求法院撤销债务人的转让行为。

第五百四十条 撤销权的行使范围

撤销权的行使范围以债权人的债权为限。债权人行使撤销权的必要费用,由债务人负担。

第五百四十一条 撤销权的行使期间

撤销权自债权人知道或者应当知道撤销事由之日起一年内行使。自债务人的行为发生之日起五年内没有行使撤销权的,该撤销权消灭。

▶理解与适用

债权人撤销权是形成权,存在权利失权的问题,因此,适用除斥期间的规定。本条规定的债权人撤销权的除斥期间,与《民法典》第152条规定的除斥期间相同,即自债权人知道或者应当知道撤销事由之日起,为一年时间;如果债权人不知道也不应当知道撤销事由,即自债务人实施的处分财产行为发生之日起,最长期间为5年,撤销权消灭。对此,适用《民法典》第199条关于除斥期间的一般性规定,不适用诉讼时效中止、中断和延长的规定。除斥期间届满,撤销权消灭,债权人不得再行使。

第五百四十二条 债务人行为被撤销的法律效果

债务人影响债权人的债权实现的行为被撤销的,自始没有法律约束力。

▶理解与适用

债权人撤销权的目的是保全债务人的财产,而不是直接用债务人的财产清偿债务。因此,债权人向法院起诉主张撤销债务人损害债权的财产处分行为,人民法院支持其主张,撤销了债务人损害债权人利益的行为,其后果是该处分行为自始没有法律约束力,处分的财产回到债务人手中。

▶条文参见

《民法典合同编通则司法解释》第 45 条

第六章　合同的变更和转让

第五百四十三条　**协议变更合同**

当事人协商一致，可以变更合同。

▶理解与适用

合同的变更，分为法定变更、裁判变更和协商变更。本条规定的是协议变更。协商一致就是合意，即意思表示一致。如果一方当事人要变更合同，另一方当事人不同意变更合同，或者双方都有变更合同内容的意愿，但是双方意思表示的内容不能达成一致，还存在分歧，就是没有协商一致，还没有形成合同变更的意思表示一致，合同变更的合意就没有成立，所以不成立合同变更，不发生合同变更的效果，原合同继续有效。

第五百四十四条　**合同变更不明确推定为未变更**

当事人对合同变更的内容约定不明确的，推定为未变更。

▶理解与适用

合同变更禁止推定，是指当事人变更合同的意思表示须以明示方式为之，在当事人未以明示方式约定合同变更的，禁止适用推定规则推定当事人有变更合同的意愿。禁止推定规则是合同变更须以明示方式为之的应有之义。

▶典型案例指引

通州建总集团有限公司与内蒙古兴华房地产有限责任公司建设工程施工合同纠纷案（《最高人民法院公报》2017 年第 9 期）

案件适用要点：一、对以物抵债协议的效力、履行等问题的认定，应以尊重当事人的意思自治为基本原则。一般而言，除当事人有明确约定外，当事人于债务清偿期届满后签订的以物抵债协议，并不以债权人现实地受领抵债物，或取得抵债物所有权、使用权等财产权利，为成立或生效要件。只要双方当事人的意思表示真实，合同内容不违反法律、行政法规的强制性规定，合同即为有效。

二、当事人于债务清偿期届满后达成的以物抵债协议，可能构成债的更改，即成立新债务，同时消灭旧债务；亦可能属于新债清偿，即成立新债务，与旧债务并存。基于保护债权的理念，债的更改一般需有当事人明确消灭旧债的合意，否则，当事人于债务清偿期届满后达成的以物抵债协议，性质一般应为新债清偿。

三、在新债清偿情形下，旧债务于新债务履行之前不消灭，旧债务和新债务处于衔接并存的状态；在新债务合法有效并得以履行完毕后，因完成了债务清偿义务，旧债务才归于消灭。

四、在债权人与债务人达成以物抵债协议、新债务与旧债务并存时，确定债权是否得以实现，应以债务人是否按照约定全面履行自己义务为依据。若新债务届期不履行，致使以物抵债协议目的不能实现的，债权人有权请求债务人履行旧债务，且该请求权的行使，并不以以物抵债协议无效、被撤销或者被解除为前提。

第五百四十五条　债权转让

债权人可以将债权的全部或者部分转让给第三人，但是有下列情形之一的除外：

（一）根据债权性质不得转让；

（二）按照当事人约定不得转让；

（三）依照法律规定不得转让。

当事人约定非金钱债权不得转让的，不得对抗善意第三人。当事人约定金钱债权不得转让的，不得对抗第三人。

▶ 理解与适用

债的移转，是指在不改变债的客体和内容的情况下，对债的主体进行变更的债的转移形态。故债的移转就是债的主体之变更，包括债权转让、债务转移以及债权债务概括转移三种形式。

债权转让，也叫债权让与，是指债权人通过协议将其享有的债权全部或者部分地转让给第三人的行为。债权转让是债的关系主体变更的一种形式，它是在不改变债的内容的情况下，通过协议将债的关系中的债权人进行变更。债权转让的构成要件是：1. 须有有效的债权存在；2. 债权的转让人与受让人应达成转让协议；3. 转让的债权必须是依法可以转让的债权；4. 债权的转让协议须通知债务人。

《民法典合同编通则司法解释》还对债权的多重转让作了规定。第50条规定，让与人将同一债权转让给两个以上受让人，债务人以已经向最先通知的受让人履行为由主张其不再履行债务的，人民法院应予支持。债务人明知接受履行的受让人不是最先通知的受让人，最先通知的受让人请求债务人继续履行债务或者依据债权转让协议请求让与人承担违约责任的，人民法院应予支持；最先通知的受让人请求接受履行的受让人返还其接受的财产的，人民法院不予支持，但是接受履行的受让人明知该债权在其受让前已经转让给其他受让人的除外。前款所称最先通知的受让人，是指最先到达债务人的转让通知中载明的受让人。当事人之间对通知到达时间有争议的，人民法院应当结合通知的方式等因素综合判断，而不能仅根据债务人认可的通知时间或者通知记载的时间予以认定。当事人采用邮寄、通讯电子系统等方式发出通知的，人民法院应当以邮戳时间或者通讯电子系统记载的时间等作为认定通知到达时间的依据。

▶ 条文参见

《保险法》第34条；《民法典合同编通则司法解释》第50条

1. 沈阳银胜天成投资管理有限公司与中国华融资产管理公司沈阳办事处债权转让合同纠纷案（《最高人民法院公报》2010年第5期）

案件适用要点：一、金融资产管理公司收购和处置银行不良金融债权，具有较强的政策性。银行不良金融债权的转让，不能完全等同于一般民事主体之间的债权转让行为，具有高风险、高收益的特点，与等价交换的市场规律有较为明显的区别。不良债权交易的实物资产，不是一般资产买卖关系，而主要是一种风险与收益的转移。

二、银行不良金融债权以资产包形式整体出售转让的，资产包内各不良金融债权的可回收比例各不相同，而资产包一旦形成，即具有不可分割性。因此，资产包整体买进后，如需解除合同，也必须整体解除，将资产包整体返还。银行不良金融债权的受让人在将资产包中相对优质的债权变卖获益后，又通过诉讼请求部分解除合同，将资产包中其他债权返还的，人民法院不予支持。

三、不良金融资产转让协议之目的是公平合规地完成债权及实物资产的顺利转让，在未对受让人是否能够清收债权及清收债权的比例作出承诺和规范的情况下，受让人以合同预期盈利目的不能实现为由提出解除合同的诉讼请求，人民法院不予支持。

2. 陕西西岳山庄有限公司与中建三局建发工程有限公司、中建三局第三建设工程有限责任公司建设工程施工合同纠纷案（《最高人民法院公报》2007年第12期）

案件适用要点：法律、法规并不禁止建设工程施工合同项下的债权转让，只要建设工程施工合同的当事人没有约定合同项下的债权不得转让，债权人向第三人转让债权并通知债务人的，债权转让合法有效，债权人无须就债权转让事项征得债务人同意。

　　债权人转让债权，未通知债务人的，该转让对债务人不发生效力。

　　债权转让的通知不得撤销，但是经受让人同意的除外。

▶理解与适用

　　《民法典合同编通则司法解释》对债权转让通知作了进一步规定。第48条规定，债务人在接到债权转让通知前已经向让与人履行，受让人请求债务人履行的，人民法院不予支持；债务人接到债权转让通知后仍然向让与人履行，受让人请求债务人履行的，人民法院应予支持。让与人未通知债务人，受让人直接起诉债务人请求履行债务，人民法院经审理确认债权转让事实的，应当认定债权转让自起诉状副本送达时对债务人发生效力。债务人主张因未通知而给其增加的费用或者造成的损失从认定的债权数额中扣除的，人民法院依法予以支持。

▶条文参见

　　《民法典合同编通则司法解释》第48、49条

▶典型案例指引

　　1. 大连远东房屋开发有限公司与辽宁金利房屋实业公司、辽宁澳金利房地产开发有限公司国有土地使用权转让合同纠纷案（《最高人民法院公报》2006年第12期）

　　案件适用要点：债权人可以将合同权利全部或者部分转让给第三人，转让只需通知到债务人即可而无需征得债务人的同意。因此，转让行为一经完成，原债权人即不再是合同权利主体，亦即丧失以自己名义作为债权人向债务人主张合同权利的资格。

　　2. 何某兰诉海科公司等清偿债务纠纷案（《最高人民法院公报》2004年第4期）

　　案件适用要点：《合同法》第80条第1款规定，债权人转

让债权的，应当通知债务人。未经通知，该转让对债务人不发生效力。该规定是为了避免债务人重复履行、错误履行债务或加重履行债务的负担。债权人以登报的形式通知债务人并不违反法律的规定。只要债权人实施了有效的通知行为，债权转让就应对债务人发生法律效力。

3. 陕西西岳山庄有限公司与中建三局建发工程有限公司、中建三局第三建设工程有限责任公司建设工程施工合同纠纷案（《最高人民法院公报》2007 年第 12 期）

案件适用要点：根据《合同法》第 79 条的规定，法律、法规并不禁止建设工程施工合同项下的债权转让，只要建设工程施工合同的当事人没有约定合同项下的债权不得转让，债权人向第三人转让债权并通知债务人的，债权转让合法有效，债权人无须就债权转让事项征得债务人同意。

第五百四十七条　债权转让从权利一并转让

债权人转让债权的，受让人取得与债权有关的从权利，但是该从权利专属于债权人自身的除外。

受让人取得从权利不因该从权利未办理转移登记手续或者未转移占有而受到影响。

▶ **理解与适用**

从权利随主权利转移原则，是债权转让的重要规则。主债权发生转移时，其从权利应随之一同转移，即使债权的从权利是否转让没有在转让协议中作出明确规定，也与主债权一并转移于债权的受让人。但该从权利专属于债权人自身的除外。

债权的从权利是指与主债权相联系的，但自身并不能独立存在的权利。债权的从权利大部分是由主债权债务关系的从合同规定的，也有的本身就是主债权内容的一部分。如通过抵押合同设定的抵押权、质押合同设定的质权、保证合同设定的保证债权、定金合同设定的定金债权等，都属于由主债权的从合同设定的从权利。违约金债权、损害赔偿请求权、留置权、债权解除权、债权人撤销权、债权人代位权等，则属于由主债权或者依照法律的规定产生的债权的从权利。

债权转让中从权利的随从转移具有法定性。如果受让人取得了从权利，该从权利未办理转移登记手续，或者未转移占有的，不影响债权转让引发从权利转移的效力。

第五百四十八条 债权转让中债务人抗辩

债务人接到债权转让通知后，债务人对让与人的抗辩，可以向受让人主张。

▶理解与适用

本条中债务人得主张的抗辩包括：1. 法定抗辩事由，是法律规定的债的一方当事人用以主张对抗另一方当事人的免责事由，例如不可抗力；2. 在实际订立合同以后，发生的债务人可据以对抗原债权人的一切事由，债务人可以之对抗债权的受让人，如债务人享有撤销权的；3. 原债权人的行为引起的债务人的抗辩权，如原债权人的违约行为，原债权人有关免责的意思表示，原债权人的履行债务的行为等；4. 债务人的行为所产生的可以对抗原债权人的一切抗辩事由，如债务人对原债权人已为的履行行为，可以对抗受让人。

▶条文参见

《民法典合同编通则司法解释》第47条

第五百四十九条 债权转让中债务人的抵销权

有下列情形之一的，债务人可以向受让人主张抵销：

（一）债务人接到债权转让通知时，债务人对让与人享有债权，且债务人的债权先于转让的债权到期或者同时到期；

（二）债务人的债权与转让的债权是基于同一合同产生。

▶理解与适用

债务抵销是合同法的重要制度，是债的消灭方式之一，在债权转让中同样适用。被转让的债权如果存在债权人与债务人互负债务的情形，各以其债权充当债务的清偿，可以主张抵销。即使该债权被转让，债务人接到债权转让通知，债权发生转移，如果债务人对原债权人享有的债权先于转让的债权到期或者同时到期的，债务人可以向债权的受让人即新的债权人主张抵销，而使其债务与对方的债务在相同数额内互相消灭，不再履行。

▶条文参见

《合伙企业法》第41条

第五百五十条　债权转让费用的承担

因债权转让增加的履行费用，由让与人负担。

第五百五十一条　债务转移

债务人将债务的全部或者部分转移给第三人的，应当经债权人同意。

债务人或者第三人可以催告债权人在合理期限内予以同意，债权人未作表示的，视为不同意。

▶理解与适用

债务转移，也称债务让与，是指债务人将其负有的债务转移给第三人，由第三人取代债务人的地位，对债权人负责给付的债的转移形态。债务转移的要件是：1. 须有有效的债务存在，自然债务不能转移；2. 转让的债务应具有可转让性，法律规定不得转移、当事人约定不得转移以及依照性质不得转移的债务，不得转移；3. 须有债务转移的内容，债务受让人成为债权人的债务人；4. 须经债权人同意，如果债权人不同意债务转让，则债务人转让其债务的行为无效，不对债权人产生约束力。

债务转移分为全部转移和部分转移：1. 债务的全部转移，是债务人与第三人达成协议，将其在债的关系中的全部债务一并转移给第三人。2. 债务的部分转移，是债务人将债的关系中债务的一部分转移给第三人，由第三人对债权人承担该部分债务。

▶条文参见

《招标投标法》第48条

▶典型案例指引

1. 中国工商银行股份有限公司三门峡车站支行与三门峡天元铝业股份有限公司、三门峡天元铝业集团有限公司借款担保合同纠纷案（《最高人民法院公报》2008年第11期）

案件适用要点：债务人将合同的义务全部或者部分转移给第三人的，应当经债权人同意。因此，债务人向债权人出具承诺书，表示将所负债务全部或者部分转移给第三人，而债权人对此未予接受，亦未在债务人与第三人签订的债务转移协议书上加盖公章的，应当认定债权人不同意债务转让，债务人与第三人之间的债务转让协议对债权人不发生法律效力。

借新贷还旧贷，系在贷款到期不能按时收回的情况下，作为债权人的金融机构又与债务人订立协议，向债务人发放新的贷款用于归还旧贷款的行为。该行为与债务人用自有资金偿还贷款，从而消灭原债权债务关系的行为具有本质的区别。虽然新贷代替了旧贷，但原有的债权债务关系并未消除，客观上只是以新贷形式延长了旧贷的还款期限。

2. 中国农业银行哈尔滨市太平支行与哈尔滨松花江奶牛有限责任公司、哈尔滨工大集团股份有限公司、哈尔滨中隆会计师事务所有限公司借款合同纠纷案（《最高人民法院公报》2008年第9期）

案件适用要点：债务人在债权人发出的债务逾期催收通知书上签字或者盖章的行为，虽然并不必然表示债务人愿意履行债务，但可以表示其认可该债务的存在，属于当事人对民事债务关系的自认,人民法院可据此认定当事人之间存在债务关系。

国有企业改制后,原有债务应当由改制后的企业承担。债权人向改制后的企业发出债务逾期催收通知书的,应当视为债权人对债务人变更的认可。

第五百五十二条　债务加入

第三人与债务人约定加入债务并通知债权人,或者第三人向债权人表示愿意加入债务,债权人未在合理期限内明确拒绝的,债权人可以请求第三人在其愿意承担的债务范围内和债务人承担连带债务。

▶理解与适用

债务加入,也称并存的债务承担,指原债务人并没有脱离原债务关系,第三人又加入原存的债务关系中,与债务人共同承担债务。

《民法典合同编通则司法解释》对债务加入人的追偿权及其他权利作出规定。第51条规定,第三人加入债务并与债务人约定了追偿权,其履行债务后主张向债务人追偿的,人民法院应予支持;没有约定追偿权,第三人依照民法典关于不当得利等的规定,在其已经向债权人履行债务的范围内请求债务人向其履行的,人民法院应予支持,但是第三人知道或者应当知道加入债务会损害债务人利益的除外。债务人就其对债权人享有的抗辩向加入债务的第三人主张的,人民法院应予支持。

▶条文参见

《最高人民法院关于适用〈中华人民共和国民法典〉有关担保制度的解释》第12条;《民法典合同编通则司法解释》第51条

▶典型案例指引

广东达宝物业管理有限公司与广东中岱企业集团有限公司、广东中岱电讯产业有限公司、广州市中珊实业有限公司股权转让合作纠纷案（《最高人民法院公报》2012 年第 5 期）

案件适用要点：合同外的第三人向合同中的债权人承诺承担债务人义务的，如果没有充分的证据证明债权人同意债务转移给该第三人或者债务人退出合同关系，不宜轻易认定构成债务转移，一般应认定为债务加入。第三人向债权人表明债务加入的意思后，即使债权人未明确表示同意，但只要其未明确表示反对或未以行为表示反对，仍应当认定为债务加入成立，债权人可以依照债务加入关系向该第三人主张权利。

第五百五十三条　**债务转移时新债务人抗辩**

债务人转移债务的，新债务人可以主张原债务人对债权人的抗辩；原债务人对债权人享有债权的，新债务人不得向债权人主张抵销。

▶理解与适用

债务转移后，新债务人取得原债务人的一切法律地位，有关对债权人的一切抗辩和抗辩权，新债务人都有权对债权人主张。但是，原债务人享有的对债权人的抵销权不发生转移，即原债务人对债权人享有债权的，新债务人不得向债权人主张抵销。

第五百五十四条　**从债务随主债务转移**

债务人转移债务的，新债务人应当承担与主债务有关的从债务，但是该从债务专属于原债务人自身的除外。

▶理解与适用

对附属于主债务的从债务，在债务人转让债务以后，新债务人一并应对从债务予以承担，即使当事人在转让债务时未在转让协议中明确规定从债务问题，也不影响从债务转移给债务的受让人。如附属于主债务的利息债务等，因债务转移而将移转给承担人。例外的是，第三人原来向债权人所提供的担保，在债务转移时，若担保人未明确表示继续承担担保责任，则担保责任将因债务转移而消灭。

专属于原债务人的从债务，在主债务转移时不必然随之转移。专属于原债务人的从债务，是指应当由原债务人自己来履行的附属于主债务的债务。一般在债务转移之前已经发生的从债务，要由原债务人来履行，不得转由债务的受让人来承担。对于与债务人的人身相关或者与原债务人有特殊关联的从债务，应由原债务人来承担，不随主债务的转让而由新债务人承担。

第五百五十五条　合同权利义务的一并转让

当事人一方经对方同意，可以将自己在合同中的权利和义务一并转让给第三人。

▶理解与适用

债权债务概括转移，是指债的关系当事人一方将其债权与债务一并转移给第三人，由第三人概括地继受这些债权和债务的债的移转形态。债权债务概括移转与债权转让及债务转移不同之处在于，债权转让和债务转移仅是债权或者债务的单一转让，而债权债务概括转移则是债权与债务的一并转让。

债权债务概括转移，一般由债的一方当事人与债的关系之外的第三人通过签订转让协议的方式，约定由第三人取代债权债务转让人的地位，享有债的关系中转让人的一切债权并承担转让人一切债务。

可以进行债权债务概括转移的只能是双务之债，例如双务合同。仅仅一方负有债务、另一方享有债权的合同，以及单务合同，不适用债权债务概括转移。

债权债务概括转移的法律效果，是第三人替代合同的原当事人，成为新合同的当事人，一并承受转让的债权和债务。

第五百五十六条　一并转让的法律适用

合同的权利和义务一并转让的，适用债权转让、债务转移的有关规定。

▶理解与适用

由于债权债务概括转移在转让债权的同时，也有债务的转让，因此，应当适用债权转让和债务转移的有关规定。应当特别强调的是，为保护当事人的合法权利，不因债权债务的转让而使另一方受到损失，债权债务概括转移必须经另一方当事人同意，否则转让协议不产生法律效力。

第七章　合同的权利义务终止

第五百五十七条　债权债务终止的法定情形

有下列情形之一的，债权债务终止：

（一）债务已经履行；

（二）债务相互抵销；

（三）债务人依法将标的物提存；

（四）债权人免除债务；

（五）债权债务同归于一人；

（六）法律规定或者当事人约定终止的其他情形。

合同解除的，该合同的权利义务关系终止。

▶理解与适用

债的终止，也叫债权债务关系终止或者债的消灭，是指债的当事人之间的债的关系在客观上已经不复存在，债权与债务归于消灭。

债的消灭原因，本条规定为 6 种，即：1. 债务已经履行，即清偿；2. 债务相互抵销；3. 提存；4. 免除；5. 混同；6. 其他原因。除此之外，解除也消灭债的关系。之所以将解除从债的消灭事由中单独规定出来，是因为合同的解除是合同尚未履行完毕就推翻合同约定，这与前述 6 种债的消灭是不一样的。

▶条文参见

《证券投资基金法》第 81 条

第五百五十八条　后合同义务

债权债务终止后，当事人应当遵循诚信等原则，根据交易习惯履行通知、协助、保密、旧物回收等义务。

▶理解与适用

后合同义务，也叫后契约义务，是指合同的权利义务终止后，当事人依照法律的规定，遵循诚信原则和交易习惯应当履行的附随义务。

后契约义务的确定根据是法律规定和交易习惯。前者如本条规定的通知、协助、保密、旧物回收等义务，后者如售后三包服务等。

后契约义务具有强制性。在后契约阶段，当事人不履行附随义务，给对方当事人造成损害的，应当承担后契约的损害赔偿责任。

第五百五十九条　从权利消灭

债权债务终止时，债权的从权利同时消灭，但是法律另有规定或者当事人另有约定的除外。

▶条文参见

《企业破产法》第 124 条

第五百六十条　数项债务的清偿抵充顺序

债务人对同一债权人负担的数项债务种类相同，债务人的给付不足以清偿全部债务的，除当事人另有约定外，由债务人在清偿时指定其履行的债务。

债务人未作指定的，应当优先履行已经到期的债务；数项债务均到期的，优先履行对债权人缺乏担保或者担保最少的债务；均无担保或者担保相等的，优先履行债务人负担较重的债务；负担相同的，按照债务到期的先后顺序履行；到期时间相同的，按照债务比例履行。

▶理解与适用

本条确定了债务清偿抵充规则。债务清偿抵充，是指对同一债权人负担数宗债务的债务人，其给付的种类相同，但不足以清偿全部债务时，决定清偿抵充何项债务的债法制度。例如，债务人欠银行数宗欠款，设置担保、利息高低各不相同，在其给付不能清偿全部债务时，该次清偿应偿还哪笔欠款，就是清偿抵充。

《民法典合同编通则司法解释》第56条第1款规定，行使抵销权的一方负担的数项债务种类相同，但是享有的债权不足以抵销全部债务，当事人因抵销的顺序发生争议的，人民法院可以参照民法典第560条的规定处理。

▶条文参见

《民法典合同编通则司法解释》第56条

第五百六十一条　费用、利息和主债务的清偿抵充顺序

债务人在履行主债务外还应当支付利息和实现债权的有关费用，其给付不足以清偿全部债务的，除当事人另有约定外，应当按照下列顺序履行：

（一）实现债权的有关费用；

（二）利息；

（三）主债务。

▶理解与适用

本条是对实现债权的费用之债、利息之债、主债务的清偿抵充顺序的规定。当债务人的给付不足以清偿全部债务时，有约定的，按照约定顺序进行；没有约定的，依照法定抵充顺序：1.实现债权的有关费用；2.利息之债；3.主债务。该法定抵充顺序，均具有前一顺序对抗后一顺序的效力。

《民法典合同编通则司法解释》第56条第2款规定，行使抵销权的一方享有的债权不足以抵销其负担的包括主债务、利息、实现债权的有关费用在内的全部债务，当事人因抵销的顺序发生争议的，人民法院可以参照民法典第561条的规定处理。

▶条文参见

《民法典合同编通则司法解释》第56条

第五百六十二条　合同的约定解除

当事人协商一致，可以解除合同。

当事人可以约定一方解除合同的事由。解除合同的事由发生时，解除权人可以解除合同。

▶理解与适用

本条规定了两种当事人约定解除合同的情形：1.在合同有效成立后、尚未履行完毕之前，当事人就解除合同协商一致的，可以解除合同；2.当事人事先约定可以解除合同的事由，当该事由发生时，赋予一方合同解除权。

190

▶条文参见

《劳动法》第 24 条；《民法典合同编通则司法解释》第 52 条

第五百六十三条 合同的法定解除

> 有下列情形之一的，当事人可以解除合同：
>
> （一）因不可抗力致使不能实现合同目的；
>
> （二）在履行期限届满前，当事人一方明确表示或者以自己的行为表明不履行主要债务；
>
> （三）当事人一方迟延履行主要债务，经催告后在合理期限内仍未履行；
>
> （四）当事人一方迟延履行债务或者有其他违约行为致使不能实现合同目的；
>
> （五）法律规定的其他情形。
>
> 以持续履行的债务为内容的不定期合同，当事人可以随时解除合同，但是应当在合理期限之前通知对方。

▶理解与适用

在出现法定解除事由的情形下，拥有解除权的一方当事人可以单方面行使解除权，而无需和对方协商一致，即当事人可以解除，也可以决定不解除而继续履行。是否解除，由享有解除权的当事人根据实际情况自行作出判断。

▶条文参见

《城市房地产管理法》第 16、17 条；《农村土地承包法》第 42 条；《消费者权益保护法》第 24 条；《买卖合同解释》第 19 条

▶典型案例指引

1. 张某华、徐某英诉启东市取生置业有限公司房屋买卖合同纠纷案（《最高人民法院公报》2017 年第 9 期）

案件适用要点：当事人将特定主观目的作为合同条件或成交基础并明确约定，则该特定主观目的之客观化，属于《合同

法》第 94 条第 4 项"有其他违约行为致使不能实现合同目的"的规制范围。如开发商交付的房屋与购房合同约定的方位布局相反，且无法调换，购房者可以合同目的不能实现解除合同。

2. 何某红诉中国人寿保险股份有限公司佛山市顺德支公司、中国人寿保险股份有限公司佛山分公司保险合同纠纷案（《最高人民法院公报》2008 年第 8 期）

案件适用要点：基于保险合同的特殊性，合同双方当事人应当最大限度的诚实守信。投保人依法履行如实告知义务，即是最大限度诚实守信的一项重要内容。根据《保险法》的规定，投保人在订立保险合同前，应当如实回答保险人就保险标的或者被保险人的有关情况作出的询问，如实告知影响保险人对是否承保以及如何设定承保条件、承保费率作出正确决定的重要事项。对于投保人故意隐瞒事实，不履行如实告知义务的，或者因过失未履行如实告知义务，足以影响保险人决定是否同意承保或者提高保险费率的，保险人有权解除保险合同，并对于保险合同解除前发生的保险事故不承担赔偿或者给付保险金的责任。

如果保险人在明知投保人未履行如实告知义务的情况下，不是进一步要求投保人如实告知，而是仍与之订立保险合同，则应视为其主动放弃了抗辩权利，构成有法律约束力的弃权行为，故无权再以投保人违反如实告知义务为由解除保险合同，而应严格依照保险合同的约定承担保险责任。

3. 万顺公司诉永新公司等合作开发协议纠纷案（《最高人民法院公报》2005 年第 3 期）

案件适用要点：一、催告对方履行的当事人应当是守约方，处于违约状态的当事人不享有基于催告对方仍不履行而产生的合同解除权。

二、合同解除权的行使须以解除权成就为前提，解除行为应当符合法律规定的程序，否则不能引起合同解除的法律效果。

第五百六十四条 解除权行使期限

法律规定或者当事人约定解除权行使期限，期限届满当事人不行使的，该权利消灭。

法律没有规定或者当事人没有约定解除权行使期限，自解除权人知道或者应当知道解除事由之日起一年内不行使，或者经对方催告后在合理期限内不行使的，该权利消灭。

▶理解与适用

本条是对解除权行使期限的规定。不论是约定的解除权行使期限，还是法定的解除权行使期限，都是不变期间，不适用中止、中断和延长的规定。

▶条文参见

《最高人民法院关于审理商品房买卖合同纠纷案件适用法律若干问题的解释》第 11 条

▶典型案例指引

天津市滨海商贸大世界有限公司与天津市天益工贸有限公司、王某锋财产权属纠纷案（《最高人民法院公报》2013 年第 10 期）

案件适用要点：《最高人民法院关于审理商品房买卖合同纠纷案件适用法律若干问题的解释》关于解除权行使期限的规定仅适用于该解释所称的商品房买卖合同纠纷案件。对于其他房屋买卖合同解除权的行使期限，法律没有规定或者当事人没有约定的，应当根据《合同法》第 95 条的规定，在合理期限内行使。何为"合理期限"，由人民法院结合具体案情予以认定。

合同解除权的行使规则

当事人一方依法主张解除合同的，应当通知对方。合同自通知到达对方时解除；通知载明债务人在一定期限内不履行债务则合同自动解除，债务人在该期限内未履行债务的，合同自通知载明的期限届满时解除。对方对解除合同有异议的，任何一方当事人均可以请求人民法院或者仲裁机构确认解除行为的效力。

当事人一方未通知对方，直接以提起诉讼或者申请仲裁的方式依法主张解除合同，人民法院或者仲裁机构确认该主张的，合同自起诉状副本或者仲裁申请书副本送达对方时解除。

▶理解与适用

解除权的性质是形成权，行使解除权的方式是通知。故确定解除权生效时间的基本规则是：

1. 解除权人在行使解除权时，只要将解除合同的意思表示通知对方，即产生解除的效力，解除权生效的时间采到达主义，即合同自通知到达对方时解除。

2. 通知载明债务人在一定期限内不履行债务则合同自动解除，债务人在该期限内未履行债务的，合同自通知载明的期限届满时解除。对方如果对行使解除权解除合同有异议，任何一方当事人都可以向法院起诉或者仲裁机构申请，请求确认解除合同的效力。人民法院或者仲裁机构确认解除权成立的，按照上述解除权生效时间的规定裁判。

如果当事人一方未通知对方，而是直接向法院或者仲裁机构起诉或者申请，以诉讼或者仲裁方式主张解除合同的，人民法院或者仲裁机构支持该方当事人行使解除权主张的，起诉状副本或者仲裁申请书副本送达对方的时间，为合同的解除时间。

▶条文参见

《民法典合同编通则司法解释》第53、54条

▶典型案例指引

深圳富山宝实业有限公司与深圳市福星股份合作公司、深圳市宝安区福永物业发展总公司、深圳市金安城投资发展有限公司等合作开发房地产合同纠纷案（《最高人民法院公报》2011 年第 5 期）

案件适用要点：合同一方当事人构成根本违约时，守约的一方当事人享有法定解除权。合同的解除在解除通知送达违约方时即发生法律效力，解除通知送达时间的拖延只能导致合同解除时间相应后延，而不能改变合同解除的法律后果。当事人没有约定合同解除异议期间，在解除通知送达之日起三个月以后才向人民法院起诉的，人民法院不予支持。

第五百六十六条 合同解除的法律后果

合同解除后，尚未履行的，终止履行；已经履行的，根据履行情况和合同性质，当事人可以请求恢复原状或者采取其他补救措施，并有权请求赔偿损失。

合同因违约解除的，解除权人可以请求违约方承担违约责任，但是当事人另有约定的除外。

主合同解除后，担保人对债务人应当承担的民事责任仍应当承担担保责任，但是担保合同另有约定的除外。

▶理解与适用

解除效力，是指合同之债解除后所产生的法律后果。

合同解除的直接法律后果，是使合同关系消灭，合同不再履行。解除之前的债权债务关系应当如何处理，涉及解除的溯及力问题。如果具有溯及力，则对解除之前已经履行的部分，就要发生恢复原状的法律后果；如果解除不具有溯及力，则解除之前所为的履行仍然有效存在，当事人无须恢复原状。

本条规定的规则是：1. 尚未履行的，履行终止，不再继续履行；2. 已经履行的，一是根据履行情况和合同性质，二是根据当事人是否请求的态度决定，当事人可以请求恢复原状，也可以不请求，完全取决于当事人的意志。请求恢复原状的，这种合同之债解除就具有溯及力，反之，就不具有溯及力。当事人也可以采取其他补救措施，并有权要求赔偿损失。根据合同的履行情况和合同性质，能够恢复原状，当事人又予以请求的，则可以恢复原状。如果根据履行情况和合同性质是不可能恢复原状的，即使当事人请求，也不可能恢复原状。例如，租赁、借贷、委托、中介、运输等合同，都是不能恢复原状的。至于损害赔偿，合同的解除不影响当事人要求损害赔偿的权利。只要合同不履行已经造成了债权人的财产利益损失，违约方要进行赔偿，就应当予以赔偿。如果解除合同的原因是不可抗力，则不发生损害赔偿责任。

合同是因违约而解除的，未违约的一方当事人是解除权人，可以请求违约方承担违约责任，如果当事人另有约定，则按照当事人的约定办理。

主合同解除后，尽管主合同的债权债务关系消灭，但是其担保人对债权人的担保权利并不一并消灭，担保人（包括第三人担保和债务人自己担保）对债务人应当承担的民事责任并不消灭，仍应承担担保责任，但是担保合同另有约定的除外。

▶条文参见

《城市房地产管理法》第 16 条；《劳动法》第 28 条；《保险法》第 47 条；《旅游法》第 65、68 条

▶典型案例指引

孟某诉中佳旅行社旅游合同纠纷案（《最高人民法院公报》2005 年第 2 期）

案件适用要点：一方当事人提出解除合同后，在未与对方协商一致的情况下，拒绝对方提出减少其损失的建议，坚持要求对方承担解除合同的全部损失，并放弃履行合同，致使自身利益受到损害的，应负全部责任。

第五百六十七条　结算、清理条款效力的独立性

合同的权利义务关系终止，不影响合同中结算和清理条款的效力。

第五百六十八条　法定抵销

当事人互负债务，该债务的标的物种类、品质相同的，任何一方可以将自己的债务与对方的到期债务抵销；但是，根据债务性质、按照当事人约定或者依照法律规定不得抵销的除外。

当事人主张抵销的，应当通知对方。通知自到达对方时生效。抵销不得附条件或者附期限。

▶理解与适用

抵销，是指当事人互负给付债务，各以其债权充当债务的清偿，而使其债务与对方的债务在对等额内相互消灭的债的消灭制度。抵销分为法定抵销与合意抵销两种。法定抵销，是指由法律规定两债权得以抵销的条件，当条件具备时，依当事人一方的意思表示即可发生抵销效力的抵销。这种通过单方意思表示即可产生抵销效力的权利，是形成权。

法定抵销须具备的要件是：1. 双方当事人必须互负债权、债务；2. 双方当事人所负债务标的物种类、品质相同；3. 对方债务须已届清偿期，此处与原合同法的规定不同；4. 双方所负债务必须都属于可抵销的债务。具备这些条件，当事人取得抵销权，可以即时行使，也可以放弃。

抵销权行使的效力：《民法典合同编通则司法解释》第55条规定，当事人一方依据民法典第568条的规定主张抵销，人民法院经审理认为抵销权成立的，应当认定通知到达对方时双方互负的主债务、利息、违约金或者损害赔偿金等债务在同等数额内消灭。

现行法律中规定不得抵销的情形：

破产程序。债权人在破产申请受理前对债务人负有债务的，可以向管理人主张抵销。但是，有下列情形之一的，不得抵销：(1) 债务人的债务人在破产申请受理后取得他人对债务人的债权的；(2) 债权人已知债务人有不能清偿到期债务或者破产申请的事实，对债务人负担债务的；但是，债权人因为法律规定或者有破产申请一年前所发生的原因而负担债务的除外；(3) 债务人的债务人已知债务人有不能清偿到期债务或者破产申请的事实，对债务人取得债权的；但是，债务人的债务人因为法律规定或者有破产申请一年前所发生的原因而取得债权的除外。(参见《企业破产法》第40条)

合伙企业债务。合伙人发生与合伙企业无关的债务，相关债权人不得以其债权抵销其对合伙企业的债务；也不得代位行使合伙人在合伙企业中的权利。(参见《合伙企业法》第41条)

农村土地承包。发包方或者其他组织、个人擅自截留、扣缴承包收益或者土地经营权流转收益，承包方请求返还的，应予支持。发包方或者其他组织、个人主张抵销的，不予支持。(参见《最高人民法院关于审理涉及农村土地承包纠纷案件适用法律问题的解释》)

▶条文参见

《民法典合同编通则司法解释》第55、58条

第五百六十九条　约定抵销

> 当事人互负债务，标的物种类、品质不相同的，经协商一致，也可以抵销。

▶理解与适用

合意抵销，也叫约定抵销、意定抵销，是指当事人双方基于协议而实行的抵销。

合意抵销重视的是债权人之间的意思自由，因而可以不受

法律所规定的构成要件的限制，当事人只要达成抵销合意，即可发生抵销的效力。之所以这样规定，是因为债权属于债权人的私权，债权人有处分的权利，只要其处分行为不违背法律、法规与公序良俗，法律就无权干涉。

合意抵销的效力及与法定抵销的区别是：1. 抵销的根据不同，一个是法律规定，一个是当事人约定。2. 债务的性质要求不同，法定抵销要求当事人互负债务的种类、品种相同；合意抵销则允许不同。3. 债务的履行期限要求不同，合意抵销不受债务是否已届清偿期的要求。4. 抵销的程序不同，法定抵销以通知的方式为之，抵销自通知到达对方时生效；合意抵销双方协商一致即可。

第五百七十条 提存的条件

有下列情形之一，难以履行债务的，债务人可以将标的物提存：

（一）债权人无正当理由拒绝受领；

（二）债权人下落不明；

（三）债权人死亡未确定继承人、遗产管理人，或者丧失民事行为能力未确定监护人；

（四）法律规定的其他情形。

标的物不适于提存或者提存费用过高的，债务人依法可以拍卖或者变卖标的物，提存所得的价款。

▶理解与适用

提存，是指债务人于债务已届履行期时，将无法给付的标的物提交给提存部门，以消灭债务的债的消灭方式。提存可使债务人将无法交付给债权人的标的物交付给提存部门，消灭债权债务关系，为保护债务人的利益提供了一项行之有效的措施。

提存作为债的消灭原因，提存的标的物应与合同约定给付的标的物相符合，否则不发生清偿的效力。给付的标的物是债务人的行为、不行为或单纯的劳务，不适用提存。其他不适宜提存或者提存费用过高的，如体积过大之物，易燃易爆的危险物等，应由债务人依法拍卖或变卖，将所得的价金进行提存。

法律规定的其他可以提存的情形，比如《企业破产法》规定：

对于附生效条件或者解除条件的债权，管理人应当将其分配额提存。提存的分配额，在最后分配公告日，生效条件未成就或者解除条件成就的，应当分配给其他债权人；在最后分配公告日，生效条件成就或者解除条件未成就的，应当交付给债权人。

债权人未受领的破产财产分配额，管理人应当提存。债权人自最后分配公告之日起满 2 个月仍不领取的，视为放弃受领分配的权利，管理人或者人民法院应当将提存的分配额分配给其他债权人。

破产财产分配时，对于诉讼或者仲裁未决的债权，管理人应当将其分配额提存。自破产程序终结之日起满 2 年仍不能受领分配的，人民法院应当将提存的分配额分配给其他债权人。

▶条文参见

《公证法》第 12 条；《企业破产法》第 117 – 119 条

第五百七十一条 提存的成立

债务人将标的物或者将标的物依法拍卖、变卖所得价款交付提存部门时，提存成立。

提存成立的，视为债务人在其提存范围内已经交付标的物。

第五百七十二条 提存的通知

标的物提存后，债务人应当及时通知债权人或者债权人的继承人、遗产管理人、监护人、财产代管人。

第五百七十三条 提存期间风险、孳息和提存费用负担

标的物提存后，毁损、灭失的风险由债权人承担。提存期间，标的物的孳息归债权人所有。提存费用由债权人负担。

第五百七十四条　提存物的领取与取回

债权人可以随时领取提存物。但是，债权人对债务人负有到期债务的，在债权人未履行债务或者提供担保之前，提存部门根据债务人的要求应当拒绝其领取提存物。

债权人领取提存物的权利，自提存之日起五年内不行使而消灭，提存物扣除提存费用后归国家所有。但是，债权人未履行对债务人的到期债务，或者债权人向提存部门书面表示放弃领取提存物权利的，债务人负担提存费用后有权取回提存物。

▶理解与适用

本条规定的 5 年为不变期间，不适用诉讼时效中止、中断或者延长的规定。

此外，本条第 2 款在原《合同法》规定的基础上增加了关于债务人可以取回提存物的情形的规定。

第五百七十五条　债的免除

债权人免除债务人部分或者全部债务的，债权债务部分或者全部终止，但是债务人在合理期限内拒绝的除外。

▶理解与适用

免除，是指债权人抛弃债权，从而全部或者部分消灭债的关系的单方法律行为。免除是无因行为、无偿行为、不要式行为。

免除应当具备的条件是：1. 免除的意思表示须向债务人为之，免除的意思表示到达债务人或其代理人时生效。2. 债权人须对被免除的债权具有处分能力，如法律禁止抛弃的债权不得免除。3. 免除不得损害第三人利益，如已就债权设定质权的债权人，不得免除债务人的债务而对抗质权人。

免除的效力是使债的关系消灭。债务全部免除的，债的关系全部消灭；债务部分免除的，债的关系于免除的范围内部分消灭。主债务因免除而消灭的，从债务随之消灭。而从债务免除的，不影响主债务的存在，但其他债务人不再负担该份债务。

债权人作出免除的意思表示后，债务人可以拒绝。债务人拒绝债务免除的意思表示，应当在合理期限之内为之，超出合理期限的，视为免除已经生效，消灭该债权债务关系。

第五百七十六条　债权债务混同的处理

债权和债务同归于一人的，债权债务终止，但是损害第三人利益的除外。

▶理解与适用

混同，是指债权和债务同归于一人，而使合同关系消灭的事实。混同以债权与债务归属于同一人而成立，与人的意志无关，属于事件。混同的效力是导致债的关系的绝对消灭，并且主债务消灭，从债务也随之消灭，如保证债务因主债务人与债权人混同而消灭。混同虽然产生债的消灭的效力，但在例外的情形下，即损害第三人利益时，虽然债权人和债务人混同，但是合同并不消灭。

第八章　违约责任

第五百七十七条　违约责任的种类

当事人一方不履行合同义务或者履行合同义务不符合约定的，应当承担继续履行、采取补救措施或者赔偿损失等违约责任。

▶理解与适用

违约行为形态主要是：1. 不履行合同义务：主要形态是拒

绝履行，是指债务人对债权人表示不履行的违约行为；也包括履行不能，是债务人在客观上已经没有履行能力，或者法律禁止该种债务的履行。2. 履行合同义务不符合约定：一是迟延履行，是指债务人能够履行但在履行期限届满时却未履行债务的违约行为，也包括债权人的受领迟延行为；二是瑕疵履行，是指债务人虽然履行了债务，但其履行不符合债务本质的违约行为。

▶条文参见

《旅游法》第 70 - 72 条

▶典型案例指引

1. 范某孚与银建期货经纪有限责任公司天津营业部期货交易合同纠纷再审案（《最高人民法院公报》2011 年第 6 期）

案件适用要点：期货公司采取强行平仓措施必须具备三个前提条件：一是客户保证金不足；二是客户没有按照要求及时追加保证金；三是客户没有及时自行平仓。期货公司违反上述规定和合同约定强行平仓，导致客户遭受损害的，应依法承担相应的责任。

2. 荷属安的列斯·东方航运有限公司与中国·澄西船舶修理合同纠纷案（《最高人民法院公报》2008 年第 12 期）

案件适用要点：船舶虽然在修理厂进行修理，但并非全船属于修理厂的修理范围，船员始终保持全编在岗状态。在此情况下发生火灾，船方主张修理厂对火灾损失承担违约责任的，应当对起火点位于船舶修理合同范围之内、修理厂存在不履行合同或者不按约定履行合同的违约行为、火灾损失的存在以及修理厂的违约行为与火灾损失的发生之间存在因果关系等问题承担举证责任。船方不能就上述问题举证的，人民法院对其诉讼请求不予支持。

3. 黄某诉美晟房产公司商品房预售合同纠纷案（《最高人民法院公报》2006 年第 2 期）

案件适用要点：对所购房屋显而易见的瑕疵，业主主张已经在开发商收执的《业主入住验收单》上明确提出书面异议。开发商拒不提交有业主签字的《业主入住验收单》，却以业主已经入住为由，主张业主对房屋现状认可。根据《最高人民法院关于民事诉讼证据的若干规定》，可以推定业主关于已提出异议的主张成立。

交付房屋不符合商品房预售合同中的约定，应由开发商向业主承担违约责任。交付房屋改变的建筑事项，无论是否经过行政机关审批或者是否符合建筑规范，均属另一法律关系，不能成为开发商不违约或者免除违约责任的理由。

4. 郑某峰、陈某青诉江苏省人民医院医疗服务合同纠纷案（《最高人民法院公报》2004 年第 8 期）

案件适用要点： 公共医疗卫生服务机构履行医疗服务合同时，在非紧急情况下，未经同意擅自改变合同双方约定的医疗方案，属于《合同法》第 107 条规定的履行合同义务不符合约定的行为。

第五百七十八条　预期违约责任

当事人一方明确表示或者以自己的行为表明不履行合同义务的，对方可以在履行期限届满前请求其承担违约责任。

▶理解与适用

预期违约，也称为先期违约，是指在履行期限到来前，一方无正当理由而明确表示其在履行期到来后将不履行合同，或者以其行为表明其在履行期到来以后将不可能履行合同。预期违约包括明示毁约和默示毁约。明示毁约是指一方当事人无正当理由，明确肯定地向另一方当事人表示他将在履行期限到来后不履行合同。默示毁约是指在履行期限到来前，一方虽然没有明确表示不履行债务但以自己的行为或者现状表明其将不会或不能履行债务。

"以自己的行为表明"是指一方当事人通过自己的行为让

204

对方当事人有确切的证据预见到其在履行期限届满时将不履行或不能履行合同主要义务。由于这两种违约行为发生在履行期限届满前，因此，另一方当事人可以在履行期限届满前要求违约方承担违约责任。

预期违约的构成要件是：其一，违约的时间必须是在合同有效成立后至履行期限届满前；其二，违约必须是对合同根本性义务的违反，即导致合同目的落空，体现为不履行合同义务；其三，违约方不履行合同义务无正当理由。如果债务人有正当理由拒绝履行债务的，例如拒绝履行诉讼时效已届满的债务则不构成预期违约。

第五百七十九条　金钱债务的继续履行

当事人一方未支付价款、报酬、租金、利息，或者不履行其他金钱债务的，对方可以请求其支付。

第五百八十条　非金钱债务的继续履行

当事人一方不履行非金钱债务或者履行非金钱债务不符合约定的，对方可以请求履行，但是有下列情形之一的除外：

（一）法律上或者事实上不能履行；

（二）债务的标的不适于强制履行或者履行费用过高；

（三）债权人在合理期限内未请求履行。

有前款规定的除外情形之一，致使不能实现合同目的的，人民法院或者仲裁机构可以根据当事人的请求终止合同权利义务关系，但是不影响违约责任的承担。

▶理解与适用

债权人请求继续履行，必须以非金钱债务能够继续履行为前提，如果非金钱债务不能继续履行，对方就不能请求继续履行，或者其提出继续履行的请求，债务人能够依据本条第 1 款提出抗辩。当然，即使债权人不能请求债务人继续履行，其仍然有权依法请求债务人承担其他违约责任，尤其是赔偿损失。不能请求继续履行具体包括以下情形：

1. 法律上或者事实上不能履行。法律上不能履行，指的是基于法律规定而不能履行，或者履行将违反法律的强制性规定。事实上不能履行，是指依据自然法则已经不能履行。人民法院或者仲裁机构应当对是否存在法律上或者事实上不能履行的情形进行审查。

2. 债务的标的不适于强制履行或者履行费用过高。债务的标的不适于强制履行，指依据债务的性质不适合强制履行，或者执行费用过高。比如：（1）基于高度的人身依赖关系而产生的合同，如委托合同、合伙合同等。（2）对于许多提供服务、劳务或者不作为的合同来说，如果强制履行会危害到债务人的人身自由和人格尊严，或者完全属于人身性质，则不得请求继续履行。履行费用过高，指履行仍然可能，但确会导致履行方负担过重，产生不合理的过大的负担或者过高的费用。在判断履行费用是否过高时，需要对比履行的费用和债权人通过履行所可能获得的利益、履行的费用和采取其他补救措施的费用，还需要考量守约方从其他渠道获得履行进行替代交易的合理性和可能性。

3. 债权人在合理期限内未请求履行。此处的合理期限首先可以由当事人事先约定；如果没有约定或者约定不明确，当事人可以协议补充；无法协议补充的，按照合同有关条款或者交易习惯确定，这需要在个案中结合合同种类、性质、目的和交易习惯等因素予以具体判断。

同时，需要指出的是，请求继续履行和合同解除是互斥而且不能并存的。本法第 566 条第 2 款规定，合同因违约解除的，解除权人可以请求违约方承担违约责任，但是当事人另有约定的除外。该款中的违约责任不包括继续履行，如果合同被依法解除，债权人就不能请求债务人继续履行。

本条第 2 款是关于出现非金钱债务继续履行除外条款之一，致使合同目的不能实现，当事人可申请司法终止合同的规定。该款规定不影响对方当事人依据法律规定或者约定所享有的法定解除权和约定解除权，对方当事人仍然可以行使解除权解除合同。

该款适用的法律后果如下：（1）人民法院或者仲裁机构可以终止合同权利义务关系。应当注意的是，并非当事人提出请求后，人民法院或者仲裁机构就必须终止合同，在当事人提出终止合同的请求后，由人民法院或者仲裁机构依法判决是否终止合同。因此，当事人根据本款所享有的仅仅是申请司法终止合同的权利，而非终止合同的权利，本款并未规定当事人的终止权或者形成诉权，而是司法的终止权。人民法院或者仲裁机构有权结合案件的实际情况，根据诚信和公平原则决定是否终止合同。此时，可以考虑债务人是否已经进行了部分履行、债务人是否恶意违约、不能继续履行的原因、债务人是否因合同不终止而遭受了严重损失、债权人是否能够以成本较低的方式获得替代履行、债务人是否对他人有赔偿请求权、债权人拒绝解除合同是否为获得不相当的利益而违反诚信原则、合同不终止是否会导致双方的权利义务或者利益关系明显失衡等因素。（2）不影响违约方承担除继续履行之外的其他违约责任。合同被终止后，违约方自然无须继续履行，但其仍然要依法承担除继续履行之外的其他违约责任，尤其是赔偿损失的责任，以保障对方当事人的利益。因此，对方当事人有权依据本法第 584 条请求违约方承担违约责任；如果双方约定了违约金或者定金，对方当事人有权依据第 585 条以下条文请求违约方承担违约金责任或者定金责任。

▶条文参见

《民法典合同编通则司法解释》第 59 条

第五百八十一条　替代履行

当事人一方不履行债务或者履行债务不符合约定，根据债务的性质不得强制履行的，对方可以请求其负担由第三人替代履行的费用。

第五百八十二条　瑕疵履行违约责任

履行不符合约定的，应当按照当事人的约定承担违约责任。对违约责任没有约定或者约定不明确，依据本法第五百一十条的规定仍不能确定的，受损害方根据标的的性质以及损失的大小，可以合理选择请求对方承担修理、重作、更换、退货、减少价款或者报酬等违约责任。

▶理解与适用

对于非金钱债务，如果债务人履行不符合约定，应当承担的违约责任主要是采取补救措施。如果在合同中对因履行不符合约定承担违约责任没有约定或者约定不明确的，应当采取办法进行确定。确定的办法是：

1. 依照《民法典》第510条的规定进行确定。合同当事人就质量、价款或者报酬、履行地点等内容的违约责任没有约定或者约定不明确的，可以协议补充，不能达成协议的，按照合同的有关条款、合同性质、目的或者交易习惯确定采取补救措施的违约责任。

2. 受损害方根据标的的性质以及损失的大小，合理选择应当采取的补救措施的违约责任。

▶条文参见

《消费者权益保护法》第40－45、48、52－54条；《产品质量法》第40－43条；《买卖合同解释》第17条

第五百八十三条　违约损害赔偿责任

当事人一方不履行合同义务或者履行合同义务不符合约定的，在履行义务或者采取补救措施后，对方还有其他损失的，应当赔偿损失。

第五百八十四条　法定的违约赔偿损失

当事人一方不履行合同义务或者履行合同义务不符合约定，造成对方损失的，损失赔偿额应当相当于因违约所造成的损失，包括合同履行后可以获得的利益；但是，不得超过违约一方订立合同时预见到或者应当预见到的因违约可能造成的损失。

▶理解与适用

违约的赔偿损失包括法定的赔偿损失和约定的赔偿损失，本条规定的是法定的违约赔偿损失。承担违约赔偿损失责任的构成要件包括：（1）有违约行为，即当事人一方不履行合同义务或者履行合同义务不符合约定。（2）违约行为造成了对方的损失。如果违约行为未给对方造成损失，则不能用赔偿损失的方式追究违约人的民事责任。（3）违约行为与对方损失之间有因果关系，对方的损失是违约行为所导致的。（4）无免责事由。

违约赔偿损失的范围可由法律直接规定，或由双方约定。当事人可以事先约定免除责任和限制责任的条款，在不违反法律规定的前提下，该免责或者限制责任条款是有效的。在法律没有特别规定和当事人没有另行约定的情况下，应按完全赔偿原则，即因违约方的违约使受害人遭受的全部损失都应当由违约方承担赔偿责任。完全赔偿意味着：第一，在因违约造成受害人损失的情况下，应当以受害人的损失作为确定赔偿范围的标准。第二，赔偿不能超过受害人的损失，受害人不能因此而获利。第三，在赔偿时，一般不应根据违约方的过错程度来确定责任的范围。按照完全赔偿原则，违约损失赔偿额应当相当于因违约所造成的损失，包括对实际损失和可得利益的赔偿。实际损失，即所受损害，指因违约而导致现有利益的减少，是现实利益的损失，又被称为积极损失。实际损失包括：（1）信赖利益的损失，包括费用的支出、丧失其他交易机会的损失以及因对方违约导致自己对第三人承担违约赔偿的损失等。（2）固有利益的损失。在违约赔偿中，由于证明可得利益的困难性，债权人可以选择请求债务人赔偿信赖利益。可得利益，即所失利益，受害人在合同履行后本可以获得的，但因违约而无法获得的利益，是未来的、期待的利益的损失，又被称为消极损失。可得利益是合同履行后债权人所能获得的纯利润。根据交易的性质、合同的目的等因素，可得利益损失主要分为生产利润损失、经营利润损失和转售利润损失等类型。可得利益必须是将来按照通常情形能够得到的利益，这要求在一些情形中，对可得利益的赔偿应当考量发生的概率。

▶条文参见

《民法典合同编通则司法解释》第 60 - 63 条

▶典型案例指引

陈 A、徐某芳、陈 B 诉上海携程国际旅行社有限公司旅游合同纠纷案（《最高人民法院公报》2015 年第 4 期）

案件适用要点： 当事人对自己提出的主张，有责任提供证据。旅游经营者主张旅游者的单方解约系违约行为，应当按照合同约定承担实际损失的，则旅游经营者应当举证证明"损失已实际产生"和"损失的合理性"。如举证不力，则由旅游经营者承担不利后果。

第五百八十五条　违约金的约定

当事人可以约定一方违约时应当根据违约情况向对方支付一定数额的违约金，也可以约定因违约产生的损失赔偿额的计算方法。

约定的违约金低于造成的损失的，人民法院或者仲裁机构可以根据当事人的请求予以增加；约定的违约金过分高于造成的损失的，人民法院或者仲裁机构可以根据当事人的请求予以适当减少。

当事人就迟延履行约定违约金的，违约方支付违约金后，还应当履行债务。

▶理解与适用

违约金是当事人在合同中约定的或者由法律直接规定的一方违反合同时应向对方支付一定数额的金钱，这是违反合同可以采用的承担民事责任的方式，只适用于当事人有违约金约定或者法律规定违反合同应支付违约金的情形。违约金的标的物通常是金钱，但是当事人也可以约定违约金标的物为金钱以外的其他财产。违约金依据产生的根据，可以分为法定违约金和约定违约金。法定违约金是由法律直接规定违约的情形和应当支付的违约金数额。只要当事人一方发生法律规定的违约情况，就应当按照法律规定的数额向对方支付违约金。中国人民银行关于逾期罚息的规定，可以认为是法定违约金。约定违约金可能表现为不同的形式，可以约定向对方支付一定数额的违约金，也可以约定因违约产生的损失赔偿额的计算方法。根据约定违约金的目的，违约金可以区分为赔偿性的违约金、惩罚性的违约金和责任限制性违约金。当事人约定违约金，一方面是为了事先确定违约后的赔偿数额，以降低法定损失的举证成本，另一方面也可能是为了向对方施加履约压力、督促对方守约而约定高额的违约金，还可能是为了避免责任过重而约定低额的违约金。当事人的这些意图可能兼而有之，因此，不同性质的违约金可能在功能上有交叉和重合。在赔偿性的违约金和惩罚性的违约金之间，首先是取决于当事人的目的，一般而言，如果约定了明显高额的违约金，或者违约金不排斥继续履行或者法定的赔偿损失，则可以认定为惩罚性的违约金，或者约定违约金至少部分具有惩罚性的功能。本条规定的违约金以赔偿性的违约金为原则，当事人无约定或者约定不明时，推定为赔偿性的违约金。

本条第 2 款对于约定的违约金确立了司法酌情增减规则。《民法典合同编通则司法解释》对于违约金的司法酌减作了更细化的规定。第 65 条规定，当事人主张约定的违约金过分高于违约造成的损失，请求予以适当减少的，人民法院应当以民法典第 584 条规定的损失为基础，兼顾合同主体、交易类型、合同的履行情况、当事人的过错程度、履约背景等因素，遵循公平原则和诚信原则进行衡量，并作出裁判。约定的违约金超过造成损失的百分之三十的，人民法院一般可以认定为过分高于造成的损失。恶意违约的当事人一方请求减少违约金的，人民法院一般不予支持。

本条第 3 款是关于违约方支付迟延履行违约金后，还应当履行债务的规定。对此不应反面解释认为，如果债权人先主张继续履行或先行受领了继续履行，即不得请求迟延履行违约金或者视为放弃迟延履行违约金。债权人受领了债务人迟延后的继续履行，仍可并行主张迟延履行违约金，此并行主张不以受领给付时作特别保留为必要。应当注意的是，本款仅规定了迟延履行违约金和继续履行之间的关系，并未具体规定违约金和其他违约责任形式之间的关系，也未具体规定在其他违约类型中违约金和继续履行之间的关系。关于这些关系的处理，需要结合具体情形予以考量。首先要注意是否是同一违约行为导致违约金和其他违约责任形式；其次要注意当事人是否存在特别约定；再次要注意约定的违约金是否是替代给付的违约金，以及其与其他违约责任形式之间的目的衔接；最后还要注意，约定的违约金可以与其他违约责任形式并用时，则需要考量债权人损失的大小，而在不同情形中对违约金予以适当调整。

▶条文参见

《买卖合同解释》第 20、21 条；《民法典合同编通则司法解释》第 64-66 条

▶典型案例指引

上海熊猫互娱文化有限公司诉李某、昆山播爱游信息技术有限公司合同纠纷案（最高人民法院指导案例 189 号）

案件适用要点：网络主播违反约定的排他性合作条款，未

经直播平台同意在其他平台从事类似业务的，应当依法承担违约责任。网络主播主张合同约定的违约金明显过高请求予以减少的，在实际损失难以确定的情形下，人民法院可以根据网络直播行业特点，以网络主播从平台中获取的实际收益为参考基础，结合平台前期投入、平台流量、主播个体商业价值等因素合理酌定。

第五百八十六条　定金

当事人可以约定一方向对方给付定金作为债权的担保。定金合同自实际交付定金时成立。

定金的数额由当事人约定；但是，不得超过主合同标的额的百分之二十，超过部分不产生定金的效力。实际交付的定金数额多于或者少于约定数额的，视为变更约定的定金数额。

▶ 理解与适用

本条吸收了担保法及担保法司法解释关于定金及其数额的规定。所谓定金，就是指当事人约定的，为保证债权的实现，由一方在履行前预先向对方给付的一定数量的货币或者其他代替物。定金是担保的一种，本条规定的是违约定金。定金与预付款不同，定金具有担保作用，不履行债务或者履行债务不符合约定，致使不能实现合同目的的，适用定金罚则；但预付款仅仅是在标的物正常交付或者服务正常提供的情况下预付的款项，如有不足，交付预付款的一方再补交剩余的价款即可，在交付标的物或者提供服务的一方违约时，如果交付预付款的一方解除合同，有权请求返还预付款。定金与押金也不同，一般而言，押金的数额没有定金数额的限制，而且没有定金罚则的适用。押金类型非常多，无法统一确定，甚至有的押金需要清算，多退少补。履约保证金的类型也是多种多样。当事人交付留置金、担保金、保证金、订约金、押金或者订金等，但没有

213

约定定金性质的，不能按照定金处理，但是，如果押金和保证金根据当事人的约定符合定金构成的，可以按照定金处理。

定金合同是民事法律行为的一种，适用民事法律行为的一般规则，可以在合同的主文中载明，也可以单独设立。但是，按照本条第 1 款的规定，定金合同是实践性合同，自实际交付定金时才成立，当然定金交付的时间由双方当事人约定。当事人订立定金合同后，不履行交付定金的约定，不承担违约责任。同时，定金合同是一种从合同，应参照本法第 682 条第 1 款的规定，主债权债务合同无效、被撤销或者确定不发生效力，定金合同也随之无效或者不发生效力。但是，在主合同因违约而被解除后，根据本法第 566 条第 2 款的规定"合同因违约解除的，解除权人可以请求违约方承担违约责任，但是当事人另有约定的除外"，解除权人仍有权依据定金罚则请求违约方承担责任。

按照本条第 2 款规定，定金的数额由当事人约定。但是，在能够确定主合同标的额的前提下，约定的数额不得超过主合同标的额的 20%。如果超过，则超过的部分不产生定金的效力，应当予以返还或者按照约定抵作价款，但未超过的部分仍然产生定金效力。

第五百八十七条 定金罚则

> 债务人履行债务的，定金应当抵作价款或者收回。给付定金的一方不履行债务或者履行债务不符合约定，致使不能实现合同目的的，无权请求返还定金；收受定金的一方不履行债务或者履行债务不符合约定，致使不能实现合同目的的，应当双倍返还定金。

▶ 理解与适用

相较于原合同法的规定，本条增加规定了在"履行债务不符合约定，致使不能实现合同目的"的情形下定金罚则的适用。

《民法典合同编通则司法解释》第68条规定，双方当事人均具有致使不能实现合同目的的违约行为，其中一方请求适用定金罚则的，人民法院不予支持。当事人一方仅有轻微违约，对方具有致使不能实现合同目的的违约行为，轻微违约方主张适用定金罚则，对方以轻微违约方也构成违约为由抗辩的，人民法院对该抗辩不予支持。当事人一方已经部分履行合同，对方接受并主张按照未履行部分所占比例适用定金罚则的，人民法院应予支持。对方主张按照合同整体适用定金罚则的，人民法院不予支持，但是部分未履行致使不能实现合同目的的除外。因不可抗力致使合同不能履行，非违约方主张适用定金罚则的，人民法院不予支持。

▶条文参见

《民法典合同编通则司法解释》第67、68条

第五百八十八条　违约金与定金竞合选择权

当事人既约定违约金，又约定定金的，一方违约时，对方可以选择适用违约金或者定金条款。

定金不足以弥补一方违约造成的损失的，对方可以请求赔偿超过定金数额的损失。

▶理解与适用

合同既约定了违约金，又约定了定金，在当事人不存在明确的特别约定的情况下，如果一方违约，对方当事人可以选择适用违约金或者定金条款，但二者不能并用。不能并用的前提是针对同一违约行为。如果违约金和定金是针对不同的违约行为，则存在并用的可能性，但不应超过违约行为所造成的损失总额。

第五百八十九条　债权人受领迟延

债务人按照约定履行债务，债权人无正当理由拒绝受领的，债务人可以请求债权人赔偿增加的费用。

在债权人受领迟延期间，债务人无须支付利息。

▶ 理解与适用

债权人无正当理由拒绝受领，并不会使得债务人的给付义务消灭。但是，债权人受领债务人的履行，是债权人的权利，同时也是其的义务，对该义务的违反一般不会导致债权人的违约责任，而是使债务人的负担或者责任减轻或者使得债权人负担由此给债务人增加的费用，可被认为是不真正义务，除非法律另有规定或者当事人另有约定。所谓给债务人增加的费用，包括：（1）债务人提出给付的费用，例如，货物往返运送的费用、履行债务所支付的交通费用、通知费用等；（2）保管给付物的必要费用；（3）其他费用，例如对不宜保存的标的物的处理费用。同时，本条第2款规定，在债权人受领迟延期间，债务人无须支付利息。

第五百九十条　因不可抗力不能履行合同

当事人一方因不可抗力不能履行合同的，根据不可抗力的影响，部分或者全部免除责任，但是法律另有规定的除外。因不可抗力不能履行合同的，应当及时通知对方，以减轻可能给对方造成的损失，并应当在合理期限内提供证明。

当事人迟延履行后发生不可抗力的，不免除其违约责任。

▶ 理解与适用

在合同的履行过程中，如果发生了不可抗力，《民法典》第180条规定的一般原则是不承担民事责任，法律另有规定的，依照其规定。本条对合同领域中发生不可抗力的规定，就是法律另有的规定。

当事人一方因不可抗力不能履行合同的，并不一定全部免除责任，而是要根据不可抗力的实际影响程度确定。不可抗力是不能履行合同的部分原因的，部分免除责任；不可抗力是不能履行合同的全部原因的，全部免除责任；法律如果另有规定的，依照规定，例如保价邮包因不可抗力发生灭失的，不免除赔偿责任。当不可抗力不能履行合同时，一方当事人应当及时通知对方，以减轻可能给对方造成的损失，同时，应当在合理期限内提供不可抗力而不能履行合同的证明。

当事人迟延履行后发生不可抗力的，不免除其违约责任。如果债务人没有迟延履行，则不可抗力的发生就不会导致债务的不能履行进而发生损害，因此债务人的迟延履行与债权人的损害之间具有因果关系，债务人应当就不可抗力负责。但是，如果债务人能够证明，即使其不迟延履行，仍不免发生债务的不能履行进而发生损害的，则债务人应当能够免责，此时债务人的迟延履行和债务的不能履行进而发生损害之间不存在因果关系。

第五百九十一条　非违约方防止损失扩大义务

当事人一方违约后，对方应当采取适当措施防止损失的扩大；没有采取适当措施致使损失扩大的，不得就扩大的损失请求赔偿。

当事人因防止损失扩大而支出的合理费用，由违约方负担。

▶条文参见

《买卖合同解释》第 22 条

▶典型案例指引

河南省偃师市鑫龙建安工程有限公司与洛阳理工学院、河南省第六建筑工程公司索赔及工程欠款纠纷案（《最高人民法院公报》2013 年第 1 期）

案件适用要点：因发包人提供错误的地质报告致使建设工程停工，当事人对停工时间未作约定或未达成协议的，承包人不应盲目等待而放任停工状态的持续以及停工损失的扩大。对于由此导致的停工损失所依据的停工时间的确定，也不能简单地以停工状态的自然持续时间为准，而是应根据案件事实综合确定一定的合理期间作为停工时间。

第五百九十二条　双方违约和与有过错规则

当事人都违反合同的，应当各自承担相应的责任。

当事人一方违约造成对方损失，对方对损失的发生有过错的，可以减少相应的损失赔偿额。

▶**理解与适用**

本条第 2 款关于过失相抵的规则为新增规定。在合同履行过程中，当事人一方的违约行为造成对方损失，但是受损害方对损失的发生也有过错的，构成合同责任中的与有过失，应当实行过失相抵。过失相抵的法律后果是，按照受损害一方当事人对损害发生的过错程度，可以减少违约方相应的损失赔偿额。

▶**典型案例指引**

1. 兰州滩尖子永昶商贸有限责任公司等与爱之泰房地产开发有限公司合作开发房地产合同纠纷案（《最高人民法院公报》2015 年第 5 期）

案件适用要点：在双务合同中，双方均存在违约的情况下，应根据合同义务分配情况、合同履行程度以及各方违约程度大小等综合因素，判断合同当事人是否享有解除权。

2. 蔡某辉诉金某来信用卡纠纷案（《最高人民法院公报》2010 年第 12 期）

案件适用要点：银联卡特约商户在受理有预留签名的银联信用卡消费时，应当根据其与发卡银行之间的约定以及中国人

218

民银行《银行卡联网联合业务规范》的规定，核对持卡人在交易凭证上的签字与信用卡签名条上预留的签字是否一致。未核对签名造成持卡人损失的，应承担相应的赔偿责任。信用卡所有人为信用卡设置了密码，但因自身原因导致密码泄露的，可以适当减轻特约商户的赔偿责任。

3. 北京新奥特公司诉华融公司股权转让合同纠纷案（《最高人民法院公报》2005 年第 2 期）

案件适用要点：因双方当事人的过错，导致股权转让协议终止履行，一方当事人因准备协议履行及实际履行中产生的损失，应由双方共同承担民事责任。

第五百九十三条 **因第三人原因造成违约情况下的责任承担**

当事人一方因第三人的原因造成违约的，应当依法向对方承担违约责任。当事人一方和第三人之间的纠纷，依照法律规定或者按照约定处理。

第五百九十四条 **国际贸易合同诉讼时效和仲裁时效**

因国际货物买卖合同和技术进出口合同争议提起诉讼或者申请仲裁的时效期间为四年。

第二分编 典型合同

第九章 买卖合同

第五百九十五条 **买卖合同的概念**

买卖合同是出卖人转移标的物的所有权于买受人，买受人支付价款的合同。

买卖合同是最重要的传统合同，其法律特征是：1. 买卖合同是转移标的物的所有权的合同；2. 买卖合同是双务合同；3. 买卖合同是有偿合同；4. 买卖合同是诺成性合同；5. 买卖合同一般是不要式合同。

第五百九十六条 买卖合同条款

买卖合同的内容一般包括标的物的名称、数量、质量、价款、履行期限、履行地点和方式、包装方式、检验标准和方法、结算方式、合同使用的文字及其效力等条款。

▶理解与适用

标的物是买卖合同双方当事人权利义务的指向对象。有关标的物的条款是合同的主要条款。

第五百九十七条 无权处分的违约责任

因出卖人未取得处分权致使标的物所有权不能转移的，买受人可以解除合同并请求出卖人承担违约责任。

法律、行政法规禁止或者限制转让的标的物，依照其规定。

▶理解与适用

对标的物的买卖，其实就是对标的物所有权的转移，在买卖合同中，取得标的物的所有权是买受人的交易目的，将标的物的所有权转移给买受人，是出卖人的主要义务。转移标的物的所有权是在交付标的物的基础上实现的。如果因出卖人未取得标的物的处分权，致使标的物所有权不能转移的，就不能实现转让标的物及其所有权的义务，买受人也无法取得标的物的所有权，出卖人构成根本违约，因而买受人享有法定解除权，可以解除买卖合同，并请求出卖人承担违约责任。

买卖合同转让的标的物须具有合法流通性，如果是法律、行政法规禁止或者限制转让的标的物，依照其规定，不能转让或者限制转让。如根据《野生动物保护法》的规定，国家重点保护野生动物及其制品是禁止出售、购买的。

▶条文参见

《宪法》第10条；《土地管理法》第2条；《城市房地产管理法》第38条；《野生动物保护法》第28、29条；《文物保护法》第24、25、51条

▶典型案例指引

1. 万某全、万某诉狄某等人房屋买卖合同纠纷案（《最高人民法院公报》2018年第2期）

案件适用要点：共同居住的家庭成员，以自己的名义将其他家庭成员名下的房屋出卖给他人，该行为对房屋所有人是否有效，须判断房屋所有人是否事前知晓且同意。为此，人民法院应当结合房屋产权证书、钥匙是否为房屋所有人持有，对价支付情况，买受人实际占有房屋持续时间以及相关证人证言等综合判定。

2. 桂馨源公司诉全威公司等土地使用权转让合同纠纷案（《最高人民法院公报》2005年第7期）

案件适用要点：签订国有土地使用权转让合同时，转让人虽未取得国有土地使用权证，但在诉讼前已经取得该证的，应认定转让合同有效。当事人取得国有土地使用权证后未足额缴纳土地出让金，或对转让土地的投资开发未达到投资总额25%以上的，属转让标的瑕疵，不影响转让合同的效力。

第五百九十八条　出卖人基本义务

出卖人应当履行向买受人交付标的物或者交付提取标的物的单证，并转移标的物所有权的义务。

▶理解与适用

交付标的物，是将标的物交付给买受人，如果标的物是用提取标的物的单证形态表现的，交付提取标的物的单证也构成交付，例如交付仓单。

▶条文参见

《土地管理法》第12条；《城市房地产管理法》第60、61条；《民用航空法》第14条；《道路交通安全法》第8、12条

第五百九十九条　出卖人义务：交付单证、交付资料

出卖人应当按照约定或者交易习惯向买受人交付提取标的物单证以外的有关单证和资料。

▶理解与适用

向买受人交付的提取标的物单证以外的有关单证和资料，比如购买商品的保修单、使用说明书等。这项义务是出卖人应当履行的从义务，是辅助合同主义务的义务，以实现买受人的交易目的。

▶条文参见

《买卖合同解释》第4、5条

第六百条　买卖合同知识产权保留条款

出卖具有知识产权的标的物的，除法律另有规定或者当事人另有约定外，该标的物的知识产权不属于买受人。

▶理解与适用

出卖具有知识产权的标的物的，除了法律另有规定或者当事人另有约定之外，该标的物的知识产权并不随同标的物的所有权一并转移于买受人。这就是"知识产权保留条款"。例如购买著作权人享有著作权的作品，只能买到这本书，而不能买到这本书的著作权，著作权仍然保留在作者手中。

▶条文参见

《著作权法》第 20 条;《计算机软件保护条例》第 9 – 14 条

第六百零一条 **出卖人义务:交付期间**

出卖人应当按照约定的时间交付标的物。约定交付期限的,出卖人可以在该交付期限内的任何时间交付。

第六百零二条 **标的物交付期限不明时的处理**

当事人没有约定标的物的交付期限或者约定不明确的,适用本法第五百一十条、第五百一十一条第四项的规定。

第六百零三条 **买卖合同标的物的交付地点**

出卖人应当按照约定的地点交付标的物。

当事人没有约定交付地点或者约定不明确,依据本法第五百一十条的规定仍不能确定的,适用下列规定:

(一)标的物需要运输的,出卖人应当将标的物交付给第一承运人以运交给买受人;

(二)标的物不需要运输,出卖人和买受人订立合同时知道标的物在某一地点的,出卖人应当在该地点交付标的物;不知道标的物在某一地点的,应当在出卖人订立合同时的营业地交付标的物。

▶条文参见

《买卖合同解释》第 8 条

第六百零四条 **标的物的风险承担**

标的物毁损、灭失的风险,在标的物交付之前由出卖人承担,交付之后由买受人承担,但是法律另有规定或者当事人另有约定的除外。

▶理解与适用

买卖合同标的物意外灭失风险负担，是指对买卖合同标的物由于不可归责于双方当事人的事由而毁损、灭失所造成的损失应当由谁承担的规则。根据该条规定，对于标的物毁损、灭失风险的承担采用的是交付转移原则，即交付之前由出卖人承担，交付之后由买受人承担。买受人此时承担标的物风险不以其是否取得标的物的所有权为前提。此为标的物风险转移的一般规则，如果法律另有规定或者当事人另有约定的除外。

▶条文参见

《买卖合同解释》第9条

第六百零五条　迟延交付标的物的风险负担

因买受人的原因致使标的物未按照约定的期限交付的，买受人应当自违反约定时起承担标的物毁损、灭失的风险。

▶理解与适用

"因买受人的原因"，这里的原因，一般是指买受人的过错，包括故意和过失。买受人承担风险的期限为自约定交付之日至实际交付之时。

第六百零六条　路货买卖中的标的物风险转移

出卖人出卖交由承运人运输的在途标的物，除当事人另有约定外，毁损、灭失的风险自合同成立时起由买受人承担。

▶理解与适用

路货买卖是指标的物已在运输途中，出卖人寻找买主，出卖在途中的标的物。它可以是出卖人先把标的物装上开往某个目的地的运输工具（一般是船舶）上，然后再寻找适当的买主订立买卖合同，也可以是一个买卖合同的买受人未实际收取标的物前，把处于运输途中的标的物转卖给另一个买受人。本条规定的情形是第 604 条规定的特殊情况，而第 604 条规定的风险转移时间点为"交付时"，本条规定的风险转移时间点为"合同成立时"，这是因为路货买卖的双方当事人均无实际控制货物，只能根据双方当事人已经确定的合同关系来确定，即以"合同成立时"来确定最为合理。本条规定的情形主要发生于国际货物买卖合同之中。

▶条文参见

《买卖合同解释》第 10 条

第六百零七条　需要运输的标的物风险负担

出卖人按照约定将标的物运送至买受人指定地点并交付给承运人后，标的物毁损、灭失的风险由买受人承担。

当事人没有约定交付地点或者约定不明确，依据本法第六百零三条第二款第一项的规定标的物需要运输的，出卖人将标的物交付给第一承运人后，标的物毁损、灭失的风险由买受人承担。

第六百零八条　买受人不履行接受标的物义务的风险负担

出卖人按照约定或者依据本法第六百零三条第二款第二项的规定将标的物置于交付地点，买受人违反约定没有收取的，标的物毁损、灭失的风险自违反约定时起由买受人承担。

第六百零九条　未交付单证、资料的风险负担

出卖人按照约定未交付有关标的物的单证和资料的，不影响标的物毁损、灭失风险的转移。

▶理解与适用

没有交付单证和资料，并不意味着权属没有转移。交付单证和资料仅仅是从义务，而不是主义务。买卖合同只要完成交付标的物的主义务，标的物的所有权就发生转移。因此，不能因为有关单证和资料没有交付而认为交付没有完成。既然标的物的所有权已经发生转移，标的物意外灭失风险当然也就由买受人负担。

第六百一十条　根本违约

因标的物不符合质量要求，致使不能实现合同目的的，买受人可以拒绝接受标的物或者解除合同。买受人拒绝接受标的物或者解除合同的，标的物毁损、灭失的风险由出卖人承担。

▶条文参见

《买卖合同解释》第 24 条

第六百一十一条　买受人承担风险与出卖人违约责任关系

标的物毁损、灭失的风险由买受人承担的，不影响因出卖人履行义务不符合约定，买受人请求其承担违约责任的权利。

▶理解与适用

本条是对标的物意外灭失风险负担不影响违约责任的规定。

标的物意外灭失风险负担，与承担违约责任是两种不同的规则，前者是由于买卖合同的标的物发生不可归责于当事人的原因而意外灭失，法律判断这种意外灭失风险由哪一方负担的规则；后者是当事人一方违反合同义务，应当向对方承担违约责任，救济对方因违约而发生损害的规则。

第六百一十二条　出卖人的权利瑕疵担保义务

出卖人就交付的标的物，负有保证第三人对该标的物不享有任何权利的义务，但是法律另有规定的除外。

▶理解与适用

本条是对标的物权利瑕疵担保义务的规定。

出卖人的权利瑕疵担保，是指卖方应保证对其所出售的标的物享有合法的权利，没有侵犯任何第三人的权利，并且任何第三人都不会就该标的物向买受人主张任何权利。买卖合同根本上就是标的物所有权的转让，因此，出卖人的这项义务也就是其一项最基本的义务。具体说，出卖人的权利瑕疵担保义务包括：（1）出卖人对出卖的标的物享有合法的权利，即须对标的物具有所有权或者处分权。（2）出卖人应当保证在其出售的标的物上不存在任何未曾向买方透露的他人可以主张的权利，如抵押权、租赁权等。（3）出卖人应当保证标的物没有侵犯他人的知识产权。

出卖人必须保证其所出卖的标的物不得有第三人向买受人主张任何权利，否则，出卖人须承担违约责任。此时买受人可以实施的救济方式是：（1）请求减少价款。如果标的物上虽然部分权利属于他人，但不影响买受人对标的物最终获得所有权的，买受人可以接受标的物，但有权请求出卖人减少价款。所减少的价款的数额可以根据因他人对标的物享有部分权利而致使买受人无法及时对标的物行使所有权所造成的损失等因素确定。（2）解除合同。如果因标的物上的部分权利属于他人，致使买受人自始不能获得所有权的，买受人可以解除买卖合同。

以上是对出卖人标的物权利瑕疵担保的原则性规定，如果法律对此另有规定的，则依照法律的规定。

第六百一十三条 权利瑕疵担保责任之免除

买受人订立合同时知道或者应当知道第三人对买卖的标的物享有权利的，出卖人不承担前条规定的义务。

第六百一十四条 买受人的中止支付价款权

买受人有确切证据证明第三人对标的物享有权利的，可以中止支付相应的价款，但是出卖人提供适当担保的除外。

第六百一十五条 买卖标的物的质量瑕疵担保

出卖人应当按照约定的质量要求交付标的物。出卖人提供有关标的物质量说明的，交付的标的物应当符合该说明的质量要求。

▶条文参见

《消费者权益保护法》第18、23条；《产品质量法》第26条

第六百一十六条 标的物法定质量担保义务

当事人对标的物的质量要求没有约定或者约定不明确，依据本法第五百一十条的规定仍不能确定的，适用本法第五百一十一条第一项的规定。

▶理解与适用

本条是对标的物质量要求确定方法的规定。

在买卖合同中，当事人如果对标的物的质量标准没有约定或者约定不明确，可以通过法律规定的质量标准确定方法予以确定。确定的办法是：1. 依照《民法典》第510条进行补充协商，确定标的物的质量标准；2. 在补充协商中，双方当事人不能达成补充协议的，则按照合同的有关条款或者交易习惯确定；

3. 按照合同的有关条款或者交易习惯仍然不能确定的，出卖人应按照国家标准、行业标准履行；没有国家标准、行业标准的，出卖人应按照通常标准或者符合合同目的的特定标准确定。

第六百一十七条 质量瑕疵担保责任

出卖人交付的标的物不符合质量要求的，买受人可以依据本法第五百八十二条至第五百八十四条的规定请求承担违约责任。

▶条文参见

《消费者权益保护法》第 23 条

第六百一十八条 标的物瑕疵担保责任减免的特约效力

当事人约定减轻或者免除出卖人对标的物瑕疵承担的责任，因出卖人故意或者重大过失不告知买受人标的物瑕疵的，出卖人无权主张减轻或者免除责任。

▶理解与适用

如果出卖人因故意或者重大过失不向买受人告知标的物存在瑕疵的，属于隐瞒标的物瑕疵，构成产品欺诈，出卖人无权主张减轻或者免除责任，应当承担违约责任，采取补救措施或者承担赔偿责任，符合法律规定的甚至要承担惩罚性赔偿责任。

第六百一十九条 标的物的包装方式

出卖人应当按照约定的包装方式交付标的物。对包装方式没有约定或者约定不明确，依据本法第五百一十条的规定仍不能确定的，应当按照通用的方式包装；没有通用方式的，应当采取足以保护标的物且有利于节约资源、保护生态环境的包装方式。

第六百二十条　买受人的检验义务

买受人收到标的物时应当在约定的检验期限内检验。没有约定检验期限的，应当及时检验。

第六百二十一条　买受人检验标的物的异议通知

当事人约定检验期限的，买受人应当在检验期限内将标的物的数量或者质量不符合约定的情形通知出卖人。买受人怠于通知的，视为标的物的数量或者质量符合约定。

当事人没有约定检验期限的，买受人应当在发现或者应当发现标的物的数量或者质量不符合约定的合理期限内通知出卖人。买受人在合理期限内未通知或者自收到标的物之日起二年内未通知出卖人的，视为标的物的数量或者质量符合约定；但是，对标的物有质量保证期的，适用质量保证期，不适用该二年的规定。

出卖人知道或者应当知道提供的标的物不符合约定的，买受人不受前两款规定的通知时间的限制。

▶条文参见

《海商法》第 83 条；《买卖合同解释》第 12 - 13 条

第六百二十二条　检验期限或质量保证期过短的处理

当事人约定的检验期限过短，根据标的物的性质和交易习惯，买受人在检验期限内难以完成全面检验的，该期限仅视为买受人对标的物的外观瑕疵提出异议的期限。

约定的检验期限或者质量保证期短于法律、行政法规规定期限的，应当以法律、行政法规规定的期限为准。

▶条文参见

《买卖合同解释》第 14 条

第六百二十三条 标的物数量和外观瑕疵检验

当事人对检验期限未作约定，买受人签收的送货单、确认单等载明标的物数量、型号、规格的，推定买受人已经对数量和外观瑕疵进行检验，但是有相关证据足以推翻的除外。

第六百二十四条 向第三人履行情形的检验标准

出卖人依照买受人的指示向第三人交付标的物，出卖人和买受人约定的检验标准与买受人和第三人约定的检验标准不一致的，以出卖人和买受人约定的检验标准为准。

第六百二十五条 出卖人的回收义务

依照法律、行政法规的规定或者按照当事人的约定，标的物在有效使用年限届满后应予回收的，出卖人负有自行或者委托第三人对标的物予以回收的义务。

第六百二十六条 买受人支付价款及方式

买受人应当按照约定的数额和支付方式支付价款。对价款的数额和支付方式没有约定或者约定不明确的，适用本法第五百一十条、第五百一十一条第二项和第五项的规定。

第六百二十七条 买受人支付价款的地点

买受人应当按照约定的地点支付价款。对支付地点没有约定或者约定不明确，依据本法第五百一十条的规定仍不能确定的，买受人应当在出卖人的营业地支付；但是，约定支付价款以交付标的物或者交付提取标的物单证为条件的，在交付标的物或者交付提取标的物单证的所在地支付。

第六百二十八条　买受人支付价款的时间

买受人应当按照约定的时间支付价款。对支付时间没有约定或者约定不明确，依据本法第五百一十条的规定仍不能确定的，买受人应当在收到标的物或者提取标的物单证的同时支付。

▶条文参见

《买卖合同解释》第 18 条

第六百二十九条　出卖人多交标的物的处理

出卖人多交标的物的，买受人可以接收或者拒绝接收多交的部分。买受人接收多交部分的，按照约定的价格支付价款；买受人拒绝接收多交部分的，应当及时通知出卖人。

▶条文参见

《买卖合同解释》第 3 条

第六百三十条　买卖合同标的物孳息的归属

标的物在交付之前产生的孳息，归出卖人所有；交付之后产生的孳息，归买受人所有。但是，当事人另有约定的除外。

▶理解与适用

标的物于合同订立前后所生孳息的归属，即利益承受，与买卖合同的标的物风险负担密切相关，二者遵循同一原则，即权利归谁所有，利益和风险就归谁享有或者负担。

标的物的孳息，是指标的物在合同履行期间产生的增值或者收益，既包括天然孳息，也包括法定孳息。前者如树木的果实、牲畜的幼畜；后者如出租房屋的租金。

利益承受的规则是：1. 交付之前产生的孳息，归出卖人所有，例如买卖牲畜，在交付之前出生的幼畜，归出卖人所有。2. 交付之后产生的孳息，由买受人所有，例如交付之后的出租房屋，收取的租金归买受人所有。3. 合同另有约定的，依其约定，不适用上述规则。

第六百三十一条　主物与从物在解除合同时的效力

因标的物的主物不符合约定而解除合同的，解除合同的效力及于从物。因标的物的从物不符合约定被解除的，解除的效力不及于主物。

第六百三十二条　数物买卖合同的解除

标的物为数物，其中一物不符合约定的，买受人可以就该物解除。但是，该物与他物分离使标的物的价值显受损害的，买受人可以就数物解除合同。

第六百三十三条　分批交付标的物的情况下解除合同的情形

出卖人分批交付标的物的，出卖人对其中一批标的物不交付或者交付不符合约定，致使该批标的物不能实现合同目的的，买受人可以就该批标的物解除。

出卖人不交付其中一批标的物或者交付不符合约定，致使之后其他各批标的物的交付不能实现合同目的的，买受人可以就该批以及之后其他各批标的物解除。

买受人如果就其中一批标的物解除，该批标的物与其他各批标的物相互依存的，可以就已经交付和未交付的各批标的物解除。

▶理解与适用

本条涉及长期供货合同分批交付标的物的情况，如果出卖人不适当履行的，买受人要求解除合同，受本条规定调整。一般情况下，出卖人不适当履行某一批标的物的交付，买受人可以针对该批标的物不适当履行的情况，要求出卖人承担违约责任。出卖人就某批标的物的交付构成根本违约，即交付的结果将导致该批以及之后其他各批标的物的交付不能实现合同目的的，买受人有权以该批标的物的交付违约为由，解除长期供货合同该部分及之后应当交付部分的内容。法律并未明确说明属于这类情形的具体情况，因为合同实践是复杂的，立法只能作出一个原则性的规定，具体适用的尺度把握应当具体问题具体分析。但是需要明确指出的是，某批标的物交付的根本违约，将致使今后各批的交付也构成根本违约的情况必须是十分明显的，才能适用这一规定。

第六百三十四条 分期付款买卖

分期付款的买受人未支付到期价款的数额达到全部价款的五分之一，经催告后在合理期限内仍未支付到期价款的，出卖人可以请求买受人支付全部价款或者解除合同。

出卖人解除合同的，可以向买受人请求支付该标的物的使用费。

▶理解与适用

分期付款买卖，是指买受人将其应付的总价款按照一定期限分批向出卖人支付的买卖合同。本条相较于原《合同法》第167条，增加规定了出卖人在因买受人未按期支付价款达到全部价款的五分之一而享有全部价款支付请求权或合同解除权之前，应对买受人进行催告，并给予其支付到期价款的合理期限。

在交易实践中，当事人双方就分期付款买卖通常有以下特别约定：

1. 所有权保留特约，是指买受人虽先占有、使用标的物，但在双方当事人约定的特定条件（通常是价款的一部或者全部清偿）成就之前，出卖人保留标的物的所有权，待条件成就后，再将所有权转移给买受人。

2. 请求支付全部价款或者解除合同，买受人未付到期价款的数额达到全部价款的五分之一的，出卖人可以请求买受人支付全部价款或者解除合同，除非当事人另有约定。

3. 出卖人解除合同可以请求买受人支付该标的物的使用费，该部分价款通常按照市场价格计算。使用费可以从已经支付的价款中扣除，剩余部分应当返还。标的物有毁损的，买受人应当支付损害赔偿金。

▶条文参见

《买卖合同解释》第27、28条

▶典型案例指引

汤某龙诉周某海股权转让纠纷案（最高人民法院指导案例67号）

案件适用要点：有限责任公司的股权分期支付转让款中发生股权受让人延迟或者拒付等违约情形，股权转让人要求解除双方签订的股权转让合同的，不适用《合同法》第167条关于分期付款买卖中出卖人在买受人未支付到期价款的金额达到合同全部价款的五分之一时即可解除合同的规定。

第六百三十五条　凭样品买卖合同

凭样品买卖的当事人应当封存样品，并可以对样品质量予以说明。出卖人交付的标的物应当与样品及其说明的质量相同。

▶理解与适用

样品买卖，是指当事人双方约定用以决定标的物品质的样品，出卖人交付的标的物应当与样品具有相同品质。由于样品买卖是在一般买卖关系中为出卖人附加了一项须按样品的品质标准交付标的物的担保，故样品买卖除了适用普通买卖的规定外，还产生下列效力：1. 封存样品，并可就其质量予以说明，以作为样品买卖合同标的物的质量标准。2. 出卖人交付的标的物应当与样品及其说明的质量相同，即在合同的实际履行中，出卖人交付标的物的质量，应当与样品的质量及其说明相一致。在判断交付的标的物是否与样品及其说明的质量相同时，应当依据合同的性质以及交易的习惯确定。3. 出卖人交付的标的物与样品及其说明的质量不相同的，高于样品及其说明的，当然没有问题；低于样品及其说明的标准的，构成违约行为，买受人可以解除合同或者追究出卖人的违约责任。

▶条文参见

《买卖合同解释》第 29 条

第六百三十六条　凭样品买卖合同样品存在隐蔽瑕疵的处理

凭样品买卖的买受人不知道样品有隐蔽瑕疵的，即使交付的标的物与样品相同，出卖人交付的标的物的质量仍然应当符合同种物的通常标准。

第六百三十七条　试用买卖的试用期限

试用买卖的当事人可以约定标的物的试用期限。对试用期限没有约定或者约定不明确，依据本法第五百一十条的规定仍不能确定的，由出卖人确定。

▶理解与适用

试用买卖合同，是指当事人双方约定于合同成立时，出卖人将标的物交付买受人试验或者检验，并以买受人在约定期限内对标的物的认可为生效要件的买卖合同。其特征是：1. 试用买卖约定由买受人试验或者检验标的物；2. 试用买卖是以买受人对标的物的认可为生效条件的买卖合同。

▶条文参见

《买卖合同解释》第 30 条

第六百三十八条　试用买卖合同买受人对标的物购买选择权

试用买卖的买受人在试用期内可以购买标的物，也可以拒绝购买。试用期限届满，买受人对是否购买标的物未作表示的，视为购买。

试用买卖的买受人在试用期内已经支付部分价款或者对标的物实施出卖、出租、设立担保物权等行为的，视为同意购买。

第六百三十九条　试用买卖使用费

试用买卖的当事人对标的物使用费没有约定或者约定不明确的，出卖人无权请求买受人支付。

第六百四十条　试用买卖中的风险承担

标的物在试用期内毁损、灭失的风险由出卖人承担。

第六百四十一条　标的物所有权保留条款

当事人可以在买卖合同中约定买受人未履行支付价款或者其他义务的，标的物的所有权属于出卖人。

出卖人对标的物保留的所有权，未经登记，不得对抗善意第三人。

▶理解与适用

买卖合同中的所有权保留，是指买受人虽先占有、使用标的物，但在双方当事人约定的特定条件（通常是价款的一部或者全部清偿）成就之前，出卖人保留标的物的所有权，待条件成就后，再将所有权转移给买受人的特别约定。这种合同类型一般适用于动产买卖。所有权保留的担保物权，可以进行担保物权的登记。出卖人对标的物保留的所有权未经登记的，不得对抗善意第三人。

▶条文参见

《买卖合同解释》第 25 条

| 第六百四十二条 | 所有权保留中出卖人的取回权 |

当事人约定出卖人保留合同标的物的所有权，在标的物所有权转移前，买受人有下列情形之一，造成出卖人损害的，除当事人另有约定外，出卖人有权取回标的物：

（一）未按照约定支付价款，经催告后在合理期限内仍未支付；

（二）未按照约定完成特定条件；

（三）将标的物出卖、出质或者作出其他不当处分。

出卖人可以与买受人协商取回标的物；协商不成的，可以参照适用担保物权的实现程序。

▶理解与适用

所有权保留作为担保物权的一种，最重要的担保价值，就在于出卖人将分期付款的标的物交付买受人后，还保留自己对标的物的所有权，正是基于该所有权保留，出卖人享有买卖合同标的物的取回权。当出现危及其价款债权的情形时，出卖人行使取回权，追回交付给买受人占有的买卖标的物。

故本条规定的出卖人取回权的规则是，当事人约定出卖人保留合同标的物的所有权，在标的物所有权转移前，买受人有下列情形之一，对出卖人造成损害的，除法律另有规定或者当

238

事人另有约定外，出卖人有权取回标的物。产生取回权的原因是：1. 买受人未按照约定支付价款，经催告后在合理期限内仍未支付；2. 买受人未按照约定完成特定条件；3. 买受人将标的物出卖、出质或者作出其他不当处分。

实现取回权的方法是：1. 出卖人行使取回权，取回标的物；2. 协商确定，出卖人可以与买受人协商实现取回权的办法；3. 当事人协商不成的，参照适用担保物权的实现程序，例如拍卖或者变卖标的物，用价款优先偿还未支付的价金等；4. 取回的标的物价值明显减少的，出卖人有权要求买受人赔偿损失，买受人承担损害赔偿责任。

▶条文参见

《买卖合同解释》第 26 条；《最高人民法院关于适用〈中华人民共和国民法典〉有关担保制度的解释》第 64 条

第六百四十三条　买受人回赎权及出卖人再出卖权

出卖人依据前条第一款的规定取回标的物后，买受人在双方约定或者出卖人指定的合理回赎期限内，消除出卖人取回标的物的事由的，可以请求回赎标的物。

买受人在回赎期限内没有回赎标的物，出卖人可以以合理价格将标的物出卖给第三人，出卖所得价款扣除买受人未支付的价款以及必要费用后仍有剩余的，应当返还买受人；不足部分由买受人清偿。

第六百四十四条　招标投标买卖的法律适用

招标投标买卖的当事人的权利和义务以及招标投标程序等，依照有关法律、行政法规的规定。

▶条文参见

《招标投标法》

第六百四十五条 拍卖的法律适用

拍卖的当事人的权利和义务以及拍卖程序等，依照有关法律、行政法规的规定。

▶条文参见

《拍卖法》

▶典型案例指引

曾某龙与江西金马拍卖有限公司、中国银行股份有限公司上饶市分行、徐某炬拍卖纠纷案（《最高人民法院公报》2006年第1期）

案件适用要点：根据合同法、拍卖法的有关规定，拍卖是以公开竞价的形式，将特定物品或者财产权利转让给最高应价者的买卖方式，拍卖活动必须遵守法律规定和行业惯例，必须符合公平、公正的原则。在拍卖活动中，拍卖师的拍卖行为违反法律规定和行业习惯做法，侵害有关竞买人的合法权益的，应认定其拍卖行为无效。

第六百四十六条 买卖合同准用于有偿合同

法律对其他有偿合同有规定的，依照其规定；没有规定的，参照适用买卖合同的有关规定。

▶条文参见

《买卖合同解释》第32条

第六百四十七条 易货交易的法律适用

当事人约定易货交易，转移标的物的所有权的，参照适用买卖合同的有关规定。

第十章 供用电、水、气、热力合同

第六百四十八条 供用电合同概念及强制缔约义务

供用电合同是供电人向用电人供电，用电人支付电费的合同。

向社会公众供电的供电人，不得拒绝用电人合理的订立合同要求。

第六百四十九条 供用电合同的内容

供用电合同的内容一般包括供电的方式、质量、时间，用电容量、地址、性质，计量方式，电价、电费的结算方式，供用电设施的维护责任等条款。

▶条文参见

《电力法》第 27 条；《电力供应与使用条例》第 33 条

第六百五十条 供用电合同的履行地点

供用电合同的履行地点，按照当事人约定；当事人没有约定或者约定不明确的，供电设施的产权分界处为履行地点。

第六百五十一条 供电人的安全供电义务

供电人应当按照国家规定的供电质量标准和约定安全供电。供电人未按照国家规定的供电质量标准和约定安全供电，造成用电人损失的，应当承担赔偿责任。

▶条文参见

《电力法》第 28、59、60 条；《电力供应与使用条例》第 19 - 24 条

第六百五十二条　供电人中断供电时的通知义务

供电人因供电设施计划检修、临时检修、依法限电或者用电人违法用电等原因，需要中断供电时，应当按照国家有关规定事先通知用电人；未事先通知用电人中断供电，造成用电人损失的，应当承担赔偿责任。

▶条文参见

《电力法》第 29 条；《电力供应与使用条例》第 28 条

第六百五十三条　供电人抢修义务

因自然灾害等原因断电，供电人应当按照国家有关规定及时抢修；未及时抢修，造成用电人损失的，应当承担赔偿责任。

▶条文参见

《电力法》第 30 条

第六百五十四条　用电人支付电费的义务

用电人应当按照国家有关规定和当事人的约定及时支付电费。用电人逾期不支付电费的，应当按照约定支付违约金。经催告用电人在合理期限内仍不支付电费和违约金的，供电人可以按照国家规定的程序中止供电。

供电人依据前款规定中止供电的，应当事先通知用电人。

▶条文参见

《电力法》第 33 条；《电力供应与使用条例》第 23 - 26、34 条

第六百五十五条　用电人安全用电义务

用电人应当按照国家有关规定和当事人的约定安全、节约和计划用电。用电人未按照国家有关规定和当事人的约定用电，造成供电人损失的，应当承担赔偿责任。

▶条文参见

《电力法》第32、59、60条；《电力供应与使用条例》第29－31条

第六百五十六条　供用水、气、热力合同参照适用供用电合同

供用水、供用气、供用热力合同，参照适用供用电合同的有关规定。

▶条文参见

《城市供水条例》；《城镇燃气管理条例》

第十一章　赠 与 合 同

第六百五十七条　赠与合同的概念

赠与合同是赠与人将自己的财产无偿给予受赠人，受赠人表示接受赠与的合同。

▶理解与适用

赠与合同是指赠与人将自己的财产及权利无偿给予受赠人，受赠人表示接受赠与的合同。赠与合同是诺成性、单务合同。赠与行为是赠与人依法处分自己财产的法律行为，要求自然人必须有民事行为能力。接受赠与是一种纯获利的行为，法律承认无民事行为能力人和限制民事行为能力人的受赠人法律地位。

赠与合同无效的情形有：1. 以赠与为名规避有关限制流通物和禁止流通物规定的赠与合同无效。2. 以规避法律义务为目的的赠与无效。

第六百五十八条　赠与的任意撤销及限制

赠与人在赠与财产的权利转移之前可以撤销赠与。

经过公证的赠与合同或者依法不得撤销的具有救灾、扶贫、助残等公益、道德义务性质的赠与合同，不适用前款规定。

▶理解与适用

婚前或者婚姻关系存续期间，当事人约定将一方所有的房产赠与另一方或者共有，赠与方在赠与房产变更登记之前撤销赠与，另一方请求判令继续履行的，人民法院可以按照本条的规定处理。

▶条文参见

《公益事业捐赠法》第 2－5 条；《最高人民法院关于适用〈中华人民共和国民法典〉婚姻家庭编的解释（一）》第 32 条

第六百五十九条　赠与特殊财产需要办理有关法律手续

赠与的财产依法需要办理登记或者其他手续的，应当办理有关手续。

第六百六十条　法定不得撤销赠与的赠与人不交付赠与财产的责任

经过公证的赠与合同或者依法不得撤销的具有救灾、扶贫、助残等公益、道德义务性质的赠与合同，赠与人不交付赠与财产的，受赠人可以请求交付。

依据前款规定应当交付的赠与财产因赠与人故意或者重大过失致使毁损、灭失的，赠与人应当承担赔偿责任。

第六百六十一条　附义务的赠与合同

> 赠与可以附义务。
>
> 赠与附义务的，受赠人应当按照约定履行义务。

▶ 理解与适用

赠与所附的义务不得违反法律和社会公共利益，不得违背公序良俗，否则，赠与合同无效。

赠与附义务的，受赠人应当按照约定履行义务。如果赠与人已经为给付，而受赠人不履行其义务的，赠与人得请求受赠人履行其义务，或者依法撤销赠与，以不当得利请求返还赠与的财产。如果受赠人受领的赠与的财产的价值不足以补偿其履行义务所为的给付时，受赠人是否得继续履行其义务，我国法律没有明确规定，根据诚实信用原则和公平原则，一般认为这时受赠人仅于赠与财产的价值限度内履行其义务。

第六百六十二条　赠与财产的瑕疵担保责任

> 赠与的财产有瑕疵的，赠与人不承担责任。附义务的赠与，赠与的财产有瑕疵的，赠与人在附义务的限度内承担与出卖人相同的责任。
>
> 赠与人故意不告知瑕疵或者保证无瑕疵，造成受赠人损失的，应当承担赔偿责任。

第六百六十三条　赠与人的法定撤销情形及撤销权行使期间

> 受赠人有下列情形之一的，赠与人可以撤销赠与：
>
> （一）严重侵害赠与人或者赠与人近亲属的合法权益；
>
> （二）对赠与人有扶养义务而不履行；
>
> （三）不履行赠与合同约定的义务。
>
> 赠与人的撤销权，自知道或者应当知道撤销事由之日起一年内行使。

▶理解与适用

赠与的法定撤销，是指具备法定条件时，允许赠与人或其继承人、监护人行使撤销权，撤销赠与合同的行为。法定撤销与任意撤销不同，必须具有法定理由，在具备这些法定事由时，权利人可以撤销赠与。

赠与人的法定撤销事由规定为三种情形：1. 受赠人严重侵害赠与人或赠与人近亲属的合法权益。此处的严重侵害，含故意和重大过失两种。2. 受赠人对赠与人有扶养义务而不履行的。3. 不履行赠与合同约定的义务。在附义务的赠与合同中，受赠人如果不按约定履行该负担的义务，有损于赠与人利益的，赠与人可以行使法定撤销权。

第六百六十四条　赠与人的继承人或法定代理人的撤销权

因受赠人的违法行为致使赠与人死亡或者丧失民事行为能力的，赠与人的继承人或者法定代理人可以撤销赠与。

赠与人的继承人或者法定代理人的撤销权，自知道或者应当知道撤销事由之日起六个月内行使。

第六百六十五条　撤销赠与的效力

撤销权人撤销赠与的，可以向受赠人请求返还赠与的财产。

第六百六十六条　赠与义务的免除

赠与人的经济状况显著恶化，严重影响其生产经营或者家庭生活的，可以不再履行赠与义务。

第十二章　借款合同

第六百六十七条　借款合同的定义

借款合同是借款人向贷款人借款，到期返还借款并支付利息的合同。

▶理解与适用

借款合同的特征是：1. 借款合同的标的物为货币。2. 借款合同是转让借款所有权的合同。货币是消耗物，一旦交付给借款人，则该部分货币即归借款人所有，贷款人对该部分货币的所有权则转化为合同到期时主张借款人偿还本息的请求权。3. 借款合同一般是有偿合同，除法律另有规定外，借款人按一定标准支付利息。自然人之间借款对利息如无约定或约定不明确，视为不支付利息。4. 借款合同一般是诺成、双务合同。

▶典型案例指引

北京长富投资基金与武汉中森华世纪房地产开发有限公司等委托贷款合同纠纷案（《最高人民法院公报》2016 年第 11 期）

案件适用要点：委托人、受托银行与借款人三方签订委托贷款合同，由委托人提供资金、受托银行根据委托人确定的借款人、用途、金额、币种、期限、利率等代为发放、协助监督使用并收回贷款，受托银行收取代理委托贷款手续费，并不承担信用风险，其实质是委托人与借款人之间的民间借贷。委托贷款合同的效力、委托人与借款人之间的利息、逾期利息、违约金等权利义务均应受有关民间借贷的法律、法规和司法解释的规制。

第六百六十八条　借款合同的形式和内容

借款合同应当采用书面形式，但是自然人之间借款另有约定的除外。

借款合同的内容一般包括借款种类、币种、用途、数额、利率、期限和还款方式等条款。

▶条文参见

《商业银行法》第 37 条

第六百六十九条　借款合同借款人的告知义务

订立借款合同，借款人应当按照贷款人的要求提供与借款有关的业务活动和财务状况的真实情况。

▶条文参见

《商业银行法》第 35 条

第六百七十条　借款利息不得预先扣除

借款的利息不得预先在本金中扣除。利息预先在本金中扣除的，应当按照实际借款数额返还借款并计算利息。

第六百七十一条　提供及收取借款迟延责任

贷款人未按照约定的日期、数额提供借款，造成借款人损失的，应当赔偿损失。

借款人未按照约定的日期、数额收取借款的，应当按照约定的日期、数额支付利息。

▶条文参见

《商业银行法》第 42 条

第六百七十二条 贷款人对借款使用情况检查、监督的权利

贷款人按照约定可以检查、监督借款的使用情况。借款人应当按照约定向贷款人定期提供有关财务会计报表或者其他资料。

第六百七十三条 借款人违约使用借款的后果

借款人未按照约定的借款用途使用借款的，贷款人可以停止发放借款、提前收回借款或者解除合同。

第六百七十四条 借款利息支付期限的确定

借款人应当按照约定的期限支付利息。对支付利息的期限没有约定或者约定不明确，依据本法第五百一十条的规定仍不能确定，借款期间不满一年的，应当在返还借款时一并支付；借款期间一年以上的，应当在每届满一年时支付，剩余期间不满一年的，应当在返还借款时一并支付。

▶条文参见

《商业银行法》第 42 条

第六百七十五条 还款期限的确定

借款人应当按照约定的期限返还借款。对借款期限没有约定或者约定不明确，依据本法第五百一十条的规定仍不能确定的，借款人可以随时返还；贷款人可以催告借款人在合理期限内返还。

第六百七十六条 借款合同违约责任承担

借款人未按照约定的期限返还借款的，应当按照约定或者国家有关规定支付逾期利息。

第六百七十七条　提前偿还借款

借款人提前返还借款的，除当事人另有约定外，应当按照实际借款的期间计算利息。

第六百七十八条　借款展期

借款人可以在还款期限届满前向贷款人申请展期；贷款人同意的，可以展期。

第六百七十九条　自然人之间借款合同的成立

自然人之间的借款合同，自贷款人提供借款时成立。

第六百八十条　借款利率和利息

禁止高利放贷，借款的利率不得违反国家有关规定。

借款合同对支付利息没有约定的，视为没有利息。

借款合同对支付利息约定不明确，当事人不能达成补充协议的，按照当地或者当事人的交易方式、交易习惯、市场利率等因素确定利息；自然人之间借款的，视为没有利息。

▶理解与适用

为解决民间借贷领域存在的突出问题，本条第 1 款明确规定禁止高利放贷。根据《最高人民法院关于审理民间借贷案件适用法律若干问题的规定》第 25 条："出借人请求借款人按照合同约定利率支付利息的，人民法院应予支持，但是双方约定的利率超过合同成立时一年期贷款市场报价利率四倍的除外。前款所称'一年期贷款市场报价利率'，是指中国人民银行授权全国银行间同业拆借中心自 2019 年 8 月 20 日起每月发布的一年期贷款市场报价利率。"

本条第 2 款在原合同法规定的基础上，将没有约定支付利息的借贷情形，拓展到了所有借贷领域，即所有类型或者当事人之间订立的借贷合同，只要没有约定支付利息，就一律视为没有利息。

本条第3款对于借款合同当事人就支付利息约定不明确时的处理规则进行了规定：（1）当事人可就支付利息问题进行重新协商，能够达成补充协议的，按其执行。（2）不能达成补充协议的，依据本法第142条第1款以及第510条的规定，应当根据借款合同所使用的词句，通过合同的文义解释和整体解释确定利息标准。（3）如果通过上述两种方式均无法确定借款合同的利息标准，可以按照合同履行地或者当事人之间的交易方式、交易习惯补充确定利息。实践中，法院或者仲裁机构在当事人就利息问题约定不明时，可以以订立借款合同时合同履行地的商业银行同期同类贷款利率计算利息。至于自然人之间的借款就支付利息约定不明确的，也视为没有利息。

第十三章　保证合同

第一节　一般规定

第六百八十一条　保证合同的概念

保证合同是为保障债权的实现，保证人和债权人约定，当债务人不履行到期债务或者发生当事人约定的情形时，保证人履行债务或者承担责任的合同。

▶理解与适用

保证是指法人、非法人组织和公民以其信誉和不特定的财产为他们的债务提供担保，当债务人不履行其债务时，该第三人按照约定履行债务或者承担责任的担保方式。这里的第三人叫作保证人，保证人必须是主合同以外的第三人。债务人不得为自己的债务作保证，且保证人应当具有清偿债务的能力，必须具有足以承担保证责任的财产，具有代为清偿能力是保证人应当具备的条件。这里的债权人既是主合同等主债的债权人，又是保证合同中的债权人，"保证人履行债务或者承担责任"构成保证债务或保证责任。保证属于人的担保范畴，而不同于抵押、质押、留置等物的担保形式。保证不是用具体的财产提供担保，而是以保证人的信誉和不特定的财产为他人的债务提供担保。

第六百八十二条　保证合同的附从性及被确认无效后的责任分配

保证合同是主债权债务合同的从合同。主债权债务合同无效的，保证合同无效，但是法律另有规定的除外。

保证合同被确认无效后，债务人、保证人、债权人有过错的，应当根据其过错各自承担相应的民事责任。

▶理解与适用

保证合同是主债权债务合同的从合同，具有附从性，以主合同的存在或将来可能存在为前提，随主合同的消灭而消灭。保证担保的范围不得超过主合同中的债务，不得与主合同债务分离而移转。但本条第 1 款同时又规定了但书条款，即"法律另有规定的除外"。最高人民法院发布的《关于审理独立保函纠纷案件若干问题的规定》明确了在国内交易中允许银行或非银行金融机构有资格开具独立保函。

第六百八十三条　保证人的资格

机关法人不得为保证人，但是经国务院批准为使用外国政府或者国际经济组织贷款进行转贷的除外。

以公益为目的的非营利法人、非法人组织不得为保证人。

►条文参见

《公司法》第 16 条;《商业银行法》第 22 条

第六百八十四条　保证合同的一般内容

保证合同的内容一般包括被保证的主债权的种类、数额，债务人履行债务的期限，保证的方式、范围和期间等条款。

第六百八十五条　保证合同的订立

保证合同可以是单独订立的书面合同，也可以是主债权债务合同中的保证条款。

第三人单方以书面形式向债权人作出保证，债权人接收且未提出异议的，保证合同成立。

第六百八十六条　保证方式

保证的方式包括一般保证和连带责任保证。

当事人在保证合同中对保证方式没有约定或者约定不明确的，按照一般保证承担保证责任。

►条文参见

《最高人民法院关于适用〈中华人民共和国民法典〉有关担保制度的解释》第 10、14、25－29 条

第六百八十七条　一般保证及先诉抗辩权

当事人在保证合同中约定，债务人不能履行债务时，由保证人承担保证责任的，为一般保证。

一般保证的保证人在主合同纠纷未经审判或者仲裁，并就债务人财产依法强制执行仍不能履行债务前，有权拒绝向债权人承担保证责任，但是有下列情形之一的除外：

（一）债务人下落不明，且无财产可供执行；

（二）人民法院已经受理债务人破产案件；

（三）债权人有证据证明债务人的财产不足以履行全部债务或者丧失履行债务能力；

（四）保证人书面表示放弃本款规定的权利。

▶典型案例指引

青海金泰融资担保有限公司与上海金桥工程建设发展有限公司、青海三工置业有限公司执行复议案（最高人民法院指导案例120号）

案件适用要点：在案件审理期间保证人为被执行人提供保证，承诺在被执行人无财产可供执行或者财产不足清偿债务时承担保证责任的，执行法院对保证人应当适用一般保证的执行规则。在被执行人虽有财产但严重不方便执行时，可以执行保证人在保证责任范围内的财产。

第六百八十八条　连带责任保证

当事人在保证合同中约定保证人和债务人对债务承担连带责任的，为连带责任保证。

连带责任保证的债务人不履行到期债务或者发生当事人约定的情形时，债权人可以请求债务人履行债务，也可以请求保证人在其保证范围内承担保证责任。

第六百八十九条　反担保

保证人可以要求债务人提供反担保。

第六百九十条　最高额保证合同

保证人与债权人可以协商订立最高额保证的合同，约定在最高债权额限度内就一定期间连续发生的债权提供保证。

最高额保证除适用本章规定外，参照适用本法第二编最高额抵押权的有关规定。

第二节 保证责任

第六百九十一条　保证责任的范围

保证的范围包括主债权及其利息、违约金、损害赔偿金和实现债权的费用。当事人另有约定的，按照其约定。

▶条文参见

《最高人民法院关于适用〈中华人民共和国民法典〉有关担保制度的解释》第3条

第六百九十二条　保证期间

保证期间是确定保证人承担保证责任的期间，不发生中止、中断和延长。

债权人与保证人可以约定保证期间，但是约定的保证期间早于主债务履行期限或者与主债务履行期限同时届满的，视为没有约定；没有约定或者约定不明确的，保证期间为主债务履行期限届满之日起六个月。

债权人与债务人对主债务履行期限没有约定或者约定不明确的，保证期间自债权人请求债务人履行债务的宽限期届满之日起计算。

▶理解与适用

保证期间具有如下特征：第一，保证期间是就保证责任的承担所设定的期间。从性质上说，保证期间是确定保证人承担保证责任的期间，它既非保证合同的有效期间，也非附期限合同中的期限，而仅仅是针对保证责任的承担所设定的期限。第二，保证期间由当事人约定或法律规定。保证期间可以由法律作出明确规定，也可以由当事人通过特别约定确定，在当事人没有约定或约定不明时，才适用法律规定的保证期间。保证期

255

间设立的目的在于限制保证人的责任、保障保证人的利益，当事人可以就保证期间作出特别约定，按照私法自治的原则，此种约定应当有效。第三，保证期间是保证合同的组成部分。保证合同的当事人可以就保证期间作出约定，只要此种约定不违反法律的强制性规定，该约定就是有效的，其应当成为保证合同的重要组成部分。

第六百九十三条　保证期间届满的法律效果

一般保证的债权人未在保证期间对债务人提起诉讼或者申请仲裁的，保证人不再承担保证责任。

连带责任保证的债权人未在保证期间请求保证人承担保证责任的，保证人不再承担保证责任。

第六百九十四条　保证债务的诉讼时效

一般保证的债权人在保证期间届满前对债务人提起诉讼或者申请仲裁的，从保证人拒绝承担保证责任的权利消灭之日起，开始计算保证债务的诉讼时效。

连带责任保证的债权人在保证期间届满前请求保证人承担保证责任的，从债权人请求保证人承担保证责任之日起，开始计算保证债务的诉讼时效。

第六百九十五条　主合同变更对保证责任的影响

债权人和债务人未经保证人书面同意，协商变更主债权债务合同内容，减轻债务的，保证人仍对变更后的债务承担保证责任；加重债务的，保证人对加重的部分不承担保证责任。

债权人和债务人变更主债权债务合同的履行期限，未经保证人书面同意的，保证期间不受影响。

第六百九十六条　债权转让时保证人的保证责任

债权人转让全部或者部分债权，未通知保证人的，该转让对保证人不发生效力。

保证人与债权人约定禁止债权转让，债权人未经保证人书面同意转让债权的，保证人对受让人不再承担保证责任。

第六百九十七条　债务承担对保证责任的影响

债权人未经保证人书面同意，允许债务人转移全部或者部分债务，保证人对未经其同意转移的债务不再承担保证责任，但是债权人和保证人另有约定的除外。

第三人加入债务的，保证人的保证责任不受影响。

第六百九十八条　一般保证人免责

一般保证的保证人在主债务履行期限届满后，向债权人提供债务人可供执行财产的真实情况，债权人放弃或者怠于行使权利致使该财产不能被执行的，保证人在其提供可供执行财产的价值范围内不再承担保证责任。

第六百九十九条　共同保证

同一债务有两个以上保证人的，保证人应当按照保证合同约定的保证份额，承担保证责任；没有约定保证份额的，债权人可以请求任何一个保证人在其保证范围内承担保证责任。

▶条文参见

《最高人民法院关于适用〈中华人民共和国民法典〉有关担保制度的解释》第13、14条

第七百条　保证人的追偿权

保证人承担保证责任后，除当事人另有约定外，有权在其承担保证责任的范围内向债务人追偿，享有债权人对债务人的权利，但是不得损害债权人的利益。

第七百零一条　保证人的抗辩权

保证人可以主张债务人对债权人的抗辩。债务人放弃抗辩的，保证人仍有权向债权人主张抗辩。

第七百零二条　抵销权或撤销权范围内的免责

债务人对债权人享有抵销权或者撤销权的，保证人可以在相应范围内拒绝承担保证责任。

第十四章　租赁合同

第七百零三条　租赁合同的概念

租赁合同是出租人将租赁物交付承租人使用、收益，承租人支付租金的合同。

第七百零四条　租赁合同的内容

租赁合同的内容一般包括租赁物的名称、数量、用途、租赁期限、租金及其支付期限和方式、租赁物维修等条款。

▶条文参见

《海商法》第 130、145 条

第七百零五条　租赁期限的最高限制

租赁期限不得超过二十年。超过二十年的，超过部分无效。

租赁期限届满，当事人可以续订租赁合同；但是，约定的租赁期限自续订之日起不得超过二十年。

第七百零六条　租赁合同登记对合同效力影响

当事人未依照法律、行政法规规定办理租赁合同登记备案手续的，不影响合同的效力。

第七百零七条　租赁合同形式

租赁期限六个月以上的，应当采用书面形式。当事人未采用书面形式，无法确定租赁期限的，视为不定期租赁。

第七百零八条　出租人义务

出租人应当按照约定将租赁物交付承租人，并在租赁期限内保持租赁物符合约定的用途。

第七百零九条　承租人义务

承租人应当按照约定的方法使用租赁物。对租赁物的使用方法没有约定或者约定不明确，依据本法第五百一十条的规定仍不能确定的，应当根据租赁物的性质使用。

第七百一十条　承租人合理使用租赁物的免责

承租人按照约定的方法或者根据租赁物的性质使用租赁物，致使租赁物受到损耗的，不承担赔偿责任。

第七百一十一条　承租人未合理使用租赁物的责任

承租人未按照约定的方法或者未根据租赁物的性质使用租赁物，致使租赁物受到损失的，出租人可以解除合同并请求赔偿损失。

▶条文参见

《最高人民法院关于审理城镇房屋租赁合同纠纷案件具体应用法律若干问题的解释》第 6 条

第七百一十二条　出租人的维修义务

出租人应当履行租赁物的维修义务，但是当事人另有约定的除外。

▶条文参见

《海商法》第 132、133、146 条

第七百一十三条　租赁物的维修和维修费负担

承租人在租赁物需要维修时可以请求出租人在合理期限内维修。出租人未履行维修义务的，承租人可以自行维修，维修费用由出租人负担。因维修租赁物影响承租人使用的，应当相应减少租金或者延长租期。

因承租人的过错致使租赁物需要维修的，出租人不承担前款规定的维修义务。

第七百一十四条　承租人的租赁物妥善保管义务

承租人应当妥善保管租赁物，因保管不善造成租赁物毁损、灭失的，应当承担赔偿责任。

第七百一十五条　承租人对租赁物进行改善或增设他物

承租人经出租人同意，可以对租赁物进行改善或者增设他物。

承租人未经出租人同意，对租赁物进行改善或者增设他物的，出租人可以请求承租人恢复原状或者赔偿损失。

▶条文参见

《最高人民法院关于审理城镇房屋租赁合同纠纷案件具体应用法律若干问题的解释》第 7 – 12 条

第七百一十六条　转租

承租人经出租人同意，可以将租赁物转租给第三人。承租人转租的，承租人与出租人之间的租赁合同继续有效；第三人造成租赁物损失的，承租人应当赔偿损失。

承租人未经出租人同意转租的，出租人可以解除合同。

▶条文参见

《海商法》第 137、138、150 条

第七百一十七条　转租期限

承租人经出租人同意将租赁物转租给第三人，转租期限超过承租人剩余租赁期限的，超过部分的约定对出租人不具有法律约束力，但是出租人与承租人另有约定的除外。

第七百一十八条　出租人同意转租的推定

出租人知道或者应当知道承租人转租，但是在六个月内未提出异议的，视为出租人同意转租。

第七百一十九条　次承租人的代为清偿权

　　承租人拖欠租金的，次承租人可以代承租人支付其欠付的租金和违约金，但是转租合同对出租人不具有法律约束力的除外。

　　次承租人代为支付的租金和违约金，可以充抵次承租人应当向承租人支付的租金；超出其应付的租金数额的，可以向承租人追偿。

第七百二十条　租赁物的收益归属

　　在租赁期限内因占有、使用租赁物获得的收益，归承租人所有，但是当事人另有约定的除外。

第七百二十一条　租金支付期限

　　承租人应当按照约定的期限支付租金。对支付租金的期限没有约定或者约定不明确，依据本法第五百一十条的规定仍不能确定，租赁期限不满一年的，应当在租赁期限届满时支付；租赁期限一年以上的，应当在每届满一年时支付，剩余期限不满一年的，应当在租赁期限届满时支付。

▶条文参见

　　《海商法》第 140 条

第七百二十二条　承租人的租金支付义务

　　承租人无正当理由未支付或者迟延支付租金的，出租人可以请求承租人在合理期限内支付；承租人逾期不支付的，出租人可以解除合同。

▶条文参见

　　《海商法》第 140 条

第七百二十三条　出租人的权利瑕疵担保责任

因第三人主张权利，致使承租人不能对租赁物使用、收益的，承租人可以请求减少租金或者不支付租金。

第三人主张权利的，承租人应当及时通知出租人。

第七百二十四条　承租人解除合同的法定情形

有下列情形之一，非因承租人原因致使租赁物无法使用的，承租人可以解除合同：

（一）租赁物被司法机关或者行政机关依法查封、扣押；

（二）租赁物权属有争议；

（三）租赁物具有违反法律、行政法规关于使用条件的强制性规定情形。

第七百二十五条　买卖不破租赁

租赁物在承租人按照租赁合同占有期限内发生所有权变动的，不影响租赁合同的效力。

▶条文参见

《最高人民法院关于审理城镇房屋租赁合同纠纷案件具体应用法律若干问题的解释》第 14 条

▶典型案例指引

唐某富、庞某与合肥建鑫房地产开发有限公司给付瑕疵责任担保纠纷案（《最高人民法院公报》2020 年第 2 期）

案件适用要点：买卖尚处于租赁期间的房屋，出卖人应当告知买受人房屋租赁合同的内容，但承租人的履约能力属于商业风险范畴，不属于出卖人先合同义务，买受人应自行审查与承担。租赁期间房屋产权发生变更，除当事人有特别约定外，租金自产权变更之日归买受人所有。买受人在产权变更后，因租金难以收取，以出卖人有缔约过失、交付房屋存在瑕疵为由，要求出卖人承担租金损失的，人民法院不予支持。

第七百二十六条　房屋承租人的优先购买权

出租人出卖租赁房屋的，应当在出卖之前的合理期限内通知承租人，承租人享有以同等条件优先购买的权利；但是，房屋按份共有人行使优先购买权或者出租人将房屋出卖给近亲属的除外。

出租人履行通知义务后，承租人在十五日内未明确表示购买的，视为承租人放弃优先购买权。

▶条文参见

《最高人民法院关于审理城镇房屋租赁合同纠纷案件具体应用法律若干问题的解释》第 15 条

▶典型案例指引

杨某丽诉中州泵业公司优先购买权侵权纠纷案（《最高人民法院公报》2004 年第 5 期）

案件适用要点：法律规定的优先购买权，是指当出租人出卖租赁房屋时，承租人在同等条件下可以优先购买自己承租的房屋；对出租人出卖的其他房屋，承租人不享有优先购买权。

承租人提交的证据，只能证明出租人出卖过房屋并且收取过卖房款，不能证明其承租的房屋已被出租人出卖。而只要承租人不能证明其承租的房屋已被出租人出卖，就不能因出租人出卖其他房屋而主张享有优先购买权，出租人出卖其他房屋与承租人无关。

第七百二十七条　承租人对拍卖房屋的优先购买权

出租人委托拍卖人拍卖租赁房屋的，应当在拍卖五日前通知承租人。承租人未参加拍卖的，视为放弃优先购买权。

第七百二十八条 **妨害承租人优先购买权的赔偿责任**

出租人未通知承租人或者有其他妨害承租人行使优先购买权情形的，承租人可以请求出租人承担赔偿责任。但是，出租人与第三人订立的房屋买卖合同的效力不受影响。

第七百二十九条 **租赁物毁损、灭失的法律后果**

因不可归责于承租人的事由，致使租赁物部分或者全部毁损、灭失的，承租人可以请求减少租金或者不支付租金；因租赁物部分或者全部毁损、灭失，致使不能实现合同目的的，承租人可以解除合同。

第七百三十条 **租期不明的处理**

当事人对租赁期限没有约定或者约定不明确，依据本法第五百一十条的规定仍不能确定的，视为不定期租赁；当事人可以随时解除合同，但是应当在合理期限之前通知对方。

▶条文参见

《最高人民法院关于审理涉及农村土地承包纠纷案件适用法律问题的解释》第16条

第七百三十一条 **租赁物质量不合格时承租人的解除权**

租赁物危及承租人的安全或者健康的，即使承租人订立合同时明知该租赁物质量不合格，承租人仍然可以随时解除合同。

第七百三十二条 **房屋承租人死亡时租赁关系的处理**

承租人在房屋租赁期限内死亡的，与其生前共同居住的人或者共同经营人可以按照原租赁合同租赁该房屋。

第七百三十三条　租赁物的返还

租赁期限届满，承租人应当返还租赁物。返还的租赁物应当符合按照约定或者根据租赁物的性质使用后的状态。

▶条文参见

《海商法》第 142 - 143 条

第七百三十四条　租赁期限届满的续租及优先承租权

租赁期限届满，承租人继续使用租赁物，出租人没有提出异议的，原租赁合同继续有效，但是租赁期限为不定期。

租赁期限届满，房屋承租人享有以同等条件优先承租的权利。

第十五章　融资租赁合同

第七百三十五条　融资租赁合同的概念

融资租赁合同是出租人根据承租人对出卖人、租赁物的选择，向出卖人购买租赁物，提供给承租人使用，承租人支付租金的合同。

▶条文参见

《最高人民法院关于审理融资租赁合同纠纷案件适用法律问题的解释》第 1、2 条

第七百三十六条　融资租赁合同的内容

融资租赁合同的内容一般包括租赁物的名称、数量、规格、技术性能、检验方法，租赁期限，租金构成及其支付期限和方式、币种，租赁期限届满租赁物的归属等条款。

融资租赁合同应当采用书面形式。

第七百三十七条　融资租赁通谋虚伪表示

当事人以虚构租赁物方式订立的融资租赁合同无效。

第七百三十八条　特定租赁物经营许可对合同效力影响

依照法律、行政法规的规定，对于租赁物的经营使用应当取得行政许可的，出租人未取得行政许可不影响融资租赁合同的效力。

第七百三十九条　融资租赁标的物的交付

出租人根据承租人对出卖人、租赁物的选择订立的买卖合同，出卖人应当按照约定向承租人交付标的物，承租人享有与受领标的物有关的买受人的权利。

第七百四十条　承租人的拒绝受领权

出卖人违反向承租人交付标的物的义务，有下列情形之一的，承租人可以拒绝受领出卖人向其交付的标的物：

（一）标的物严重不符合约定；

（二）未按照约定交付标的物，经承租人或者出租人催告后在合理期限内仍未交付。

承租人拒绝受领标的物的，应当及时通知出租人。

►条文参见

《最高人民法院关于审理融资租赁合同纠纷案件适用法律问题的解释》第 3 条

第七百四十一条　承租人的索赔权

出租人、出卖人、承租人可以约定，出卖人不履行买卖合同义务的，由承租人行使索赔的权利。承租人行使索赔权利的，出租人应当协助。

第七百四十二条　承租人行使索赔权的租金支付义务

承租人对出卖人行使索赔权利，不影响其履行支付租金的义务。但是，承租人依赖出租人的技能确定租赁物或者出租人干预选择租赁物的，承租人可以请求减免相应租金。

第七百四十三条　承租人索赔不能的违约责任承担

出租人有下列情形之一，致使承租人对出卖人行使索赔权利失败的，承租人有权请求出租人承担相应的责任：

（一）明知租赁物有质量瑕疵而不告知承租人；

（二）承租人行使索赔权利时，未及时提供必要协助。

出租人怠于行使只能由其对出卖人行使的索赔权利，造成承租人损失的，承租人有权请求出租人承担赔偿责任。

第七百四十四条　出租人不得擅自变更买卖合同内容

出租人根据承租人对出卖人、租赁物的选择订立的买卖合同，未经承租人同意，出租人不得变更与承租人有关的合同内容。

►条文参见

《最高人民法院关于审理融资租赁合同纠纷案件适用法律问题的解释》第 4 条

第七百四十五条　租赁物的登记对抗效力

出租人对租赁物享有的所有权，未经登记，不得对抗善意第三人。

第七百四十六条　租金的确定规则

融资租赁合同的租金，除当事人另有约定外，应当根据购买租赁物的大部分或者全部成本以及出租人的合理利润确定。

第七百四十七条　租赁物瑕疵担保责任

租赁物不符合约定或者不符合使用目的的，出租人不承担责任。但是，承租人依赖出租人的技能确定租赁物或者出租人干预选择租赁物的除外。

▶条文参见

《最高人民法院关于审理融资租赁合同纠纷案件适用法律问题的解释》第 8 条

第七百四十八条　出租人保证承租人占有和使用租赁物

出租人应当保证承租人对租赁物的占有和使用。

出租人有下列情形之一的，承租人有权请求其赔偿损失：

（一）无正当理由收回租赁物；

（二）无正当理由妨碍、干扰承租人对租赁物的占有和使用；

（三）因出租人的原因致使第三人对租赁物主张权利；

（四）不当影响承租人对租赁物占有和使用的其他情形。

▶条文参见

《最高人民法院关于审理融资租赁合同纠纷案件适用法律问题的解释》第 6 条

第七百四十九条　租赁物致人损害的责任承担

承租人占有租赁物期间，租赁物造成第三人人身损害或者财产损失的，出租人不承担责任。

第七百五十条　租赁物的保管、使用、维修

承租人应当妥善保管、使用租赁物。

承租人应当履行占有租赁物期间的维修义务。

第七百五十一条　承租人占有租赁物毁损、灭失的租金承担

承租人占有租赁物期间，租赁物毁损、灭失的，出租人有权请求承租人继续支付租金，但是法律另有规定或者当事人另有约定的除外。

第七百五十二条　承租人支付租金的义务

承租人应当按照约定支付租金。承租人经催告后在合理期限内仍不支付租金的，出租人可以请求支付全部租金；也可以解除合同，收回租赁物。

▶条文参见

《最高人民法院关于审理融资租赁合同纠纷案件适用法律问题的解释》第9－10条；《最高人民法院关于适用〈中华人民共和国民法典〉有关担保制度的解释》第65条

第七百五十三条　承租人擅自处分租赁物时出租人的解除权

承租人未经出租人同意，将租赁物转让、抵押、质押、投资入股或者以其他方式处分的，出租人可以解除融资租赁合同。

第七百五十四条　出租人或承租人均可解除融资租赁合同情形

有下列情形之一的，出租人或者承租人可以解除融资租赁合同：

（一）出租人与出卖人订立的买卖合同解除、被确认无效或者被撤销，且未能重新订立买卖合同；

（二）租赁物因不可归责于当事人的原因毁损、灭失，且不能修复或者确定替代物；

（三）因出卖人的原因致使融资租赁合同的目的不能实现。

▶条文参见

《最高人民法院关于审理融资租赁合同纠纷案件适用法律问题的解释》第 5 - 7、11 条

第七百五十五条　承租人承担出租人损失赔偿责任情形

融资租赁合同因买卖合同解除、被确认无效或者被撤销而解除，出卖人、租赁物系由承租人选择的，出租人有权请求承租人赔偿相应损失；但是，因出租人原因致使买卖合同解除、被确认无效或者被撤销的除外。

出租人的损失已经在买卖合同解除、被确认无效或者被撤销时获得赔偿的，承租人不再承担相应的赔偿责任。

第七百五十六条　租赁物意外毁损灭失

融资租赁合同因租赁物交付承租人后意外毁损、灭失等不可归责于当事人的原因解除的，出租人可以请求承租人按照租赁物折旧情况给予补偿。

第七百五十七条　租赁期满租赁物的归属

出租人和承租人可以约定租赁期限届满租赁物的归属；对租赁物的归属没有约定或者约定不明确，依据本法第五百一十条的规定仍不能确定的，租赁物的所有权归出租人。

第七百五十八条　承租人请求部分返还租赁物价值

当事人约定租赁期限届满租赁物归承租人所有，承租人已经支付大部分租金，但是无力支付剩余租金，出租人因此解除合同收回租赁物，收回的租赁物的价值超过承租人欠付的租金以及其他费用的，承租人可以请求相应返还。

当事人约定租赁期限届满租赁物归出租人所有，因租赁物毁损、灭失或者附合、混合于他物致使承租人不能返还的，出租人有权请求承租人给予合理补偿。

第七百五十九条　支付象征性价款时的租赁物归属

当事人约定租赁期限届满，承租人仅需向出租人支付象征性价款的，视为约定的租金义务履行完毕后租赁物的所有权归承租人。

第七百六十条　融资租赁合同无效时租赁物的归属

融资租赁合同无效，当事人就该情形下租赁物的归属有约定的，按照其约定；没有约定或者约定不明确的，租赁物应当返还出租人。但是，因承租人原因致使合同无效，出租人不请求返还或者返还后会显著降低租赁物效用的，租赁物的所有权归承租人，由承租人给予出租人合理补偿。

第十六章　保理合同

第七百六十一条　保理合同的概念

保理合同是应收账款债权人将现有的或者将有的应收账款转让给保理人，保理人提供资金融通、应收账款管理或者催收、应收账款债务人付款担保等服务的合同。

▶条文参见

《最高人民法院关于适用〈中华人民共和国民法典〉有关担保制度的解释》

第七百六十二条　保理合同的内容与形式

保理合同的内容一般包括业务类型、服务范围、服务期限、基础交易合同情况、应收账款信息、保理融资款或者服务报酬及其支付方式等条款。

保理合同应当采用书面形式。

第七百六十三条　虚构应收账款

应收账款债权人与债务人虚构应收账款作为转让标的，与保理人订立保理合同的，应收账款债务人不得以应收账款不存在为由对抗保理人，但是保理人明知虚构的除外。

第七百六十四条　保理人发出转让通知的表明身份义务

保理人向应收账款债务人发出应收账款转让通知的，应当表明保理人身份并附有必要凭证。

第七百六十五条　无正当理由变更、终止基础交易合同对保理人的效力

应收账款债务人接到应收账款转让通知后，应收账款债权人与债务人无正当理由协商变更或者终止基础交易合同，对保理人产生不利影响的，对保理人不发生效力。

第七百六十六条　有追索权保理

当事人约定有追索权保理的，保理人可以向应收账款债权人主张返还保理融资款本息或者回购应收账款债权，也可以向应收账款债务人主张应收账款债权。保理人向应收账款债务人主张应收账款债权，在扣除保理融资款本息和相关费用后有剩余的，剩余部分应当返还给应收账款债权人。

第七百六十七条　无追索权保理

当事人约定无追索权保理的，保理人应当向应收账款债务人主张应收账款债权，保理人取得超过保理融资款本息和相关费用的部分，无需向应收账款债权人返还。

第七百六十八条　多重保理的清偿顺序

应收账款债权人就同一应收账款订立多个保理合同，致使多个保理人主张权利的，已经登记的先于未登记的取得应收账款；均已经登记的，按照登记时间的先后顺序取得应收账款；均未登记的，由最先到达应收账款债务人的转让通知中载明的保理人取得应收账款；既未登记也未通知的，按照保理融资款或者服务报酬的比例取得应收账款。

▶条文参见

《最高人民法院关于适用〈中华人民共和国民法典〉有关担保制度的解释》第66条

第七百六十九条　参照适用债权转让的规定

本章没有规定的，适用本编第六章债权转让的有关规定。

第十七章　承揽合同

第七百七十条　承揽合同的定义及类型

承揽合同是承揽人按照定作人的要求完成工作，交付工作成果，定作人支付报酬的合同。

承揽包括加工、定作、修理、复制、测试、检验等工作。

第七百七十一条　承揽合同的主要条款

承揽合同的内容一般包括承揽的标的、数量、质量、报酬，承揽方式，材料的提供，履行期限，验收标准和方法等条款。

第七百七十二条　承揽人独立完成主要工作

承揽人应当以自己的设备、技术和劳力，完成主要工作，但是当事人另有约定的除外。

承揽人将其承揽的主要工作交由第三人完成的，应当就该第三人完成的工作成果向定作人负责；未经定作人同意的，定作人也可以解除合同。

第七百七十三条　承揽人对辅助性工作的责任

承揽人可以将其承揽的辅助工作交由第三人完成。承揽人将其承揽的辅助工作交由第三人完成的，应当就该第三人完成的工作成果向定作人负责。

第七百七十四条　承揽人提供材料时的主要义务

承揽人提供材料的，应当按照约定选用材料，并接受定作人检验。

第七百七十五条　定作人提供材料时双方当事人的义务

定作人提供材料的，应当按照约定提供材料。承揽人对定作人提供的材料应当及时检验，发现不符合约定时，应当及时通知定作人更换、补齐或者采取其他补救措施。

承揽人不得擅自更换定作人提供的材料，不得更换不需要修理的零部件。

第七百七十六条　定作人要求不合理时双方当事人的义务

承揽人发现定作人提供的图纸或者技术要求不合理的，应当及时通知定作人。因定作人怠于答复等原因造成承揽人损失的，应当赔偿损失。

第七百七十七条　中途变更工作要求的责任

定作人中途变更承揽工作的要求，造成承揽人损失的，应当赔偿损失。

第七百七十八条　定作人的协助义务

承揽工作需要定作人协助的，定作人有协助的义务。定作人不履行协助义务致使承揽工作不能完成的，承揽人可以催告定作人在合理期限内履行义务，并可以顺延履行期限；定作人逾期不履行的，承揽人可以解除合同。

▶条文参见

《最高人民法院第八次全国法院民事商事审判工作会议（民事部分）纪要》第33条

276

第七百七十九条　定作人监督检验承揽工作

承揽人在工作期间，应当接受定作人必要的监督检验。定作人不得因监督检验妨碍承揽人的正常工作。

第七百八十条　工作成果交付

承揽人完成工作的，应当向定作人交付工作成果，并提交必要的技术资料和有关质量证明。定作人应当验收该工作成果。

第七百八十一条　工作成果质量不合约定的责任

承揽人交付的工作成果不符合质量要求的，定作人可以合理选择请求承揽人承担修理、重作、减少报酬、赔偿损失等违约责任。

▶条文参见

《产品质量法》第40条

第七百八十二条　支付报酬期限

定作人应当按照约定的期限支付报酬。对支付报酬的期限没有约定或者约定不明确，依据本法第五百一十条的规定仍不能确定的，定作人应当在承揽人交付工作成果时支付；工作成果部分交付的，定作人应当相应支付。

第七百八十三条　承揽人的留置权及同时履行抗辩权

定作人未向承揽人支付报酬或者材料费等价款的，承揽人对完成的工作成果享有留置权或者有权拒绝交付，但是当事人另有约定的除外。

第七百八十四条 承揽人保管义务

承揽人应当妥善保管定作人提供的材料以及完成的工作成果，因保管不善造成毁损、灭失的，应当承担赔偿责任。

第七百八十五条 承揽人的保密义务

承揽人应当按照定作人的要求保守秘密，未经定作人许可，不得留存复制品或者技术资料。

第七百八十六条 共同承揽

共同承揽人对定作人承担连带责任，但是当事人另有约定的除外。

第七百八十七条 定作人的任意解除权

定作人在承揽人完成工作前可以随时解除合同，造成承揽人损失的，应当赔偿损失。

第十八章 建设工程合同

第七百八十八条 建设工程合同的定义

建设工程合同是承包人进行工程建设，发包人支付价款的合同。

建设工程合同包括工程勘察、设计、施工合同。

第七百八十九条 建设工程合同形式

建设工程合同应当采用书面形式。

▶条文参见

《建筑法》第15条

第七百九十条　工程招标投标

建设工程的招标投标活动，应当依照有关法律的规定公开、公平、公正进行。

▶条文参见

《建筑法》第16-22条；《招标投标法》第3条；《招标投标法实施条例》第2条；《最高人民法院关于审理建设工程施工合同纠纷案件适用法律问题的解释（一）》第2条

第七百九十一条　总包与分包

发包人可以与总承包人订立建设工程合同，也可以分别与勘察人、设计人、施工人订立勘察、设计、施工承包合同。发包人不得将应当由一个承包人完成的建设工程支解成若干部分发包给数个承包人。

总承包人或者勘察、设计、施工承包人经发包人同意，可以将自己承包的部分工作交由第三人完成。第三人就其完成的工作成果与总承包人或者勘察、设计、施工承包人向发包人承担连带责任。承包人不得将其承包的全部建设工程转包给第三人或者将其承包的全部建设工程支解以后以分包的名义分别转包给第三人。

禁止承包人将工程分包给不具备相应资质条件的单位。禁止分包单位将其承包的工程再分包。建设工程主体结构的施工必须由承包人自行完成。

▶条文参见

《建筑法》第24、28、29条；《建设工程质量管理条例》第7、18、78条；《最高人民法院关于审理建设工程施工合同纠

纷案件适用法律问题的解释（一）》第5条

第七百九十二条 国家重大建设工程合同的订立

国家重大建设工程合同，应当按照国家规定的程序和国家批准的投资计划、可行性研究报告等文件订立。

第七百九十三条 建设工程施工合同无效的处理

建设工程施工合同无效，但是建设工程经验收合格的，可以参照合同关于工程价款的约定折价补偿承包人。

建设工程施工合同无效，且建设工程经验收不合格的，按照以下情形处理：

（一）修复后的建设工程经验收合格的，发包人可以请求承包人承担修复费用；

（二）修复后的建设工程经验收不合格的，承包人无权请求参照合同关于工程价款的约定折价补偿。

发包人对因建设工程不合格造成的损失有过错的，应当承担相应的责任。

第七百九十四条 勘察、设计合同主要内容

勘察、设计合同的内容一般包括提交有关基础资料和概预算等文件的期限、质量要求、费用以及其他协作条件等条款。

第七百九十五条 施工合同主要内容

施工合同的内容一般包括工程范围、建设工期、中间交工工程的开工和竣工时间、工程质量、工程造价、技术资料交付时间、材料和设备供应责任、拨款和结算、竣工验收、质量保修范围和质量保证期、相互协作等条款。

▶条文参见

《最高人民法院关于审理建设工程施工合同纠纷案件适用法律问题的解释（一）》第 8 - 10 条

第七百九十六条　建设工程监理

建设工程实行监理的，发包人应当与监理人采用书面形式订立委托监理合同。发包人与监理人的权利和义务以及法律责任，应当依照本编委托合同以及其他有关法律、行政法规的规定。

▶条文参见

《建筑法》第 30 - 35 条；《建设工程质量管理条例》第 12、34 - 38 条

第七百九十七条　发包人检查权

发包人在不妨碍承包人正常作业的情况下，可以随时对作业进度、质量进行检查。

第七百九十八条　隐蔽工程

隐蔽工程在隐蔽以前，承包人应当通知发包人检查。发包人没有及时检查的，承包人可以顺延工程日期，并有权请求赔偿停工、窝工等损失。

第七百九十九条　竣工验收

建设工程竣工后，发包人应当根据施工图纸及说明书、国家颁发的施工验收规范和质量检验标准及时进行验收。验收合格的，发包人应当按照约定支付价款，并接收该建设工程。

建设工程竣工经验收合格后，方可交付使用；未经验收或者验收不合格的，不得交付使用。

▶条文参见

《建筑法》第 60、61 条;《建设工程质量管理条例》第 16、17、49 条;《城镇燃气管理条例》第 11 条;《最高人民法院关于审理建设工程施工合同纠纷案件适用法律问题的解释(一)》第 11、14 条

第八百条　勘察、设计人质量责任

勘察、设计的质量不符合要求或者未按照期限提交勘察、设计文件拖延工期,造成发包人损失的,勘察人、设计人应当继续完善勘察、设计,减收或者免收勘察、设计费并赔偿损失。

▶条文参见

《建筑法》第 52 - 56 条;《建设工程质量管理条例》第 18 - 24 条

第八百零一条　施工人的质量责任

因施工人的原因致使建设工程质量不符合约定的,发包人有权请求施工人在合理期限内无偿修理或者返工、改建。经过修理或者返工、改建后,造成逾期交付的,施工人应当承担违约责任。

▶条文参见

《建筑法》第 58 - 60 条;《建设工程质量管理条例》第 25 - 33 条

第八百零二条　质量保证责任

因承包人的原因致使建设工程在合理使用期限内造成人身损害和财产损失的,承包人应当承担赔偿责任。

▶条文参见

《建筑法》第 60 - 63 条;《建设工程质量管理条例》第 39 - 42 条;《最高人民法院关于审理建设工程施工合同纠纷案件适用法律问题的解释（一）》第 15 条

第八百零三条 发包人违约责任

发包人未按照约定的时间和要求提供原材料、设备、场地、资金、技术资料的，承包人可以顺延工程日期，并有权请求赔偿停工、窝工等损失。

▶条文参见

《最高人民法院关于审理建设工程施工合同纠纷案件适用法律问题的解释（一）》第 13 条

第八百零四条 发包人原因致工程停建、缓建的责任

因发包人的原因致使工程中途停建、缓建的，发包人应当采取措施弥补或者减少损失，赔偿承包人因此造成的停工、窝工、倒运、机械设备调迁、材料和构件积压等损失和实际费用。

▶条文参见

《最高人民法院关于审理建设工程施工合同纠纷案件适用法律问题的解释（一）》第 12 条

第八百零五条 发包人原因致勘察、设计返工、停工或修改设计的责任

因发包人变更计划，提供的资料不准确，或者未按照期限提供必需的勘察、设计工作条件而造成勘察、设计的返工、停工或者修改设计，发包人应当按照勘察人、设计人实际消耗的工作量增付费用。

第八百零六条　建设工程合同的法定解除

承包人将建设工程转包、违法分包的，发包人可以解除合同。

发包人提供的主要建筑材料、建筑构配件和设备不符合强制性标准或者不履行协助义务，致使承包人无法施工，经催告后在合理期限内仍未履行相应义务的，承包人可以解除合同。

合同解除后，已经完成的建设工程质量合格的，发包人应当按照约定支付相应的工程价款；已经完成的建设工程质量不合格的，参照本法第七百九十三条的规定处理。

第八百零七条　工程价款的支付

发包人未按照约定支付价款的，承包人可以催告发包人在合理期限内支付价款。发包人逾期不支付的，除根据建设工程的性质不宜折价、拍卖外，承包人可以与发包人协议将该工程折价，也可以请求人民法院将该工程依法拍卖。建设工程的价款就该工程折价或者拍卖的价款优先受偿。

▶条文参见

《最高人民法院关于审理建设工程施工合同纠纷案件适用法律问题的解释（一）》第 19－42 条

▶典型案例指引

中天建设集团有限公司诉河南恒和置业有限公司建设工程施工合同纠纷案（最高人民法院指导案例 171 号）

案件适用要点：执行法院依其他债权人的申请，对发包人的建设工程强制执行，承包人向执行法院主张其享有建设工程价款优先受偿权且未超过除斥期间的，视为承包人依法行使了建设工程价款优先受偿权。发包人以承包人起诉时行使建设工程价款优先受偿权超过除斥期间为由进行抗辩的，人民法院不予支持。

| 第八百零八条 | 参照适用承揽合同的规定 |

本章没有规定的，适用承揽合同的有关规定。

第十九章　运 输 合 同

第一节　一 般 规 定

| 第八百零九条 | 运输合同的定义 |

运输合同是承运人将旅客或者货物从起运地点运输到约定地点，旅客、托运人或者收货人支付票款或者运输费用的合同。

| 第八百一十条 | 公共运输承运人的强制缔约义务 |

从事公共运输的承运人不得拒绝旅客、托运人通常、合理的运输要求。

| 第八百一十一条 | 承运人安全运输义务 |

承运人应当在约定期限或者合理期限内将旅客、货物安全运输到约定地点。

▶条文参见

《铁路法》第 10 条；《最高人民法院关于审理铁路运输人身损害赔偿纠纷案件适用法律若干问题的解释》；《最高人民法院关于审理铁路运输损害赔偿案件若干问题的解释》第 7 条

| 第八百一十二条 | 承运人合理运输义务 |

承运人应当按照约定的或者通常的运输路线将旅客、货物运输到约定地点。

▶条文参见

《铁路法》第 12 条

第八百一十三条　支付票款或运输费用

旅客、托运人或者收货人应当支付票款或者运输费用。承运人未按照约定路线或者通常路线运输增加票款或者运输费用的，旅客、托运人或者收货人可以拒绝支付增加部分的票款或者运输费用。

▶条文参见

《铁路法》第 25、26 条

第二节　客运合同

第八百一十四条　客运合同的成立

客运合同自承运人向旅客出具客票时成立，但是当事人另有约定或者另有交易习惯的除外。

▶条文参见

《民用航空法》第 109 - 111 条；《海商法》第 110、111 条

第八百一十五条　按有效客票记载内容乘坐义务

旅客应当按照有效客票记载的时间、班次和座位号乘坐。旅客无票乘坐、超程乘坐、越级乘坐或者持不符合减价条件的优惠客票乘坐的，应当补交票款，承运人可以按照规定加收票款；旅客不支付票款的，承运人可以拒绝运输。

实名制客运合同的旅客丢失客票的，可以请求承运人挂失补办，承运人不得再次收取票款和其他不合理费用。

▶条文参见

《民用航空法》第 109、112、128 条；《海商法》第 112 条；《道路运输条例》第 17 条

第八百一十六条 退票与变更

旅客因自己的原因不能按照客票记载的时间乘坐的，应当在约定的期限内办理退票或者变更手续；逾期办理的，承运人可以不退票款，并不再承担运输义务。

第八百一十七条 按约定携带行李义务

旅客随身携带行李应当符合约定的限量和品类要求；超过限量或者违反品类要求携带行李的，应当办理托运手续。

第八百一十八条 危险物品或者违禁物品的携带禁止

旅客不得随身携带或者在行李中夹带易燃、易爆、有毒、有腐蚀性、有放射性以及可能危及运输工具上人身和财产安全的危险物品或者违禁物品。

旅客违反前款规定的，承运人可以将危险物品或者违禁物品卸下、销毁或者送交有关部门。旅客坚持携带或者夹带危险物品或者违禁物品的，承运人应当拒绝运输。

▶条文参见

《海商法》第 113 条；《民用航空安全保卫条例》第 26 – 33 条

第八百一十九条 承运人告知义务和旅客协助配合义务

承运人应当严格履行安全运输义务，及时告知旅客安全运输应当注意的事项。旅客对承运人为安全运输所作的合理安排应当积极协助和配合。

第八百二十条　承运人迟延运输或者有其他不能正常运输情形

承运人应当按照有效客票记载的时间、班次和座位号运输旅客。承运人迟延运输或者有其他不能正常运输情形的，应当及时告知和提醒旅客，采取必要的安置措施，并根据旅客的要求安排改乘其他班次或者退票；由此造成旅客损失的，承运人应当承担赔偿责任，但是不可归责于承运人的除外。

▶条文参见

《道路运输条例》第18、19条

第八百二十一条　承运人变更服务标准的后果

承运人擅自降低服务标准的，应当根据旅客的请求退票或者减收票款；提高服务标准的，不得加收票款。

第八百二十二条　承运人尽力救助义务

承运人在运输过程中，应当尽力救助患有急病、分娩、遇险的旅客。

第八百二十三条　旅客伤亡的赔偿责任

承运人应当对运输过程中旅客的伤亡承担赔偿责任；但是，伤亡是旅客自身健康原因造成的或者承运人证明伤亡是旅客故意、重大过失造成的除外。

前款规定适用于按照规定免票、持优待票或者经承运人许可搭乘的无票旅客。

▶条文参见

《民用航空法》第124、127 - 136条；《铁路法》第58条；

《海商法》第 114、115、117、118、120 - 126 条；《道路运输条例》第 16、35 条；《最高人民法院关于审理铁路运输人身损害赔偿纠纷案件适用法律若干问题的解释》

第八百二十四条　对行李的赔偿责任

在运输过程中旅客随身携带物品毁损、灭失，承运人有过错的，应当承担赔偿责任。

旅客托运的行李毁损、灭失的，适用货物运输的有关规定。

▶条文参见

《民用航空法》第 125 - 136 条；《铁路法》第 16 - 18 条；《海商法》第 114 - 126 条

第三节　货 运 合 同

第八百二十五条　托运人如实申报情况义务

托运人办理货物运输，应当向承运人准确表明收货人的姓名、名称或者凭指示的收货人，货物的名称、性质、重量、数量，收货地点等有关货物运输的必要情况。

因托运人申报不实或者遗漏重要情况，造成承运人损失的，托运人应当承担赔偿责任。

▶条文参见

《民用航空法》第 117 条；《铁路法》第 18、19、23 条；《海商法》第 66、68 条

第八百二十六条　托运人办理审批、检验等手续义务

货物运输需要办理审批、检验等手续的，托运人应当将办理完有关手续的文件提交承运人。

▶条文参见

《民用航空法》第 123 条；《道路运输条例》第 25 条

第八百二十七条　托运人的包装义务

托运人应当按照约定的方式包装货物。对包装方式没有约定或者约定不明确的，适用本法第六百一十九条的规定。

托运人违反前款规定的，承运人可以拒绝运输。

▶条文参见

《铁路法》第 20 条

第八百二十八条　托运人运送危险货物时的义务

托运人托运易燃、易爆、有毒、有腐蚀性、有放射性等危险物品的，应当按照国家有关危险物品运输的规定对危险物品妥善包装，做出危险物品标志和标签，并将有关危险物品的名称、性质和防范措施的书面材料提交承运人。

托运人违反前款规定的，承运人可以拒绝运输，也可以采取相应措施以避免损失的发生，因此产生的费用由托运人负担。

▶条文参见

《海商法》第 68 条；《道路运输条例》第 27 条；《国内水路运输管理条例》第 20 条；《民用航空安全保卫条例》第 30 - 32 条

第八百二十九条　托运人变更或解除的权利

在承运人将货物交付收货人之前，托运人可以要求承运人中止运输、返还货物、变更到达地或者将货物交给其他收货人，但是应当赔偿承运人因此受到的损失。

第八百三十条　提货

货物运输到达后，承运人知道收货人的，应当及时通知收货人，收货人应当及时提货。收货人逾期提货的，应当向承运人支付保管费等费用。

▶条文参见

《铁路法》第16、21条；《海商法》第50条

第八百三十一条　收货人对货物的检验

收货人提货时应当按照约定的期限检验货物。对检验货物的期限没有约定或者约定不明确，依据本法第五百一十条的规定仍不能确定的，应当在合理期限内检验货物。收货人在约定的期限或者合理期限内对货物的数量、毁损等未提出异议的，视为承运人已经按照运输单证的记载交付的初步证据。

第八百三十二条　承运人对货损的赔偿责任

承运人对运输过程中货物的毁损、灭失承担赔偿责任。但是，承运人证明货物的毁损、灭失是因不可抗力、货物本身的自然性质或者合理损耗以及托运人、收货人的过错造成的，不承担赔偿责任。

▶条文参见

《民用航空法》第125 - 136条；《铁路法》第16 - 18条

第八百三十三条　确定货损额的方法

货物的毁损、灭失的赔偿额，当事人有约定的，按照其约定；没有约定或者约定不明确，依据本法第五百一十条的规定仍不能确定的，按照交付或者应当交付时货物到达地的市场价格计算。法律、行政法规对赔偿额的计算方法和赔偿限额另有规定的，依照其规定。

第八百三十四条　相继运输的责任承担

两个以上承运人以同一运输方式联运的，与托运人订立合同的承运人应当对全程运输承担责任；损失发生在某一运输区段的，与托运人订立合同的承运人和该区段的承运人承担连带责任。

第八百三十五条　货物因不可抗力灭失的运费处理

货物在运输过程中因不可抗力灭失，未收取运费的，承运人不得请求支付运费；已经收取运费的，托运人可以请求返还。法律另有规定的，依照其规定。

第八百三十六条　承运人留置权

托运人或者收货人不支付运费、保管费或者其他费用的，承运人对相应的运输货物享有留置权，但是当事人另有约定的除外。

▶条文参见

《海商法》第 87、88 条

第八百三十七条　货物的提存

收货人不明或者收货人无正当理由拒绝受领货物的，承运人依法可以提存货物。

第四节　多式联运合同

第八百三十八条　多式联运经营人的权利义务

多式联运经营人负责履行或者组织履行多式联运合同，对全程运输享有承运人的权利，承担承运人的义务。

第八百三十九条　多式联运经营人的责任承担

多式联运经营人可以与参加多式联运的各区段承运人就多式联运合同的各区段运输约定相互之间的责任；但是，该约定不影响多式联运经营人对全程运输承担的义务。

▶条文参见

《海商法》第 104 条

第八百四十条　多式联运单据

多式联运经营人收到托运人交付的货物时，应当签发多式联运单据。按照托运人的要求，多式联运单据可以是可转让单据，也可以是不可转让单据。

第八百四十一条　托运人的过错赔偿责任

因托运人托运货物时的过错造成多式联运经营人损失的，即使托运人已经转让多式联运单据，托运人仍然应当承担赔偿责任。

第八百四十二条　赔偿责任的法律适用

货物的毁损、灭失发生于多式联运的某一运输区段的，多式联运经营人的赔偿责任和责任限额，适用调整该区段运输方式的有关法律规定；货物毁损、灭失发生的运输区段不能确定的，依照本章规定承担赔偿责任。

▶条文参见

《铁路法》第 29 条；《海商法》第 104 - 106 条

第二十章　技术合同

第一节　一般规定

第八百四十三条　技术合同的定义

技术合同是当事人就技术开发、转让、许可、咨询或者服务订立的确立相互之间权利和义务的合同。

第八百四十四条　订立技术合同的原则

订立技术合同，应当有利于知识产权的保护和科学技术的进步，促进科学技术成果的研发、转化、应用和推广。

▶条文参见

《最高人民法院关于审理技术合同纠纷案件适用法律若干问题的解释》（以下简称《技术合同纠纷司法解释》）第 1 条

第八百四十五条　技术合同的主要条款

技术合同的内容一般包括项目的名称，标的的内容、范围和要求，履行的计划、地点和方式，技术信息和资料的保密，技术成果的归属和收益的分配办法，验收标准和方法，名词和术语的解释等条款。

与履行合同有关的技术背景资料、可行性论证和技术评价报告、项目任务书和计划书、技术标准、技术规范、原始设计和工艺文件，以及其他技术文档，按照当事人的约定可以作为合同的组成部分。

技术合同涉及专利的，应当注明发明创造的名称、专利申请人和专利权人、申请日期、申请号、专利号以及专利权的有效期限。

第八百四十六条　技术合同价款、报酬或使用费的支付方式

技术合同价款、报酬或者使用费的支付方式由当事人约定，可以采取一次总算、一次总付或者一次总算、分期支付，也可以采取提成支付或者提成支付附加预付入门费的方式。

约定提成支付的，可以按照产品价格、实施专利和使用技术秘密后新增的产值、利润或者产品销售额的一定比例提成，也可以按照约定的其他方式计算。提成支付的比例可以采取固定比例、逐年递增比例或者逐年递减比例。

约定提成支付的，当事人可以约定查阅有关会计账目的办法。

▶条文参见

《技术合同纠纷司法解释》第 14 条

第八百四十七条　职务技术成果的财产权归属

职务技术成果的使用权、转让权属于法人或者非法人组织的，法人或者非法人组织可以就该项职务技术成果订立技术合同。法人或者非法人组织订立技术合同转让职务技术成果时，职务技术成果的完成人享有以同等条件优先受让的权利。

职务技术成果是执行法人或者非法人组织的工作任务，或者主要是利用法人或者非法人组织的物质技术条件所完成的技术成果。

▶条文参见

《专利法》第 6、14、15 条；《技术合同纠纷司法解释》第 2 - 7 条

第八百四十八条　非职务技术成果的财产权归属

非职务技术成果的使用权、转让权属于完成技术成果的个人，完成技术成果的个人可以就该项非职务技术成果订立技术合同。

第八百四十九条　技术成果人身权

完成技术成果的个人享有在有关技术成果文件上写明自己是技术成果完成者的权利和取得荣誉证书、奖励的权利。

第八百五十条　技术合同的无效

非法垄断技术或者侵害他人技术成果的技术合同无效。

▶条文参见

《技术合同纠纷司法解释》第 10 - 13 条

第二节 技术开发合同

第八百五十一条 技术开发合同的定义及种类

技术开发合同是当事人之间就新技术、新产品、新工艺、新品种或者新材料及其系统的研究开发所订立的合同。

技术开发合同包括委托开发合同和合作开发合同。

技术开发合同应当采用书面形式。

当事人之间就具有实用价值的科技成果实施转化订立的合同,参照适用技术开发合同的有关规定。

▶条文参见

《技术合同纠纷司法解释》第 17、18 条

第八百五十二条 委托人的主要义务

委托开发合同的委托人应当按照约定支付研究开发经费和报酬,提供技术资料,提出研究开发要求,完成协作事项,接受研究开发成果。

第八百五十三条 研究开发人的主要义务

委托开发合同的研究开发人应当按照约定制定和实施研究开发计划,合理使用研究开发经费,按期完成研究开发工作,交付研究开发成果,提供有关的技术资料和必要的技术指导,帮助委托人掌握研究开发成果。

第八百五十四条 委托开发合同的当事人违约责任

委托开发合同的当事人违反约定造成研究开发工作停滞、延误或者失败的,应当承担违约责任。

第八百五十五条 **合作开发各方的主要义务**

合作开发合同的当事人应当按照约定进行投资，包括以技术进行投资，分工参与研究开发工作，协作配合研究开发工作。

▶条文参见

《技术合同纠纷司法解释》第 19 条

第八百五十六条 **合作开发各方的违约责任**

合作开发合同的当事人违反约定造成研究开发工作停滞、延误或者失败的，应当承担违约责任。

第八百五十七条 **技术开发合同的解除**

作为技术开发合同标的的技术已经由他人公开，致使技术开发合同的履行没有意义的，当事人可以解除合同。

第八百五十八条 **技术开发合同的风险责任负担**

技术开发合同履行过程中，因出现无法克服的技术困难，致使研究开发失败或者部分失败的，该风险由当事人约定；没有约定或者约定不明确，依据本法第五百一十条的规定仍不能确定的，风险由当事人合理分担。

当事人一方发现前款规定的可能致使研究开发失败或者部分失败的情形时，应当及时通知另一方并采取适当措施减少损失；没有及时通知并采取适当措施，致使损失扩大的，应当就扩大的损失承担责任。

第八百五十九条　发明创造的归属和分享

委托开发完成的发明创造，除法律另有规定或者当事人另有约定外，申请专利的权利属于研究开发人。研究开发人取得专利权的，委托人可以依法实施该专利。

研究开发人转让专利申请权的，委托人享有以同等条件优先受让的权利。

第八百六十条　合作开发发明创造专利申请权的归属和分享

合作开发完成的发明创造，申请专利的权利属于合作开发的当事人共有；当事人一方转让其共有的专利申请权的，其他各方享有以同等条件优先受让的权利。但是，当事人另有约定的除外。

合作开发的当事人一方声明放弃其共有的专利申请权的，除当事人另有约定外，可以由另一方单独申请或者由其他各方共同申请。申请人取得专利权的，放弃专利申请权的一方可以免费实施该专利。

合作开发的当事人一方不同意申请专利的，另一方或者其他各方不得申请专利。

第八百六十一条　技术秘密成果的归属与分配

委托开发或者合作开发完成的技术秘密成果的使用权、转让权以及收益的分配办法，由当事人约定；没有约定或者约定不明确，依据本法第五百一十条的规定仍不能确定的，在没有相同技术方案被授予专利权前，当事人均有使用和转让的权利。但是，委托开发的研究开发人不得在向委托人交付研究开发成果之前，将研究开发成果转让给第三人。

► 条文参见

《促进科技成果转化法》第 40 条；《专利法》第 8 条；《技术合同纠纷司法解释》第 20、21 条

第三节　技术转让合同和技术许可合同

第八百六十二条　技术转让合同和技术许可合同的定义

> 技术转让合同是合法拥有技术的权利人，将现有特定的专利、专利申请、技术秘密的相关权利让与他人所订立的合同。
>
> 技术许可合同是合法拥有技术的权利人，将现有特定的专利、技术秘密的相关权利许可他人实施、使用所订立的合同。
>
> 技术转让合同和技术许可合同中关于提供实施技术的专用设备、原材料或者提供有关的技术咨询、技术服务的约定，属于合同的组成部分。

► 条文参见

《专利法》第 10、12 条；《技术合同纠纷司法解释》第 22 - 27 条

第八百六十三条　技术转让合同和技术许可合同的种类及合同要件

> 技术转让合同包括专利权转让、专利申请权转让、技术秘密转让等合同。
>
> 技术许可合同包括专利实施许可、技术秘密使用许可等合同。
>
> 技术转让合同和技术许可合同应当采用书面形式。

第八百六十四条　技术转让合同和技术许可合同的限制性条款

技术转让合同和技术许可合同可以约定实施专利或者使用技术秘密的范围，但是不得限制技术竞争和技术发展。

▶条文参见

《技术合同纠纷司法解释》第 28 条

第八百六十五条　专利实施许可合同的有效期限

专利实施许可合同仅在该专利权的存续期限内有效。专利权有效期限届满或者专利权被宣告无效的，专利权人不得就该专利与他人订立专利实施许可合同。

▶条文参见

《专利法》第 42 – 44 条

第八百六十六条　专利实施许可合同许可人的义务

专利实施许可合同的许可人应当按照约定许可被许可人实施专利，交付实施专利有关的技术资料，提供必要的技术指导。

第八百六十七条　专利实施许可合同被许可人的义务

专利实施许可合同的被许可人应当按照约定实施专利，不得许可约定以外的第三人实施该专利，并按照约定支付使用费。

第八百六十八条　技术秘密让与人和许可人的义务

技术秘密转让合同的让与人和技术秘密使用许可合同的许可人应当按照约定提供技术资料，进行技术指导，保证技术的实用性、可靠性，承担保密义务。

前款规定的保密义务，不限制许可人申请专利，但是当事人另有约定的除外。

第八百六十九条　技术秘密受让人和被许可人的义务

技术秘密转让合同的受让人和技术秘密使用许可合同的被许可人应当按照约定使用技术，支付转让费、使用费，承担保密义务。

第八百七十条　技术转让合同让与人和技术许可合同许可人的保证义务

技术转让合同的让与人和技术许可合同的许可人应当保证自己是所提供的技术的合法拥有者，并保证所提供的技术完整、无误、有效，能够达到约定的目标。

第八百七十一条　技术转让合同受让人和技术许可合同被许可人保密义务

技术转让合同的受让人和技术许可合同的被许可人应当按照约定的范围和期限，对让与人、许可人提供的技术中尚未公开的秘密部分，承担保密义务。

▶理解与适用

考虑到技术许可合同被许可人的保密义务与技术转让合同的受让人的保密义务是一致的，故本条在原《合同法》第350条规定的基础上增加了技术许可合同被许可人保密义务的规定。

第八百七十二条　技术许可人和让与人的违约责任

许可人未按照约定许可技术的，应当返还部分或者全部使用费，并应当承担违约责任；实施专利或者使用技术秘密超越约定的范围的，违反约定擅自许可第三人实施该项专利或者使用该项技术秘密的，应当停止违约行为，承担违约责任；违反约定的保密义务的，应当承担违约责任。

让与人承担违约责任，参照适用前款规定。

第八百七十三条　技术被许可人和受让人的违约责任

被许可人未按照约定支付使用费的，应当补交使用费并按照约定支付违约金；不补交使用费或者支付违约金的，应当停止实施专利或者使用技术秘密，交还技术资料，承担违约责任；实施专利或者使用技术秘密超越约定的范围的，未经许可人同意擅自许可第三人实施该专利或者使用该技术秘密的，应当停止违约行为，承担违约责任；违反约定的保密义务的，应当承担违约责任。

受让人承担违约责任，参照适用前款规定。

第八百七十四条　实施专利、使用技术秘密侵害他人合法权益责任承担

受让人或者被许可人按照约定实施专利、使用技术秘密侵害他人合法权益的，由让与人或者许可人承担责任，但是当事人另有约定的除外。

第八百七十五条　后续改进技术成果的分享办法

当事人可以按照互利的原则，在合同中约定实施专利、使用技术秘密后续改进的技术成果的分享办法；没有约定或者约定不明确，依据本法第五百一十条的规定仍不能确定的，一方后续改进的技术成果，其他各方无权分享。

第八百七十六条 **其他知识产权转让和许可的参照适用**

集成电路布图设计专有权、植物新品种权、计算机软件著作权等其他知识产权的转让和许可，参照适用本节的有关规定。

第八百七十七条 **技术进出口合同或专利、专利申请合同的法律适用**

法律、行政法规对技术进出口合同或者专利、专利申请合同另有规定的，依照其规定。

▶条文参见
《对外贸易法》第 13 - 18 条；《技术进出口管理条例》

第四节 技术咨询合同和技术服务合同

第八百七十八条 **技术咨询合同、技术服务合同的定义**

技术咨询合同是当事人一方以技术知识为对方就特定技术项目提供可行性论证、技术预测、专题技术调查、分析评价报告等所订立的合同。

技术服务合同是当事人一方以技术知识为对方解决特定技术问题所订立的合同，不包括承揽合同和建设工程合同。

▶条文参见
《技术合同纠纷司法解释》第 30、33 条

第八百七十九条 **技术咨询合同委托人的义务**

技术咨询合同的委托人应当按照约定阐明咨询的问题，提供技术背景材料及有关技术资料，接受受托人的工作成果，支付报酬。

第八百八十条　技术咨询合同受托人的义务

技术咨询合同的受托人应当按照约定的期限完成咨询报告或者解答问题，提出的咨询报告应当达到约定的要求。

▶条文参见

《技术合同纠纷司法解释》第 31、32 条

第八百八十一条　技术咨询合同当事人的违约责任及决策风险责任

技术咨询合同的委托人未按照约定提供必要的资料，影响工作进度和质量，不接受或者逾期接受工作成果的，支付的报酬不得追回，未支付的报酬应当支付。

技术咨询合同的受托人未按期提出咨询报告或者提出的咨询报告不符合约定的，应当承担减收或者免收报酬等违约责任。

技术咨询合同的委托人按照受托人符合约定要求的咨询报告和意见作出决策所造成的损失，由委托人承担，但是当事人另有约定的除外。

第八百八十二条　技术服务合同委托人的义务

技术服务合同的委托人应当按照约定提供工作条件，完成配合事项，接受工作成果并支付报酬。

第八百八十三条　技术服务合同受托人的义务

技术服务合同的受托人应当按照约定完成服务项目，解决技术问题，保证工作质量，并传授解决技术问题的知识。

▶条文参见

《技术合同纠纷司法解释》第 34 条

第八百八十四条 **技术服务合同的当事人违约责任**

技术服务合同的委托人不履行合同义务或者履行合同义务不符合约定，影响工作进度和质量，不接受或者逾期接受工作成果的，支付的报酬不得追回，未支付的报酬应当支付。

技术服务合同的受托人未按照约定完成服务工作的，应当承担免收报酬等违约责任。

▶条文参见

《技术合同纠纷司法解释》第 35 条

第八百八十五条 **技术成果的归属和分享**

技术咨询合同、技术服务合同履行过程中，受托人利用委托人提供的技术资料和工作条件完成的新的技术成果，属于受托人。委托人利用受托人的工作成果完成的新的技术成果，属于委托人。当事人另有约定的，按照其约定。

第八百八十六条 **受托人履行合同的费用负担**

技术咨询合同和技术服务合同对受托人正常开展工作所需费用的负担没有约定或者约定不明确的，由受托人负担。

第八百八十七条 **技术中介合同和技术培训合同法律适用**

法律、行政法规对技术中介合同、技术培训合同另有规定的，依照其规定。

▶条文参见

《技术合同纠纷司法解释》 第 36 - 41 条

第二十一章 保管合同

第八百八十八条 保管合同的定义

保管合同是保管人保管寄存人交付的保管物，并返还该物的合同。

寄存人到保管人处从事购物、就餐、住宿等活动，将物品存放在指定场所的，视为保管，但是当事人另有约定或者另有交易习惯的除外。

第八百八十九条 保管合同的报酬

寄存人应当按照约定向保管人支付保管费。

当事人对保管费没有约定或者约定不明确，依据本法第五百一十条的规定仍不能确定的，视为无偿保管。

第八百九十条 保管合同的成立

保管合同自保管物交付时成立，但是当事人另有约定的除外。

第八百九十一条 保管人给付保管凭证的义务

寄存人向保管人交付保管物的，保管人应当出具保管凭证，但是另有交易习惯的除外。

第八百九十二条 保管人对保管物的妥善保管义务

保管人应当妥善保管保管物。

当事人可以约定保管场所或者方法。除紧急情况或者为维护寄存人利益外，不得擅自改变保管场所或者方法。

第八百九十三条 寄存人如实告知义务

寄存人交付的保管物有瑕疵或者根据保管物的性质需要采取特殊保管措施的，寄存人应当将有关情况告知保管人。寄存人未告知，致使保管物受损失的，保管人不承担赔偿责任；保管人因此受损失的，除保管人知道或者应当知道且未采取补救措施外，寄存人应当承担赔偿责任。

第八百九十四条 保管人亲自保管义务

保管人不得将保管物转交第三人保管，但是当事人另有约定的除外。

保管人违反前款规定，将保管物转交第三人保管，造成保管物损失的，应当承担赔偿责任。

第八百九十五条 保管人不得使用或许可他人使用保管物义务

保管人不得使用或者许可第三人使用保管物，但是当事人另有约定的除外。

第八百九十六条 保管人返还保管物的义务及危险通知义务

第三人对保管物主张权利的，除依法对保管物采取保全或者执行措施外，保管人应当履行向寄存人返还保管物的义务。

第三人对保管人提起诉讼或者对保管物申请扣押的，保管人应当及时通知寄存人。

第八百九十七条 保管物毁损灭失责任

保管期内，因保管人保管不善造成保管物毁损、灭失的，保管人应当承担赔偿责任。但是，无偿保管人证明自己没有故意或者重大过失的，不承担赔偿责任。

►条文参见

《最高人民法院关于审理旅游纠纷案件适用法律若干问题的规定》第19条

第八百九十八条 寄存贵重物品的声明义务

寄存人寄存货币、有价证券或者其他贵重物品的，应当向保管人声明，由保管人验收或者封存；寄存人未声明的，该物品毁损、灭失后，保管人可以按照一般物品予以赔偿。

第八百九十九条 保管物的领取及领取时间

寄存人可以随时领取保管物。

当事人对保管期限没有约定或者约定不明确的，保管人可以随时请求寄存人领取保管物；约定保管期限的，保管人无特别事由，不得请求寄存人提前领取保管物。

第九百条 保管人归还原物及孳息的义务

保管期限届满或者寄存人提前领取保管物的，保管人应当将原物及其孳息归还寄存人。

第九百零一条 消费保管

保管人保管货币的，可以返还相同种类、数量的货币；保管其他可替代物的，可以按照约定返还相同种类、品质、数量的物品。

第九百零二条 保管费的支付期限

有偿的保管合同，寄存人应当按照约定的期限向保管人支付保管费。

当事人对支付期限没有约定或者约定不明确，依据本法第五百一十条的规定仍不能确定的，应当在领取保管物的同时支付。

第九百零三条 保管人的留置权

寄存人未按照约定支付保管费或者其他费用的，保管人对保管物享有留置权，但是当事人另有约定的除外。

第二十二章 仓储合同

第九百零四条 仓储合同的定义

仓储合同是保管人储存存货人交付的仓储物，存货人支付仓储费的合同。

第九百零五条 仓储合同的成立时间

仓储合同自保管人和存货人意思表示一致时成立。

第九百零六条 危险物品和易变质物品的储存

储存易燃、易爆、有毒、有腐蚀性、有放射性等危险物品或者易变质物品的，存货人应当说明该物品的性质，提供有关资料。

存货人违反前款规定的，保管人可以拒收仓储物，也可以采取相应措施以避免损失的发生，因此产生的费用由存货人负担。

保管人储存易燃、易爆、有毒、有腐蚀性、有放射性等危险物品的，应当具备相应的保管条件。

▶条文参见

《危险化学品安全管理条例》

第九百零七条 仓储物的验收

保管人应当按照约定对入库仓储物进行验收。保管人验收时发现入库仓储物与约定不符合的，应当及时通知存货人。保管人验收后，发生仓储物的品种、数量、质量不符合约定的，保管人应当承担赔偿责任。

▶条文参见

《粮油仓储管理办法》第9条

第九百零八条 保管人出具仓单、入库单义务

存货人交付仓储物的，保管人应当出具仓单、入库单等凭证。

第九百零九条 仓单的内容

保管人应当在仓单上签名或者盖章。仓单包括下列事项：

（一）存货人的姓名或者名称和住所；

（二）仓储物的品种、数量、质量、包装及其件数和标记；

（三）仓储物的损耗标准；

（四）储存场所；

（五）储存期限；

（六）仓储费；

（七）仓储物已经办理保险的，其保险金额、期间以及保险人的名称；

（八）填发人、填发地和填发日期。

第九百一十条 仓单的转让和出质

仓单是提取仓储物的凭证。存货人或者仓单持有人在仓单上背书并经保管人签名或者盖章的，可以转让提取仓储物的权利。

第九百一十一条　检查仓储物或提取样品的权利

保管人根据存货人或者仓单持有人的要求，应当同意其检查仓储物或者提取样品。

第九百一十二条　保管人的通知义务

保管人发现入库仓储物有变质或者其他损坏的，应当及时通知存货人或者仓单持有人。

第九百一十三条　保管人危险催告义务和紧急处置权

保管人发现入库仓储物有变质或者其他损坏，危及其他仓储物的安全和正常保管的，应当催告存货人或者仓单持有人作出必要的处置。因情况紧急，保管人可以作出必要的处置；但是，事后应当将该情况及时通知存货人或者仓单持有人。

第九百一十四条　仓储物的提取

当事人对储存期限没有约定或者约定不明确的，存货人或者仓单持有人可以随时提取仓储物，保管人也可以随时请求存货人或者仓单持有人提取仓储物，但是应当给予必要的准备时间。

第九百一十五条　仓储物的提取规则

储存期限届满，存货人或者仓单持有人应当凭仓单、入库单等提取仓储物。存货人或者仓单持有人逾期提取的，应当加收仓储费；提前提取的，不减收仓储费。

第九百一十六条　逾期提取仓储物

储存期限届满，存货人或者仓单持有人不提取仓储物的，保管人可以催告其在合理期限内提取；逾期不提取的，保管人可以提存仓储物。

第九百一十七条 保管不善的责任承担

储存期内，因保管不善造成仓储物毁损、灭失的，保管人应当承担赔偿责任。因仓储物本身的自然性质、包装不符合约定或者超过有效储存期造成仓储物变质、损坏的，保管人不承担赔偿责任。

第九百一十八条 参照适用保管合同的规定

本章没有规定的，适用保管合同的有关规定。

第二十三章 委托合同

第九百一十九条 委托合同的概念

委托合同是委托人和受托人约定，由受托人处理委托人事务的合同。

第九百二十条 委托权限

委托人可以特别委托受托人处理一项或者数项事务，也可以概括委托受托人处理一切事务。

▶条文参见

《律师法》第 25 条；《职业教育法》第 28 条

第九百二十一条 处理委托事务的费用

委托人应当预付处理委托事务的费用。受托人为处理委托事务垫付的必要费用，委托人应当偿还该费用并支付利息。

第九百二十二条　受托人服从指示的义务

受托人应当按照委托人的指示处理委托事务。需要变更委托人指示的，应当经委托人同意；因情况紧急，难以和委托人取得联系的，受托人应当妥善处理委托事务，但是事后应当将该情况及时报告委托人。

第九百二十三条　受托人亲自处理委托事务

受托人应当亲自处理委托事务。经委托人同意，受托人可以转委托。转委托经同意或者追认的，委托人可以就委托事务直接指示转委托的第三人，受托人仅就第三人的选任及其对第三人的指示承担责任。转委托未经同意或者追认的，受托人应当对转委托的第三人的行为承担责任；但是，在紧急情况下受托人为了维护委托人的利益需要转委托第三人的除外。

第九百二十四条　受托人的报告义务

受托人应当按照委托人的要求，报告委托事务的处理情况。委托合同终止时，受托人应当报告委托事务的结果。

第九百二十五条　受托人以自己名义从事受托事务的法律效果

受托人以自己的名义，在委托人的授权范围内与第三人订立的合同，第三人在订立合同时知道受托人与委托人之间的代理关系的，该合同直接约束委托人和第三人；但是，有确切证据证明该合同只约束受托人和第三人的除外。

第九百二十六条　委托人的介入权与第三人的选择权

受托人以自己的名义与第三人订立合同时，第三人不知道受托人与委托人之间的代理关系的，受托人因第三人的原因对委托人不履行义务，受托人应当向委托人披露第三人，委托人因此可以行使受托人对第三人的权利。但是，第三人与受托人订立合同时如果知道该委托人就不会订立合同的除外。

受托人因委托人的原因对第三人不履行义务，受托人应当向第三人披露委托人，第三人因此可以选择受托人或者委托人作为相对人主张其权利，但是第三人不得变更选定的相对人。

委托人行使受托人对第三人的权利的，第三人可以向委托人主张其对受托人的抗辩。第三人选定委托人作为其相对人的，委托人可以向第三人主张其对受托人的抗辩以及受托人对第三人的抗辩。

第九百二十七条　受托人转移所得利益的义务

受托人处理委托事务取得的财产，应当转交给委托人。

第九百二十八条　委托人支付报酬的义务

受托人完成委托事务的，委托人应当按照约定向其支付报酬。

因不可归责于受托人的事由，委托合同解除或者委托事务不能完成的，委托人应当向受托人支付相应的报酬。当事人另有约定的，按照其约定。

第九百二十九条　因受托人过错致委托人损失的赔偿责任

有偿的委托合同，因受托人的过错造成委托人损失的，委托人可以请求赔偿损失。无偿的委托合同，因受托人的故意或者重大过失造成委托人损失的，委托人可以请求赔偿损失。

受托人超越权限造成委托人损失的，应当赔偿损失。

第九百三十条　委托人的赔偿责任

　　受托人处理委托事务时，因不可归责于自己的事由受到损失的，可以向委托人请求赔偿损失。

第九百三十一条　委托人另行委托他人处理事务

　　委托人经受托人同意，可以在受托人之外委托第三人处理委托事务。因此造成受托人损失的，受托人可以向委托人请求赔偿损失。

第九百三十二条　共同委托

　　两个以上的受托人共同处理委托事务的，对委托人承担连带责任。

第九百三十三条　任意解除权

　　委托人或者受托人可以随时解除委托合同。因解除合同造成对方损失的，除不可归责于该当事人的事由外，无偿委托合同的解除方应当赔偿因解除时间不当造成的直接损失，有偿委托合同的解除方应当赔偿对方的直接损失和合同履行后可以获得的利益。

第九百三十四条　委托合同的终止

　　委托人死亡、终止或者受托人死亡、丧失民事行为能力、终止的，委托合同终止；但是，当事人另有约定或者根据委托事务的性质不宜终止的除外。

第九百三十五条　受托人继续处理委托事务

　　因委托人死亡或者被宣告破产、解散，致使委托合同终止将损害委托人利益的，在委托人的继承人、遗产管理人或者清算人承受委托事务之前，受托人应当继续处理委托事务。

第九百三十六条　受托人死亡后其继承人等的义务

因受托人死亡、丧失民事行为能力或者被宣告破产、解散，致使委托合同终止的，受托人的继承人、遗产管理人、法定代理人或者清算人应当及时通知委托人。因委托合同终止将损害委托人利益的，在委托人作出善后处理之前，受托人的继承人、遗产管理人、法定代理人或者清算人应当采取必要措施。

第二十四章　物业服务合同

第九百三十七条　物业服务合同的定义

物业服务合同是物业服务人在物业服务区域内，为业主提供建筑物及其附属设施的维修养护、环境卫生和相关秩序的管理维护等物业服务，业主支付物业费的合同。

物业服务人包括物业服务企业和其他管理人。

第九百三十八条　物业服务合同的内容与形式

物业服务合同的内容一般包括服务事项、服务质量、服务费用的标准和收取办法、维修资金的使用、服务用房的管理和使用、服务期限、服务交接等条款。

物业服务人公开作出的有利于业主的服务承诺，为物业服务合同的组成部分。

物业服务合同应当采用书面形式。

第九百三十九条　物业服务合同的约束力

建设单位依法与物业服务人订立的前期物业服务合同，以及业主委员会与业主大会依法选聘的物业服务人订立的物业服务合同，对业主具有法律约束力。

第九百四十条　前期物业服务合同的终止情形

建设单位依法与物业服务人订立的前期物业服务合同约定的服务期限届满前，业主委员会或者业主与新物业服务人订立的物业服务合同生效的，前期物业服务合同终止。

第九百四十一条　物业服务合同的转委托

物业服务人将物业服务区域内的部分专项服务事项委托给专业性服务组织或者其他第三人的，应当就该部分专项服务事项向业主负责。

物业服务人不得将其应当提供的全部物业服务转委托给第三人，或者将全部物业服务支解后分别转委托给第三人。

第九百四十二条　物业服务人的义务

物业服务人应当按照约定和物业的使用性质，妥善维修、养护、清洁、绿化和经营管理物业服务区域内的业主共有部分，维护物业服务区域内的基本秩序，采取合理措施保护业主的人身、财产安全。

对物业服务区域内违反有关治安、环保、消防等法律法规的行为，物业服务人应当及时采取合理措施制止、向有关行政主管部门报告并协助处理。

▶条文参见

《消防法》第18、46条；《物业管理条例》第35、46、47条

第九百四十三条　物业服务人的信息公开义务

物业服务人应当定期将服务的事项、负责人员、质量要求、收费项目、收费标准、履行情况，以及维修资金使用情况、业主共有部分的经营与收益情况等以合理方式向业主公开并向业主大会、业主委员会报告。

第九百四十四条　业主支付物业费义务

业主应当按照约定向物业服务人支付物业费。物业服务人已经按照约定和有关规定提供服务的，业主不得以未接受或者无需接受相关物业服务为由拒绝支付物业费。

业主违反约定逾期不支付物业费的，物业服务人可以催告其在合理期限内支付；合理期限届满仍不支付的，物业服务人可以提起诉讼或者申请仲裁。

物业服务人不得采取停止供电、供水、供热、供燃气等方式催交物业费。

▶条文参见

《物业管理条例》第 7、40 - 44 条；《最高人民法院关于审理物业服务纠纷案件适用法律若干问题的解释》第 2、3 条

第九百四十五条　业主的告知、协助义务

业主装饰装修房屋的，应当事先告知物业服务人，遵守物业服务人提示的合理注意事项，并配合其进行必要的现场检查。

业主转让、出租物业专有部分、设立居住权或者依法改变共有部分用途的，应当及时将相关情况告知物业服务人。

▶条文参见

《物业管理条例》第 49 - 55 条

第九百四十六条　业主解聘物业服务人

业主依照法定程序共同决定解聘物业服务人的，可以解除物业服务合同。决定解聘的，应当提前六十日书面通知物业服务人，但是合同对通知期限另有约定的除外。

依据前款规定解除合同造成物业服务人损失的，除不可归责于业主的事由外，业主应当赔偿损失。

第九百四十七条　物业服务人的续聘

物业服务期限届满前，业主依法共同决定续聘的，应当与原物业服务人在合同期限届满前续订物业服务合同。

物业服务期限届满前，物业服务人不同意续聘的，应当在合同期限届满前九十日书面通知业主或者业主委员会，但是合同对通知期限另有约定的除外。

第九百四十八条　不定期物业服务合同的成立与解除

物业服务期限届满后，业主没有依法作出续聘或者另聘物业服务人的决定，物业服务人继续提供物业服务的，原物业服务合同继续有效，但是服务期限为不定期。

当事人可以随时解除不定期物业服务合同，但是应当提前六十日书面通知对方。

第九百四十九条　物业服务合同终止后原物业服务人的义务

物业服务合同终止的，原物业服务人应当在约定期限或者合理期限内退出物业服务区域，将物业服务用房、相关设施、物业服务所必需的相关资料等交还给业主委员会、决定自行管理的业主或者其指定的人，配合新物业服务人做好交接工作，并如实告知物业的使用和管理状况。

原物业服务人违反前款规定的，不得请求业主支付物业服务合同终止后的物业费；造成业主损失的，应当赔偿损失。

▶条文参见

《最高人民法院关于审理物业服务纠纷案件适用法律若干问题的解释》第 3 条

第九百五十条 物业服务合同终止后新合同成立前期间的相关事项

物业服务合同终止后，在业主或者业主大会选聘的新物业服务人或者决定自行管理的业主接管之前，原物业服务人应当继续处理物业服务事项，并可以请求业主支付该期间的物业费。

第二十五章　行纪合同

第九百五十一条 行纪合同的概念

行纪合同是行纪人以自己的名义为委托人从事贸易活动，委托人支付报酬的合同。

第九百五十二条 行纪人的费用负担

行纪人处理委托事务支出的费用，由行纪人负担，但是当事人另有约定的除外。

第九百五十三条 行纪人保管义务

行纪人占有委托物的，应当妥善保管委托物。

第九百五十四条 行纪人处置委托物义务

委托物交付给行纪人时有瑕疵或者容易腐烂、变质的，经委托人同意，行纪人可以处分该物；不能与委托人及时取得联系的，行纪人可以合理处分。

第九百五十五条　行纪人按指定价格买卖的义务

行纪人低于委托人指定的价格卖出或者高于委托人指定的价格买入的，应当经委托人同意；未经委托人同意，行纪人补偿其差额的，该买卖对委托人发生效力。

行纪人高于委托人指定的价格卖出或者低于委托人指定的价格买入的，可以按照约定增加报酬；没有约定或者约定不明确，依据本法第五百一十条的规定仍不能确定的，该利益属于委托人。

委托人对价格有特别指示的，行纪人不得违背该指示卖出或者买入。

第九百五十六条　行纪人的介入权

行纪人卖出或者买入具有市场定价的商品，除委托人有相反的意思表示外，行纪人自己可以作为买受人或者出卖人。

行纪人有前款规定情形的，仍然可以请求委托人支付报酬。

第九百五十七条　委托人受领、取回义务及行纪人提存委托物

行纪人按照约定买入委托物，委托人应当及时受领。经行纪人催告，委托人无正当理由拒绝受领的，行纪人依法可以提存委托物。

委托物不能卖出或者委托人撤回出卖，经行纪人催告，委托人不取回或者不处分该物的，行纪人依法可以提存委托物。

第九百五十八条　行纪人的直接履行义务

行纪人与第三人订立合同的，行纪人对该合同直接享有权利、承担义务。

第三人不履行义务致使委托人受到损害的，行纪人应当承担赔偿责任，但是行纪人与委托人另有约定的除外。

第九百五十九条　行纪人的报酬请求权及留置权

行纪人完成或者部分完成委托事务的，委托人应当向其支付相应的报酬。委托人逾期不支付报酬的，行纪人对委托物享有留置权，但是当事人另有约定的除外。

第九百六十条　参照适用委托合同的规定

本章没有规定的，参照适用委托合同的有关规定。

第二十六章　中　介　合　同

第九百六十一条　中介合同的概念

中介合同是中介人向委托人报告订立合同的机会或者提供订立合同的媒介服务，委托人支付报酬的合同。

▶理解与适用

中介合同、委托合同、行纪合同都是接受委托人的委托处理委托事务或者提供某种服务的服务性合同。它们都是当事人与委托人之间的基础合同，在此基础上，又与第三人订立合同，所以一般都涉及三方当事人。

它们的不同点在于：1. 当事人的地位、提供的服务行为和行为法律后果的归属不同。中介合同的中介人，限于报告订约机会或媒介订约，其服务的范围有限制，只是介绍或协助委托人与第三人订立合同，委托人与第三人直接订立合同，中介人本人并不参与委托人与第三人之间的合同，在中介活动中不能自己作出或者代委托人作出意思表示；委托合同的受托人办理委托事务时，以委托人的名义或者以自己的名义进行活动，可以向第三人作出意思表示，代委托人与第三人订立合同，依照委托人的指示参与并可决定委托人与第三人之间的关系内容，处理事务的后果直接归于委托人；行纪合同的行纪人是行纪合同的一方当事人，行纪人以自己的名义为委托人办理交易事务，同时也是与第三人订立合同的当事人，与第三人发生直接的权利义务关系，处理事务的后果是间接地而不是直接地归于委托人，委托人与第三人之间不发生直接的法律关系。

2. 所处理事务内容的范围不同。中介合同的中介人，是为委托人提供与第三人订立合同的机会，或者为委托人提供媒介服务，在委托人与第三人之间进行斡旋促成他们的交易，其行为本身对于委托人与第三人之间订立的合同而言并不具有直接的法律意义；委托合同的受托人是按委托人的要求处理受托事务，处理的事务可以是有法律意义的事务，也可以是非法律意义的事务；行纪合同的行纪人则是按委托人的要求，从事购销、寄售等特定的民事法律行为，行纪人受托的事务只能是民事法律行为，其行纪行为具有法律意义。

3. 是否有偿以及报酬的来源和支付条件不同。中介合同是有偿合同，但中介人只能在有中介结果时才可以请求报酬，并且在为订约媒介中介时可从委托人和其相对人双方取得报酬；委托合同可以是有偿的，也可以是无偿的，有偿委托的受托人从委托人处获得报酬；行纪合同都是有偿合同，行纪人却仅从委托人一方取得报酬。

4. 费用的负担不同。在中介合同中，中介人促成合同成立的，中介活动的费用由中介人负担，双方可以约定没有促成合同成立的情况下费用由中介人还是委托人负担，或者双方分担。

324

在委托合同中，委托人应当负担受托人处理委托事务的费用，而且应当预付该费用。而行纪人应当自己负担处理委托事务支出的费用。

第九百六十二条 中介人的如实报告义务

中介人应当就有关订立合同的事项向委托人如实报告。

中介人故意隐瞒与订立合同有关的重要事实或者提供虚假情况，损害委托人利益的，不得请求支付报酬并应当承担赔偿责任。

▶条文参见

《房地产经纪管理办法》第 21 条

第九百六十三条 中介人的报酬请求权

中介人促成合同成立的，委托人应当按照约定支付报酬。对中介人的报酬没有约定或者约定不明确，依据本法第五百一十条的规定仍不能确定的，根据中介人的劳务合理确定。因中介人提供订立合同的媒介服务而促成合同成立的，由该合同的当事人平均负担中介人的报酬。

中介人促成合同成立的，中介活动的费用，由中介人负担。

▶条文参见

《房地产经纪管理办法》第 17 - 19 条

第九百六十四条 中介人的中介费用

中介人未促成合同成立的，不得请求支付报酬；但是，可以按照约定请求委托人支付从事中介活动支出的必要费用。

第九百六十五条 委托人"跳单"应支付中介报酬

委托人在接受中介人的服务后,利用中介人提供的交易机会或者媒介服务,绕开中介人直接订立合同的,应当向中介人支付报酬。

第九百六十六条 参照适用委托合同的规定

本章没有规定的,参照适用委托合同的有关规定。

第二十七章 合 伙 合 同

第九百六十七条 合伙合同的定义

合伙合同是两个以上合伙人为了共同的事业目的,订立的共享利益、共担风险的协议。

第九百六十八条 合伙人的出资义务

合伙人应当按照约定的出资方式、数额和缴付期限,履行出资义务。

▶条文参见

《合伙企业法》第16、17条

第九百六十九条 合伙财产的定义

合伙人的出资、因合伙事务依法取得的收益和其他财产,属于合伙财产。

合伙合同终止前,合伙人不得请求分割合伙财产。

▶条文参见

《合伙企业法》第20、21条

第九百七十条　合伙事务的执行

　　合伙人就合伙事务作出决定的，除合伙合同另有约定外，应当经全体合伙人一致同意。

　　合伙事务由全体合伙人共同执行。按照合伙合同的约定或者全体合伙人的决定，可以委托一个或者数个合伙人执行合伙事务；其他合伙人不再执行合伙事务，但是有权监督执行情况。

　　合伙人分别执行合伙事务的，执行事务合伙人可以对其他合伙人执行的事务提出异议；提出异议后，其他合伙人应当暂停该项事务的执行。

▶条文参见

　　《合伙企业法》第26－36条

第九百七十一条　合伙人执行合伙事务不得请求支付报酬

　　合伙人不得因执行合伙事务而请求支付报酬，但是合伙合同另有约定的除外。

第九百七十二条　合伙的利润分配和亏损分担

　　合伙的利润分配和亏损分担，按照合伙合同的约定办理；合伙合同没有约定或者约定不明确的，由合伙人协商决定；协商不成的，由合伙人按照实缴出资比例分配、分担；无法确定出资比例的，由合伙人平均分配、分担。

▶条文参见

　　《合伙企业法》第33条

第九百七十三条　合伙人对合伙债务的连带责任及追偿权

合伙人对合伙债务承担连带责任。清偿合伙债务超过自己应当承担份额的合伙人，有权向其他合伙人追偿。

▶条文参见

《合伙企业法》第 38 – 40 条

第九百七十四条　合伙人转让财产份额的要求

除合伙合同另有约定外，合伙人向合伙人以外的人转让其全部或者部分财产份额的，须经其他合伙人一致同意。

▶条文参见

《合伙企业法》第 22、23 条

第九百七十五条　合伙人债权人代位行使权利的限制

合伙人的债权人不得代位行使合伙人依照本章规定和合伙合同享有的权利，但是合伙人享有的利益分配请求权除外。

▶条文参见

《合伙企业法》第 41、42 条

第九百七十六条　合伙期限的推定

合伙人对合伙期限没有约定或者约定不明确，依据本法第五百一十条的规定仍不能确定的，视为不定期合伙。

合伙期限届满，合伙人继续执行合伙事务，其他合伙人没有提出异议的，原合伙合同继续有效，但是合伙期限为不定期。

合伙人可以随时解除不定期合伙合同，但是应当在合理期限之前通知其他合伙人。

第九百七十七条 合伙人死亡、民事行为能力丧失或终止时合伙合同的效力

> 合伙人死亡、丧失民事行为能力或者终止的，合伙合同终止；但是，合伙合同另有约定或者根据合伙事务的性质不宜终止的除外。

▶条文参见

《合伙企业法》第 80 条

第九百七十八条 合伙合同终止后剩余财产的分配规则

> 合伙合同终止后，合伙财产在支付因终止而产生的费用以及清偿合伙债务后有剩余的，依据本法第九百七十二条的规定进行分配。

第三分编　准　合　同

第二十八章　无　因　管　理

第九百七十九条 无因管理的定义及法律效果

> 管理人没有法定的或者约定的义务，为避免他人利益受损失而管理他人事务的，可以请求受益人偿还因管理事务而支出的必要费用；管理人因管理事务受到损失的，可以请求受益人给予适当补偿。
>
> 管理事务不符合受益人真实意思的，管理人不享有前款规定的权利；但是，受益人的真实意思违反法律或者违背公序良俗的除外。

第九百八十条　不适当的无因管理

管理人管理事务不属于前条规定的情形，但是受益人享有管理利益的，受益人应当在其获得的利益范围内向管理人承担前条第一款规定的义务。

第九百八十一条　管理人的善良管理义务

管理人管理他人事务，应当采取有利于受益人的方法。中断管理对受益人不利的，无正当理由不得中断。

第九百八十二条　管理人的通知义务

管理人管理他人事务，能够通知受益人的，应当及时通知受益人。管理的事务不需要紧急处理的，应当等待受益人的指示。

第九百八十三条　管理人的报告及移交财产义务

管理结束后，管理人应当向受益人报告管理事务的情况。管理人管理事务取得的财产，应当及时转交给受益人。

第九百八十四条　本人对管理事务的追认

管理人管理事务经受益人事后追认的，从管理事务开始时起，适用委托合同的有关规定，但是管理人另有意思表示的除外。

第二十九章　不当得利

第九百八十五条　不当得利的构成及除外情况

得利人没有法律根据取得不当利益的，受损失的人可以请求得利人返还取得的利益，但是有下列情形之一的除外：

（一）为履行道德义务进行的给付；

（二）债务到期之前的清偿；

（三）明知无给付义务而进行的债务清偿。

第九百八十六条　善意得利人的返还责任

得利人不知道且不应当知道取得的利益没有法律根据，取得的利益已经不存在的，不承担返还该利益的义务。

第九百八十七条　恶意得利人的返还责任

得利人知道或者应当知道取得的利益没有法律根据的，受损失的人可以请求得利人返还其取得的利益并依法赔偿损失。

第九百八十八条　第三人的返还义务

得利人已经将取得的利益无偿转让给第三人的，受损失的人可以请求第三人在相应范围内承担返还义务。

……

最高人民法院关于适用《中华人民共和国民法典》合同编通则若干问题的解释

(2023 年 5 月 23 日最高人民法院审判委员会第 1889 次会议通过 2023 年 12 月 4 日最高人民法院公告公布 自 2023 年 12 月 5 日起施行 法释〔2023〕13 号)

为正确审理合同纠纷案件以及非因合同产生的债权债务关系纠纷案件，依法保护当事人的合法权益，根据《中华人民共和国民法典》、《中华人民共和国民事诉讼法》等相关法律规定，结合审判实践，制定本解释。

一、一般规定

第一条 人民法院依据民法典第一百四十二条第一款、第四百六十六条第一款的规定解释合同条款时，应当以词句的通常含义为基础，结合相关条款、合同的性质和目的、习惯以及诚信原则，参考缔约背景、磋商过程、履行行为等因素确定争议条款的含义。

有证据证明当事人之间对合同条款有不同于词句的通常含义的其他共同理解，一方主张按照词句的通常含义理解合同条款的，人民法院不予支持。

对合同条款有两种以上解释，可能影响该条款效力的，人民法院应当选择有利于该条款有效的解释；属于无偿合同的，应当选择对债务人负担较轻的解释。

第二条 下列情形，不违反法律、行政法规的强制性规定且不违背公序良俗的，人民法院可以认定为民法典所称的"交易习惯"：

（一）当事人之间在交易活动中的惯常做法；

（二）在交易行为当地或者某一领域、某一行业通常采用并为交易对方订立合同时所知道或者应当知道的做法。

对于交易习惯，由提出主张的当事人一方承担举证责任。

二、合同的订立

第三条 当事人对合同是否成立存在争议，人民法院能够确定当事人姓名或者名称、标的和数量的，一般应当认定合同成立。但是，法律另有规定或者当事人另有约定的除外。

根据前款规定能够认定合同已经成立的，对合同欠缺的内容，人民法院应当依据民法典第五百一十条、第五百一十一条等规定予以确定。

当事人主张合同无效或者请求撤销、解除合同等，人民法院认为合同不成立的，应当依据《最高人民法院关于民事诉讼证据的若干规定》第五十三条的规定将合同是否成立作为焦点问题进行审理，并可以根据案件的具体情况重新指定举证期限。

第四条 采取招标方式订立合同，当事人请求确认合同自中标通知书到达中标人时成立的，人民法院应予支持。合同成立后，当事人拒绝签订书面合同的，人民法院应当依据招标文件、投标文件和中标通知书等确定合同内容。

采取现场拍卖、网络拍卖等公开竞价方式订立合同，当事人请求确认合同自拍卖师落槌、电子交易系统确认成交时成立的，人民法院应予支持。合同成立后，当事人拒绝签订成交确认书的，人民法院应当依据拍卖公告、竞买人的报价等确定合同内容。

产权交易所等机构主持拍卖、挂牌交易，其公布的拍卖公告、交易规则等文件公开确定了合同成立需要具备的条件，当事人请求确认合同自该条件具备时成立的，人民法院应予支持。

第五条 第三人实施欺诈、胁迫行为，使当事人在违背真实意思的情况下订立合同，受到损失的当事人请求第三人承担赔偿责任的，人民法院依法予以支持；当事人亦有违背诚信原则的行为的，人民法院应当根据各自的过错确定相应的责任。但是，法律、司法解释对当事人与第三人的民事责任另有规定的，依照其规定。

第六条 当事人以认购书、订购书、预订书等形式约定在将来一定期限内订立合同，或者为担保在将来一定期限内订立合同交付了定金，能够确定将来所要订立合同的主体、标的等内容的，人民法院应当认定预约合同成立。

当事人通过签订意向书或者备忘录等方式，仅表达交易的意向，未约定在将来一定期限内订立合同，或者虽然有约定但是难以确定将来所要订立合同的主体、标的等内容，一方主张预约合同成立的，人民法院不予支持。

当事人订立的认购书、订购书、预订书等已就合同标的、数量、价款或者报酬等主要内容达成合意，符合本解释第三条第一款规定的合同成立条件，未明确约定在将来一定期限内另行订立合同，或者虽然有约定但是当事人一方已实施履行行为且对方接受的，人民法院应当认定本约合同成立。

第七条　预约合同生效后，当事人一方拒绝订立本约合同或者在磋商订立本约合同时违背诚信原则导致未能订立本约合同的，人民法院应当认定该当事人不履行预约合同约定的义务。

人民法院认定当事人一方在磋商订立本约合同时是否违背诚信原则，应当综合考虑该当事人在磋商时提出的条件是否明显背离预约合同约定的内容以及是否已尽合理努力进行协商等因素。

第八条　预约合同生效后，当事人一方不履行订立本约合同的义务，对方请求其赔偿因此造成的损失的，人民法院依法予以支持。

前款规定的损失赔偿，当事人有约定的，按照约定；没有约定的，人民法院应当综合考虑预约合同在内容上的完备程度以及订立本约合同的条件的成就程度等因素酌定。

第九条　合同条款符合民法典第四百九十六条第一款规定的情形，当事人仅以合同系依据合同示范文本制作或者双方已经明确约定合同条款不属于格式条款为由主张该条款不是格式条款的，人民法院不予支持。

从事经营活动的当事人一方仅以未实际重复使用为由主张其预先拟定且未与对方协商的合同条款不是格式条款的，人民法院不予支持。但是，有证据证明该条款不是为了重复使用而预先拟定的除外。

第十条　提供格式条款的一方在合同订立时采用通常足以引起对方注意的文字、符号、字体等明显标识，提示对方注意免除或者减轻其责任、排除或者限制对方权利等与对方有重大利害关系的异常条款的，人民法院可以认定其已经履行民法典第四百九十六条第二款规定的提示义务。

提供格式条款的一方按照对方的要求，就与对方有重大利害关系的异常条款的概念、内容及其法律后果以书面或者口头形式向对方作出通常能够理解的解释说明的，人民法院可以认定其已经履行民法典第四百九十六条第二款规定的说明义务。

提供格式条款的一方对其已经尽到提示义务或者说明义务承担举证责任。对于通过互联网等信息网络订立的电子合同，提供格式条款的一方仅以采取了设置勾选、弹窗等方式为由主张其已经履行提示义务或者说明义务的，人民法院不予支持，但是其举证符合前两款规定的除外。

三、合同的效力

第十一条 当事人一方是自然人，根据该当事人的年龄、智力、知识、经验并结合交易的复杂程度，能够认定其对合同的性质、合同订立的法律后果或者交易中存在的特定风险缺乏应有的认知能力的，人民法院可以认定该情形构成民法典第一百五十一条规定的"缺乏判断能力"。

第十二条 合同依法成立后，负有报批义务的当事人不履行报批义务或者履行报批义务不符合合同的约定或者法律、行政法规的规定，对方请求其继续履行报批义务的，人民法院应予支持；对方主张解除合同并请求其承担违反报批义务的赔偿责任的，人民法院应予支持。

人民法院判决当事人一方履行报批义务后，其仍不履行，对方主张解除合同并参照违反合同的违约责任请求其承担赔偿责任的，人民法院应予支持。

合同获得批准前，当事人一方起诉请求对方履行合同约定的主要义务，经释明后拒绝变更诉讼请求的，人民法院应当判决驳回其诉讼请求，但是不影响其另行提起诉讼。

负有报批义务的当事人已经办理申请批准等手续或者已经履行生效判决确定的报批义务，批准机关决定不予批准，对方请求其承担赔偿责任的，人民法院不予支持。但是，因迟延履行报批义务等可归责于当事人的原因导致合同未获批准，对方请求赔偿因此受到的损失的，人民法院应当依据民法典第一百五十七条的规定处理。

第十三条 合同存在无效或者可撤销的情形，当事人以该合同已在有关行政管理部门办理备案、已经批准机关批准或者已依据该合同办理财产权利的变更登记、移转登记等为由主张合同有效的，人民法院不予支持。

第十四条 当事人之间就同一交易订立多份合同，人民法院应当认定其中以虚假意思表示订立的合同无效。当事人为规避法律、行政法规的强制性规定，以虚假意思表示隐藏真实意思表示的，人民法院应当依据民法典第一百五十三条第一款的规定认定被隐藏合同的效力；当事人为规避法律、行政法规关于合同应当办理批准等手续的规定，以虚假意思表示隐藏真实意思表示的，人民法院应当依据民法典第五百零二条第二款的规定认定被隐藏合同的效力。

依据前款规定认定被隐藏合同无效或者确定不发生效力的，人民法院应当以被隐藏合同为事实基础，依据民法典第一百五十七条的规定确定当事人的民事责任。但是，法律另有规定的除外。

当事人就同一交易订立的多份合同均系真实意思表示，且不存在其他影响合同效力情形的，人民法院应当在查明各合同成立先后顺序和实际履行情况的基础上，认定合同内容是否发生变更。法律、行政法规禁止变更合同内容的，人民法院应当认定合同的相应变更无效。

第十五条 人民法院认定当事人之间的权利义务关系，不应当拘泥于合同使用的名称，而应当根据合同约定的内容。当事人主张的权利义务关系与根据合同内容认定的权利义务关系不一致的，人民法院应当结合缔约背景、交易目的、交易结构、履行行为以及当事人是否存在虚构交易标的等事实认定当事人之间的实际民事法律关系。

第十六条 合同违反法律、行政法规的强制性规定，有下列情形之一，由行为人承担行政责任或者刑事责任能够实现强制性规定的立法目的的，人民法院可以依据民法典第一百五十三条第一款关于"该强制性规定不导致该民事法律行为无效的除外"的规定认定该合同不因违反强制性规定无效：

（一）强制性规定虽然旨在维护社会公共秩序，但是合同的实际履行对社会公共秩序造成的影响显著轻微，认定合同无效将导致案件处理结果有失公平公正；

（二）强制性规定旨在维护政府的税收、土地出让金等国家利益或者其他民事主体的合法利益而非合同当事人的民事权益，认定合同有效不会影响该规范目的的实现；

（三）强制性规定旨在要求当事人一方加强风险控制、内部管理等，对方无能力或者无义务审查合同是否违反强制性规定，认定合同无效将使其承担不利后果；

（四）当事人一方虽然在订立合同时违反强制性规定，但是在合同订立后其已经具备补正违反强制性规定的条件却违背诚信原则不予补正；

（五）法律、司法解释规定的其他情形。

法律、行政法规的强制性规定旨在规制合同订立后的履行行为，当事人以合同违反强制性规定为由请求认定合同无效的，人民法院不予支持。但是，合同履行必然导致违反强制性规定或者法律、司法解释另有规定的除外。

依据前两款认定合同有效，但是当事人的违法行为未经处理的，人民法院应当向有关行政管理部门提出司法建议。当事人的行为涉嫌犯罪的，应当将案件线索移送刑事侦查机关；属于刑事自诉案件的，应当告知当事人可以向有管辖权的人民法院另行提起诉讼。

第十七条 合同虽然不违反法律、行政法规的强制性规定，但是有下列情形之一，人民法院应当依据民法典第一百五十三条第二款的规定认定合同无效：

（一）合同影响政治安全、经济安全、军事安全等国家安全的；

（二）合同影响社会稳定、公平竞争秩序或者损害社会公共利益等违背社会公共秩序的；

（三）合同背离社会公德、家庭伦理或者有损人格尊严等违背善良风俗的。

人民法院在认定合同是否违背公序良俗时，应当以社会主义核心价值观为导向，综合考虑当事人的主观动机和交易目的、政府部门的监管强度、一定期限内当事人从事类似交易的频次、行为的社会后果等因素，并在裁判文书中充分说理。当事人确因生活需要进行交易，未给社会公共秩序造成重大影响，且不影响国家安全，也不违背善良风俗的，人民法院不应当认定合同无效。

第十八条 法律、行政法规的规定虽然有"应当""必须"或者"不得"等表述，但是该规定旨在限制或者赋予民事权利，行为人违反该规定将构成无权处分、无权代理、越权代表等，或者导致合同相对人、第三人因此获得撤销权、解除权等民事权利的，人民法院应当依据法律、行政法规规定的关于违反该规定的民事法律后果认定合同效力。

第十九条 以转让或者设定财产权利为目的订立的合同，当事人或者真正权利人仅以让与人在订立合同时对标的物没有所有权或者处分权为由主张合同无效的，人民法院不予支持；因未取得真正权利人事后同意或者让与人事后未取得处分权导致合同不能履行，受让人主张解除合同并请求让与人承担违反合同的赔偿责任的，人民法院依法予以支持。

前款规定的合同被认定有效，且让与人已经将财产交付或者移转登记至受让人，真正权利人请求认定财产权利未发生变动或者请求返还财产

337

的，人民法院应予支持。但是，受让人依据民法典第三百一十一条等规定善意取得财产权利的除外。

第二十条 法律、行政法规为限制法人的法定代表人或者非法人组织的负责人的代表权，规定合同所涉事项应当由法人、非法人组织的权力机构或者决策机构决议，或者应当由法人、非法人组织的执行机构决定，法定代表人、负责人未取得授权而以法人、非法人组织的名义订立合同，未尽到合理审查义务的相对人主张该合同对法人、非法人组织发生效力并由其承担违约责任的，人民法院不予支持，但是法人、非法人组织有过错的，可以参照民法典第一百五十七条的规定判决其承担相应的赔偿责任。相对人已尽到合理审查义务，构成表见代表的，人民法院应当依据民法典第五百零四条的规定处理。

合同所涉事项未超越法律、行政法规规定的法定代表人或者负责人的代表权限，但是超越法人、非法人组织的章程或者权力机构等对代表权的限制，相对人主张该合同对法人、非法人组织发生效力并由其承担违约责任的，人民法院依法予以支持。但是，法人、非法人组织举证证明相对人知道或者应当知道该限制的除外。

法人、非法人组织承担民事责任后，向有过错的法定代表人、负责人追偿因越权代表行为造成的损失的，人民法院依法予以支持。法律、司法解释对法定代表人、负责人的民事责任另有规定的，依照其规定。

第二十一条 法人、非法人组织的工作人员就超越其职权范围的事项以法人、非法人组织的名义订立合同，相对人主张该合同对法人、非法人组织发生效力并由其承担违约责任的，人民法院不予支持。但是，法人、非法人组织有过错的，人民法院可以参照民法典第一百五十七条的规定判决其承担相应的赔偿责任。前述情形，构成表见代理的，人民法院应当依据民法典第一百七十二条的规定处理。

合同所涉事项有下列情形之一的，人民法院应当认定法人、非法人组织的工作人员在订立合同时超越其职权范围：

（一）依法应当由法人、非法人组织的权力机构或者决策机构决议的事项；

（二）依法应当由法人、非法人组织的执行机构决定的事项；

（三）依法应当由法定代表人、负责人代表法人、非法人组织实施的事项；

（四）不属于通常情形下依其职权可以处理的事项。

338

合同所涉事项未超越依据前款确定的职权范围，但是超越法人、非法人组织对工作人员职权范围的限制，相对人主张该合同对法人、非法人组织发生效力并由其承担违约责任的，人民法院应予支持。但是，法人、非法人组织举证证明相对人知道或者应当知道该限制的除外。

法人、非法人组织承担民事责任后，向故意或者有重大过失的工作人员追偿的，人民法院依法予以支持。

第二十二条 法定代表人、负责人或者工作人员以法人、非法人组织的名义订立合同且未超越权限，法人、非法人组织仅以合同加盖的印章不是备案印章或者系伪造的印章为由主张该合同对其不发生效力的，人民法院不予支持。

合同系以法人、非法人组织的名义订立，但是仅有法定代表人、负责人或者工作人员签名或者按指印而未加盖法人、非法人组织的印章，相对人能够证明法定代表人、负责人或者工作人员在订立合同时未超越权限的，人民法院应当认定合同对法人、非法人组织发生效力。但是，当事人约定以加盖印章作为合同成立条件的除外。

合同仅加盖法人、非法人组织的印章而无人员签名或者按指印，相对人能够证明合同系法定代表人、负责人或者工作人员在其权限范围内订立的，人民法院应当认定该合同对法人、非法人组织发生效力。

在前三款规定的情形下，法定代表人、负责人或者工作人员在订立合同时虽然超越代表或者代理权限，但是依据民法典第五百零四条的规定构成表见代表，或者依据民法典第一百七十二条的规定构成表见代理的，人民法院应当认定合同对法人、非法人组织发生效力。

第二十三条 法定代表人、负责人或者代理人与相对人恶意串通，以法人、非法人组织的名义订立合同，损害法人、非法人组织的合法权益，法人、非法人组织主张不承担民事责任的，人民法院应予支持。法人、非法人组织请求法定代表人、负责人或者代理人与相对人对此受到的损失承担连带赔偿责任的，人民法院应予支持。

根据法人、非法人组织的举证，综合考虑当事人之间的交易习惯、合同在订立时是否显失公平、相关人员是否获取了不正当利益、合同的履行情况等因素，人民法院能够认定法定代表人、负责人或者代理人与相对人存在恶意串通的高度可能性的，可以要求前述人员就合同订立、履行的过程等相关事实作出陈述或者提供相应的证据。其无正当理由拒绝作出陈述，或者所作陈述不具合理性又不能提供相应证据的，人民法院可以认定恶意串通的事实成立。

第二十四条 合同不成立、无效、被撤销或者确定不发生效力，当事人请求返还财产，经审查财产能够返还的，人民法院应当根据案件具体情况，单独或者合并适用返还占有的标的物、更正登记簿册记载等方式；经审查财产不能返还或者没有必要返还的，人民法院应当以认定合同不成立、无效、被撤销或者确定不发生效力之日该财产的市场价值或者以其他合理方式计算的价值为基准判决折价补偿。

除前款规定的情形外，当事人还请求赔偿损失的，人民法院应当结合财产返还或者折价补偿的情况，综合考虑财产增值收益和贬值损失、交易成本的支出等事实，按照双方当事人的过错程度及原因力大小，根据诚信原则和公平原则，合理确定损失赔偿额。

合同不成立、无效、被撤销或者确定不发生效力，当事人的行为涉嫌违法且未经处理，可能导致一方或者双方通过违法行为获得不当利益的，人民法院应当向有关行政管理部门提出司法建议。当事人的行为涉嫌犯罪的，应当将案件线索移送刑事侦查机关；属于刑事自诉案件的，应当告知当事人可以向有管辖权的人民法院另行提起诉讼。

第二十五条 合同不成立、无效、被撤销或者确定不发生效力，有权请求返还价款或者报酬的当事人一方请求对方支付资金占用费的，人民法院应当在当事人请求的范围内按照中国人民银行授权全国银行间同业拆借中心公布的一年期贷款市场报价利率（LPR）计算。但是，占用资金的当事人对于合同不成立、无效、被撤销或者确定不发生效力没有过错，应当以中国人民银行公布的同期同类存款基准利率计算。

双方互负返还义务，当事人主张同时履行的，人民法院应予支持；占有标的物的一方对标的物存在使用或者依法可以使用的情形，对方请求将其应支付的资金占用费与应收取的标的物使用费相互抵销的，人民法院应予支持，但是法律另有规定的除外。

四、合同的履行

第二十六条 当事人一方未根据法律规定或者合同约定履行开具发票、提供证明文件等非主要债务，对方请求继续履行该债务并赔偿因怠于履行该债务造成的损失的，人民法院依法予以支持；对方请求解除合同的，人民法院不予支持，但是不履行该债务致使不能实现合同目的或者当事人另有约定的除外。

第二十七条　债务人或者第三人与债权人在债务履行期限届满后达成以物抵债协议，不存在影响合同效力情形的，人民法院应当认定该协议自当事人意思表示一致时生效。

债务人或者第三人履行以物抵债协议后，人民法院应当认定相应的原债务同时消灭；债务人或者第三人未按照约定履行以物抵债协议，经催告后在合理期限内仍不履行，债权人选择请求履行原债务或者以物抵债协议的，人民法院应予支持，但是法律另有规定或者当事人另有约定的除外。

前款规定的以物抵债协议经人民法院确认或者人民法院根据当事人达成的以物抵债协议制作成调解书，债权人主张财产权利自确认书、调解书生效时发生变动或者具有对抗善意第三人效力的，人民法院不予支持。

债务人或者第三人以自己不享有所有权或者处分权的财产权利订立以物抵债协议的，依据本解释第十九条的规定处理。

第二十八条　债务人或者第三人与债权人在债务履行期限届满前达成以物抵债协议的，人民法院应当在审理债权债务关系的基础上认定该协议的效力。

当事人约定债务人到期没有清偿债务，债权人可以对抵债财产拍卖、变卖、折价以实现债权的，人民法院应当认定该约定有效。当事人约定债务人到期没有清偿债务，抵债财产归债权人所有的，人民法院应当认定该约定无效，但是不影响其他部分的效力；债权人请求对抵债财产拍卖、变卖、折价以实现债权的，人民法院应予支持。

当事人订立前款规定的以物抵债协议后，债务人或者第三人未将财产权利转移至债权人名下，债权人主张优先受偿的，人民法院不予支持；债务人或者第三人已将财产权利转移至债权人名下的，依据《最高人民法院关于适用〈中华人民共和国民法典〉有关担保制度的解释》第六十八条的规定处理。

第二十九条　民法典第五百二十二条第二款规定的第三人请求债务人向自己履行债务的，人民法院应予支持；请求行使撤销权、解除权等民事权利的，人民法院不予支持，但是法律另有规定的除外。

合同依法被撤销或者被解除，债务人请求债权人返还财产的，人民法院应予支持。

债务人按照约定向第三人履行债务，第三人拒绝受领，债权人请求债务人向自己履行债务的，人民法院应予支持，但是债务人已经采取提存等

341

方式消灭债务的除外。第三人拒绝受领或者受领迟延，债务人请求债权人赔偿因此造成的损失的，人民法院依法予以支持。

第三十条 下列民事主体，人民法院可以认定为民法典第五百二十四条第一款规定的对履行债务具有合法利益的第三人：

（一）保证人或者提供物的担保的第三人；

（二）担保财产的受让人、用益物权人、合法占有人；

（三）担保财产上的后顺位担保权人；

（四）对债务人的财产享有合法权益且该权益将因财产被强制执行而丧失的第三人；

（五）债务人为法人或者非法人组织的，其出资人或者设立人；

（六）债务人为自然人的，其近亲属；

（七）其他对履行债务具有合法利益的第三人。

第三人在其已经代为履行的范围内取得对债务人的债权，但是不得损害债权人的利益。

担保人代为履行债务取得债权后，向其他担保人主张担保权利的，依据《最高人民法院关于适用〈中华人民共和国民法典〉有关担保制度的解释》第十三条、第十四条、第十八条第二款等规定处理。

第三十一条 当事人互负债务，一方以对方没有履行非主要债务为由拒绝履行自己的主要债务的，人民法院不予支持。但是，对方不履行非主要债务致使不能实现合同目的或者当事人另有约定的除外。

当事人一方起诉请求对方履行债务，被告依据民法典第五百二十五条的规定主张双方同时履行的抗辩且抗辩成立，被告未提起反诉的，人民法院应当判决被告在原告履行债务的同时履行自己的债务，并在判项中明确原告申请强制执行的，人民法院应当在原告履行自己的债务后对被告采取执行行为；被告提起反诉的，人民法院应当判决双方同时履行自己的债务，并在判项中明确任何一方申请强制执行的，人民法院应当在该当事人履行自己的债务后对对方采取执行行为。

当事人一方起诉请求对方履行债务，被告依据民法典第五百二十六条的规定主张原告应先履行的抗辩且抗辩成立的，人民法院应当驳回原告的诉讼请求，但是不影响原告履行债务后另行提起诉讼。

第三十二条 合同成立后，因政策调整或者市场供求关系异常变动等原因导致价格发生当事人在订立合同时无法预见的、不属于商业风险的涨跌，继续履行合同对于当事人一方明显不公平的，人民法院应当认定合同的基础条件发生了民法典第五百三十三条第一款规定的"重大变化"。但是，合同涉及市场属性活跃、长期以来价格波动较大的大宗商品以及股票、期货等风险投资型金融产品的除外。

合同的基础条件发生了民法典第五百三十三条第一款规定的重大变化，当事人请求变更合同的，人民法院不得解除合同；当事人一方请求变更合同，对方请求解除合同的，或者当事人一方请求解除合同，对方请求变更合同的，人民法院应当结合案件的实际情况，根据公平原则判决变更或者解除合同。

人民法院依据民法典第五百三十三条的规定判决变更或者解除合同的，应当综合考虑合同基础条件发生重大变化的时间、当事人重新协商的情况以及因合同变更或者解除给当事人造成的损失等因素，在判项中明确合同变更或者解除的时间。

当事人事先约定排除民法典第五百三十三条适用的，人民法院应当认定该约定无效。

五、合同的保全

第三十三条 债务人不履行其对债权人的到期债务，又不以诉讼或者仲裁方式向相对人主张其享有的债权或者与该债权有关的从权利，致使债权人的到期债权未能实现的，人民法院可以认定为民法典第五百三十五条规定的"债务人怠于行使其债权或者与该债权有关的从权利，影响债权人的到期债权实现"。

第三十四条 下列权利，人民法院可以认定为民法典第五百三十五条第一款规定的专属于债务人自身的权利：

（一）抚养费、赡养费或者扶养费请求权；

（二）人身损害赔偿请求权；

（三）劳动报酬请求权，但是超过债务人及其所扶养家属的生活必需费用的部分除外；

（四）请求支付基本养老保险金、失业保险金、最低生活保障金等保障当事人基本生活的权利；

（五）其他专属于债务人自身的权利。

第三十五条 债权人依据民法典第五百三十五条的规定对债务人的相对人提起代位权诉讼的，由被告住所地人民法院管辖，但是依法应当适用专属管辖规定的除外。

债务人或者相对人以双方之间的债权债务关系订有管辖协议为由提出异议的，人民法院不予支持。

第三十六条 债权人提起代位权诉讼后，债务人或者相对人以双方之间的债权债务关系订有仲裁协议为由对法院主管提出异议的，人民法院不予支持。但是，债务人或者相对人在首次开庭前就债务人与相对人之间的债权债务关系申请仲裁的，人民法院可以依法中止代位权诉讼。

第三十七条 债权人以债务人的相对人为被告向人民法院提起代位权诉讼，未将债务人列为第三人的，人民法院应当追加债务人为第三人。

两个以上债权人以债务人的同一相对人为被告提起代位权诉讼的，人民法院可以合并审理。债务人对相对人享有的债权不足以清偿其对两个以上债权人负担的债务的，人民法院应当按照债权人享有的债权比例确定相对人的履行份额，但是法律另有规定的除外。

第三十八条 债权人向人民法院起诉债务人后，又向同一人民法院对债务人的相对人提起代位权诉讼，属于该人民法院管辖的，可以合并审理。不属于该人民法院管辖的，应当告知其向有管辖权的人民法院另行起诉；在起诉债务人的诉讼终结前，代位权诉讼应当中止。

第三十九条 在代位权诉讼中，债务人对超过债权人代位请求数额的债权部分起诉相对人，属于同一人民法院管辖的，可以合并审理。不属于同一人民法院管辖的，应当告知其向有管辖权的人民法院另行起诉；在代位权诉讼终结前，债务人对相对人的诉讼应当中止。

第四十条 代位权诉讼中，人民法院经审理认为债权人的主张不符合代位权行使条件的，应当驳回诉讼请求，但是不影响债权人根据新的事实再次起诉。

债务人的相对人仅以债权人提起代位权诉讼时债权人与债务人之间的债权债务关系未经生效法律文书确认为由，主张债权人提起的诉讼不符合代位权行使条件的，人民法院不予支持。

第四十一条 债权人提起代位权诉讼后，债务人无正当理由减免相对人的债务或者延长相对人的履行期限，相对人以此向债权人抗辩的，人民法院不予支持。

第四十二条 对于民法典第五百三十九条规定的"明显不合理"的低价或者高价，人民法院应当按照交易当地一般经营者的判断，并参考交易时交易地的市场交易价或者物价部门指导价予以认定。

344

转让价格未达到交易时交易地的市场交易价或者指导价百分之七十的，一般可以认定为"明显不合理的低价"；受让价格高于交易时交易地的市场交易价或者指导价百分之三十的，一般可以认定为"明显不合理的高价"。

债务人与相对人存在亲属关系、关联关系的，不受前款规定的百分之七十、百分之三十的限制。

第四十三条 债务人以明显不合理的价格，实施互易财产、以物抵债、出租或者承租财产、知识产权许可使用等行为，影响债权人的债权实现，债务人的相对人知道或者应当知道该情形，债权人请求撤销债务人的行为的，人民法院应当依据民法典第五百三十九条的规定予以支持。

第四十四条 债权人依据民法典第五百三十八条、第五百三十九条的规定提起撤销权诉讼的，应当以债务人和债务人的相对人为共同被告，由债务人或者相对人的住所地人民法院管辖，但是依法应当适用专属管辖规定的除外。

两个以上债权人就债务人的同一行为提起撤销权诉讼的，人民法院可以合并审理。

第四十五条 在债权人撤销权诉讼中，被撤销行为的标的可分，当事人主张在受影响的债权范围内撤销债务人的行为的，人民法院应予支持；被撤销行为的标的不可分，债权人主张将债务人的行为全部撤销的，人民法院应予支持。

债权人行使撤销权所支付的合理的律师代理费、差旅费等费用，可以认定为民法典第五百四十条规定的"必要费用"。

第四十六条 债权人在撤销权诉讼中同时请求债务人的相对人向债务人承担返还财产、折价补偿、履行到期债务等法律后果的，人民法院依法予以支持。

债权人请求受理撤销权诉讼的人民法院一并审理其与债务人之间的债权债务关系，属于该人民法院管辖的，可以合并审理。不属于该人民法院管辖的，应当告知其向有管辖权的人民法院另行起诉。

债权人依据其与债务人的诉讼、撤销权诉讼产生的生效法律文书申请强制执行的，人民法院可以就债务人对相对人享有的权利采取强制执行措施以实现债权人的债权。债权人在撤销权诉讼中，申请对相对人的财产采取保全措施的，人民法院依法予以准许。

六、合同的变更和转让

第四十七条 债权转让后，债务人向受让人主张其对让与人的抗辩的，人民法院可以追加让与人为第三人。

债务转移后，新债务人主张原债务人对债权人的抗辩的，人民法院可以追加原债务人为第三人。

当事人一方将合同权利义务一并转让后，对方就合同权利义务向受让人主张抗辩或者受让人就合同权利义务向对方主张抗辩的，人民法院可以追加让与人为第三人。

第四十八条 债务人在接到债权转让通知前已经向让与人履行，受让人请求债务人履行的，人民法院不予支持；债务人接到债权转让通知后仍然向让与人履行，受让人请求债务人履行的，人民法院应予支持。

让与人未通知债务人，受让人直接起诉债务人请求履行债务，人民法院经审理确认债权转让事实的，应当认定债权转让自起诉状副本送达时对债务人发生效力。债务人主张因未通知而给其增加的费用或者造成的损失从认定的债权数额中扣除的，人民法院依法予以支持。

第四十九条 债务人接到债权转让通知后，让与人以债权转让合同不成立、无效、被撤销或者确定不发生效力为由请求债务人向其履行的，人民法院不予支持。但是，该债权转让通知被依法撤销的除外。

受让人基于债务人对债权真实存在的确认受让债权后，债务人又以该债权不存在为由拒绝向受让人履行的，人民法院不予支持。但是，受让人知道或者应当知道该债权不存在的除外。

第五十条 让与人将同一债权转让给两个以上受让人，债务人以已经向最先通知的受让人履行为由主张其不再履行债务的，人民法院应予支持。债务人明知接受履行的受让人不是最先通知的受让人，最先通知的受让人请求债务人继续履行债务或者依据债权转让协议请求让与人承担违约责任的，人民法院应予支持；最先通知的受让人请求接受履行的受让人返还其接受的财产的，人民法院不予支持，但是接受履行的受让人明知该债权在其受让前已经转让给其他受让人的除外。

前款所称最先通知的受让人，是指最先到达债务人的转让通知中载明的受让人。当事人之间对通知到达时间有争议的，人民法院应当结合通知的方式等因素综合判断，而不能仅根据债务人认可的通知时间或者通知记载的时间予以认定。当事人采用邮寄、通讯电子系统等方式发出通知的，人民法院应当以邮戳时间或者通讯电子系统记载的时间等作为认定通知到达时间的依据。

第五十一条 第三人加入债务并与债务人约定了追偿权，其履行债务后主张向债务人追偿的，人民法院应予支持；没有约定追偿权，第三人依照民法典关于不当得利等的规定，在其已经向债权人履行债务的范围内请求债务人向其履行的，人民法院应予支持，但是第三人知道或者应当知道加入债务会损害债务人利益的除外。

债务人就其对债权人享有的抗辩向加入债务的第三人主张的，人民法院应予支持。

七、合同的权利义务终止

第五十二条 当事人就解除合同协商一致时未对合同解除后的违约责任、结算和清理等问题作出处理，一方主张合同已经解除的，人民法院应予支持。但是，当事人另有约定的除外。

有下列情形之一的，除当事人一方另有意思表示外，人民法院可以认定合同解除：

（一）当事人一方主张行使法律规定或者合同约定的解除权，经审理认为不符合解除权行使条件但是对方同意解除；

（二）双方当事人均不符合解除权行使的条件但是均主张解除合同。

前两款情形下的违约责任、结算和清理等问题，人民法院应当依据民法典第五百六十六条、第五百六十七条和有关违约责任的规定处理。

第五十三条 当事人一方以通知方式解除合同，并以对方未在约定的异议期限或其他合理期限内提出异议为由主张合同已经解除的，人民法院应当对其是否享有法律规定或者合同约定的解除权进行审查。经审查，享有解除权的，合同自通知到达对方时解除；不享有解除权的，不发生合同解除的效力。

第五十四条 当事人一方未通知对方，直接以提起诉讼的方式主张解除合同，撤诉后再次起诉主张解除合同，人民法院经审理支持该主张的，合同自再次起诉的起诉状副本送达对方时解除。但是，当事人一方撤诉后又通知对方解除合同且该通知已经到达对方的除外。

第五十五条 当事人一方依据民法典第五百六十八条的规定主张抵

销，人民法院经审理认为抵销权成立的，应当认定通知到达对方时双方互负的主债务、利息、违约金或者损害赔偿金等债务在同等数额内消灭。

第五十六条 行使抵销权的一方负担的数项债务种类相同，但是享有的债权不足以抵销全部债务，当事人因抵销的顺序发生争议的，人民法院可以参照民法典第五百六十条的规定处理。

行使抵销权的一方享有的债权不足以抵销其负担的包括主债务、利息、实现债权的有关费用在内的全部债务，当事人因抵销的顺序发生争议的，人民法院可以参照民法典第五百六十一条的规定处理。

第五十七条 因侵害自然人人身权益，或者故意、重大过失侵害他人财产权益产生的损害赔偿债务，侵权人主张抵销的，人民法院不予支持。

第五十八条 当事人互负债务，一方以其诉讼时效期间已经届满的债权通知对方主张抵销，对方提出诉讼时效抗辩的，人民法院对该抗辩应予支持。一方的债权诉讼时效期间已经届满，对方主张抵销的，人民法院应予支持。

八、违约责任

第五十九条 当事人一方依据民法典第五百八十条第二款的规定请求终止合同权利义务关系的，人民法院一般应当以起诉状副本送达对方的时间作为合同权利义务关系终止的时间。根据案件的具体情况，以其他时间作为合同权利义务关系终止的时间更加符合公平原则和诚信原则的，人民法院可以以该时间作为合同权利义务关系终止的时间，但是应当在裁判文书中充分说明理由。

第六十条 人民法院依据民法典第五百八十四条的规定确定合同履行后可以获得的利益时，可以在扣除非违约方为订立、履行合同支出的费用等合理成本后，按照非违约方能够获得的生产利润、经营利润或者转售利润等计算。

非违约方依法行使合同解除权并实施了替代交易，主张按照替代交易价格与合同价格的差额确定合同履行后可以获得的利益的，人民法院依法予以支持；替代交易价格明显偏离替代交易发生时当地的市场价格，违约方主张按照市场价格与合同价格的差额确定合同履行后可以获得的利益的，人民法院应予支持。

非违约方依法行使合同解除权但是未实施替代交易，主张按照违约行为发生后合理期间内合同履行地的市场价格与合同价格的差额确定合同履行后可以获得的利益的，人民法院应予支持。

第六十一条 在以持续履行的债务为内容的定期合同中，一方不履行支付价款、租金等金钱债务，对方请求解除合同，人民法院经审理认为合同应当依法解除的，可以根据当事人的主张，参考合同主体、交易类型、市场价格变化、剩余履行期限等因素确定非违约方寻找替代交易的合理期限，并按照该期限对应的价款、租金等扣除非违约方应当支付的相应履约成本确定合同履行后可以获得的利益。

非违约方主张按照合同解除后剩余履行期限相应的价款、租金等扣除履约成本确定合同履行后可以获得的利益的，人民法院不予支持。但是，剩余履行期限少于寻找替代交易的合理期限的除外。

第六十二条 非违约方在合同履行后可以获得的利益难以根据本解释第六十条、第六十一条的规定予以确定的，人民法院可以综合考虑违约方因违约获得的利益、违约方的过错程度、其他违约情节等因素，遵循公平原则和诚信原则确定。

第六十三条 在认定民法典第五百八十四条规定的"违约一方订立合同时预见到或者应当预见到的因违约可能造成的损失"时，人民法院应当根据当事人订立合同的目的，综合考虑合同主体、合同内容、交易类型、交易习惯、磋商过程等因素，按照与违约方处于相同或者类似情况的民事主体在订立合同时预见到或者应当预见到的损失予以确定。

除合同履行后可以获得的利益外，非违约方主张还有其向第三人承担违约责任应当支出的额外费用等其他因违约所造成的损失，并请求违约方赔偿，经审理认为该损失系违约一方订立合同时预见到或者应当预见到的，人民法院应予支持。

在确定违约损失赔偿额时，违约方主张扣除非违约方未采取适当措施导致的扩大损失、非违约方也有过错造成的相应损失、非违约方因违约获得的额外利益或者减少的必要支出的，人民法院依法予以支持。

第六十四条 当事人一方通过反诉或者抗辩的方式，请求调整违约金的，人民法院依法予以支持。

违约方主张约定的违约金过分高于违约造成的损失，请求予以适当减少的，应当承担举证责任。非违约方主张约定的违约金合理的，也应当提供相应的证据。

当事人仅以合同约定不得对违约金进行调整为由主张不予调整违约金

的，人民法院不予支持。

第六十五条 当事人主张约定的违约金过分高于违约造成的损失，请求予以适当减少的，人民法院应当以民法典第五百八十四条规定的损失为基础，兼顾合同主体、交易类型、合同的履行情况、当事人的过错程度、履约背景等因素，遵循公平原则和诚信原则进行衡量，并作出裁判。

约定的违约金超过造成损失的百分之三十的，人民法院一般可以认定为过分高于造成的损失。

恶意违约的当事人一方请求减少违约金的，人民法院一般不予支持。

第六十六条 当事人一方请求对方支付违约金，对方以合同不成立、无效、被撤销、确定不发生效力、不构成违约或者非违约方不存在损失等为由抗辩，未主张调整过高的违约金的，人民法院应当就若不支持该抗辩，当事人是否请求调整违约金进行释明。第一审人民法院认为抗辩成立且未予释明，第二审人民法院认为应当判决支付违约金的，可以直接释明，并根据当事人的请求，在当事人就是否应当调整违约金充分举证、质证、辩论后，依法判决适当减少违约金。

被告因客观原因在第一审程序中未到庭参加诉讼，但是在第二审程序中到庭参加诉讼并请求减少违约金的，第二审人民法院可以在当事人就是否应当调整违约金充分举证、质证、辩论后，依法判决适当减少违约金。

第六十七条 当事人交付留置金、担保金、保证金、订约金、押金或者订金等，但是没有约定定金性质，一方主张适用民法典第五百八十七条规定的定金罚则的，人民法院不予支持。当事人约定了定金性质，但是未约定定金类型或者约定不明，一方主张为违约定金的，人民法院应予支持。

当事人约定以交付定金作为订立合同的担保，一方拒绝订立合同或者在磋商订立合同时违背诚信原则导致未能订立合同，对方主张适用民法典第五百八十七条规定的定金罚则的，人民法院应予支持。

当事人约定以交付定金作为合同成立或者生效条件，应当交付定金的一方未交付定金，但是合同主要义务已经履行完毕并为对方所接受的，人民法院应当认定合同在对方接受履行时已经成立或者生效。

当事人约定定金性质为解约定金，交付定金的一方主张以丧失定金为代价解除合同的，或者收受定金的一方主张以双倍返还定金为代价解除合同的，人民法院应予支持。

第六十八条 双方当事人均具有致使不能实现合同目的的违约行为，其中一方请求适用定金罚则的，人民法院不予支持。当事人一方仅有轻微违约，对方具有致使不能实现合同目的的违约行为，轻微违约方主张适用定金罚则，对方以轻微违约方也构成违约为由抗辩的，人民法院对该抗辩不予支持。

当事人一方已经部分履行合同，对方接受并主张按照未履行部分所占比例适用定金罚则的，人民法院应予支持。对方主张按照合同整体适用定金罚则的，人民法院不予支持，但是部分未履行致使不能实现合同目的的除外。

因不可抗力致使合同不能履行，非违约方主张适用定金罚则的，人民法院不予支持。

九、附　　则

第六十九条　本解释自 2023 年 12 月 5 日起施行。

民法典施行后的法律事实引起的民事案件，本解释施行后尚未终审的，适用本解释；本解释施行前已经终审，当事人申请再审或者按照审判监督程序决定再审的，不适用本解释。

最高人民法院关于适用《中华人民共和国民法典》有关担保制度的解释

（2020 年 12 月 25 日最高人民法院审判委员会第 1824 次会议通过　2020 年 12 月 31 日最高人民法院公告公布　自 2021 年 1 月 1 日起施行　法释〔2020〕28 号）

为正确适用《中华人民共和国民法典》有关担保制度的规定，结合民事审判实践，制定本解释。

一、关于一般规定

第一条　因抵押、质押、留置、保证等担保发生的纠纷，适用本解释。所有权保留买卖、融资租赁、保理等涉及担保功能发生的纠纷，适用

351

本解释的有关规定。

第二条 当事人在担保合同中约定担保合同的效力独立于主合同，或者约定担保人对主合同无效的法律后果承担担保责任，该有关担保独立性的约定无效。主合同有效的，有关担保独立性的约定无效不影响担保合同的效力；主合同无效的，人民法院应当认定担保合同无效，但是法律另有规定的除外。

因金融机构开立的独立保函发生的纠纷，适用《最高人民法院关于审理独立保函纠纷案件若干问题的规定》。

第三条 当事人对担保责任的承担约定专门的违约责任，或者约定的担保责任范围超出债务人应当承担的责任范围，担保人主张仅在债务人应当承担的责任范围内承担责任的，人民法院应予支持。

担保人承担的责任超出债务人应当承担的责任范围，担保人向债务人追偿，债务人主张仅在其应当承担的责任范围内承担责任的，人民法院应予支持；担保人请求债权人返还超出部分的，人民法院依法予以支持。

第四条 有下列情形之一，当事人将担保物权登记在他人名下，债务人不履行到期债务或者发生当事人约定的实现担保物权的情形，债权人或者其受托人主张就该财产优先受偿的，人民法院依法予以支持：

（一）为债券持有人提供的担保物权登记在债券受托管理人名下；

（二）为委托贷款人提供的担保物权登记在受托人名下；

（三）担保人知道债权人与他人之间存在委托关系的其他情形。

第五条 机关法人提供担保的，人民法院应当认定担保合同无效，但是经国务院批准为使用外国政府或者国际经济组织贷款进行转贷的除外。

居民委员会、村民委员会提供担保的，人民法院应当认定担保合同无效，但是依法代行村集体经济组织职能的村民委员会，依照村民委员会组织法规定的讨论决定程序对外提供担保的除外。

第六条 以公益为目的的非营利性学校、幼儿园、医疗机构、养老机构等提供担保的，人民法院应当认定担保合同无效，但是有下列情形之一的除外：

（一）在购入或者以融资租赁方式承租教育设施、医疗卫生设施、养老服务设施和其他公益设施时，出卖人、出租人为担保价款或者租金实现而在该公益设施上保留所有权；

（二）以教育设施、医疗卫生设施、养老服务设施和其他公益设施以外的不动产、动产或者财产权利设立担保物权。

登记为营利法人的学校、幼儿园、医疗机构、养老机构等提供担保，当事人以其不具有担保资格为由主张担保合同无效的，人民法院不予支持。

第七条 公司的法定代表人违反公司法关于公司对外担保决议程序的规定，超越权限代表公司与相对人订立担保合同，人民法院应当依照民法典第六十一条和第五百零四条等规定处理：

（一）相对人善意的，担保合同对公司发生效力；相对人请求公司承担担保责任的，人民法院应予支持。

（二）相对人非善意的，担保合同对公司不发生效力；相对人请求公司承担赔偿责任的，参照适用本解释第十七条的有关规定。

法定代表人超越权限提供担保造成公司损失，公司请求法定代表人承担赔偿责任的，人民法院应予支持。

第一款所称善意，是指相对人在订立担保合同时不知道且不应当知道法定代表人超越权限。相对人有证据证明已对公司决议进行了合理审查，人民法院应当认定其构成善意，但是公司有证据证明相对人知道或者应当知道决议系伪造、变造的除外。

第八条 有下列情形之一，公司以其未依照公司法关于公司对外担保的规定作出决议为由主张不承担担保责任的，人民法院不予支持：

（一）金融机构开立保函或者担保公司提供担保；

（二）公司为其全资子公司开展经营活动提供担保；

（三）担保合同系由单独或者共同持有公司三分之二以上对担保事项有表决权的股东签字同意。

上市公司对外提供担保，不适用前款第二项、第三项的规定。

第九条 相对人根据上市公司公开披露的关于担保事项已经董事会或者股东大会决议通过的信息，与上市公司订立担保合同，相对人主张担保合同对上市公司发生效力，并由上市公司承担担保责任的，人民法院应予支持。

相对人未根据上市公司公开披露的关于担保事项已经董事会或者股东大会决议通过的信息，与上市公司订立担保合同，上市公司主张担保合同对其不发生效力，且不承担担保责任或者赔偿责任的，人民法院应予支持。

相对人与上市公司已公开披露的控股子公司订立的担保合同，或者相对人与股票在国务院批准的其他全国性证券交易场所交易的公司订立的担保合同，适用前两款规定。

　　第十条　一人有限责任公司为其股东提供担保，公司以违反公司法关于公司对外担保决议程序的规定为由主张不承担担保责任的，人民法院不予支持。公司因承担担保责任导致无法清偿其他债务，提供担保时的股东不能证明公司财产独立于自己的财产，其他债权人请求该股东承担连带责任的，人民法院应予支持。

　　第十一条　公司的分支机构未经公司股东（大）会或者董事会决议以自己的名义对外提供担保，相对人请求公司或者其分支机构承担担保责任的，人民法院不予支持，但是相对人不知道且不应当知道分支机构对外提供担保未经公司决议程序的除外。

　　金融机构的分支机构在其营业执照记载的经营范围内开立保函，或者经有权从事担保业务的上级机构授权开立保函，金融机构或者其分支机构以违反公司法关于公司对外担保决议程序的规定为由主张不承担担保责任的，人民法院不予支持。金融机构的分支机构未经金融机构授权提供保函之外的担保，金融机构或者其分支机构主张不承担担保责任的，人民法院应予支持，但是相对人不知道且不应当知道分支机构对外提供担保未经金融机构授权的除外。

　　担保公司的分支机构未经担保公司授权对外提供担保，担保公司或者其分支机构主张不承担担保责任的，人民法院应予支持，但是相对人不知道且不应当知道分支机构对外提供担保未经担保公司授权的除外。

　　公司的分支机构对外提供担保，相对人非善意，请求公司承担赔偿责任的，参照本解释第十七条的有关规定处理。

　　第十二条　法定代表人依照民法典第五百五十二条的规定以公司名义加入债务的，人民法院在认定该行为的效力时，可以参照本解释关于公司为他人提供担保的有关规则处理。

　　第十三条　同一债务有两个以上第三人提供担保，担保人之间约定相互追偿及分担份额，承担了担保责任的担保人请求其他担保人按照约定分担份额的，人民法院应予支持；担保人之间约定承担连带共同担保，或者约定相互追偿但是未约定分担份额的，各担保人按照比例分担向债务人不能追偿的部分。

　　同一债务有两个以上第三人提供担保，担保人之间未对相互追偿作出约定且未约定承担连带共同担保，但是各担保人在同一份合同书上签字、盖章或者按指印，承担了担保责任的担保人请求其他担保人按照比例分担向债务人不能追偿部分的，人民法院应予支持。

除前两款规定的情形外，承担了担保责任的担保人请求其他担保人分担向债务人不能追偿部分的，人民法院不予支持。

第十四条 同一债务有两个以上第三人提供担保，担保人受让债权的，人民法院应当认定该行为系承担担保责任。受让债权的担保人作为债权人请求其他担保人承担担保责任的，人民法院不予支持；该担保人请求其他担保人分担相应份额的，依照本解释第十三条的规定处理。

第十五条 最高额担保中的最高债权额，是指包括主债权及其利息、违约金、损害赔偿金、保管担保财产的费用、实现债权或者实现担保物权的费用等在内的全部债权，但是当事人另有约定的除外。

登记的最高债权额与当事人约定的最高债权额不一致的，人民法院应当依据登记的最高债权额确定债权人优先受偿的范围。

第十六条 主合同当事人协议以新贷偿还旧贷，债权人请求旧贷的担保人承担担保责任的，人民法院不予支持；债权人请求新贷的担保人承担担保责任的，按照下列情形处理：

（一）新贷与旧贷的担保人相同的，人民法院应予支持；

（二）新贷与旧贷的担保人不同，或者旧贷无担保新贷有担保的，人民法院不予支持，但是债权人有证据证明新贷的担保人提供担保时对以新贷偿还旧贷的事实知道或者应当知道的除外。

主合同当事人协议以新贷偿还旧贷，旧贷的物的担保人在登记尚未注销的情形下同意继续为新贷提供担保，在订立新的贷款合同前又以该担保财产为其他债权人设立担保物权，其他债权人主张其担保物权顺位优先于新贷债权人的，人民法院不予支持。

第十七条 主合同有效而第三人提供的担保合同无效，人民法院应当区分不同情形确定担保人的赔偿责任：

（一）债权人与担保人均有过错的，担保人承担的赔偿责任不应超过债务人不能清偿部分的二分之一；

（二）担保人有过错而债权人无过错的，担保人对债务人不能清偿的部分承担赔偿责任；

（三）债权人有过错而担保人无过错的，担保人不承担赔偿责任。

主合同无效导致第三人提供的担保合同无效，担保人无过错的，不承担赔偿责任；担保人有过错的，其承担的赔偿责任不应超过债务人不能清偿部分的三分之一。

第十八条　承担了担保责任或者赔偿责任的担保人，在其承担责任的范围内向债务人追偿的，人民法院应予支持。

同一债权既有债务人自己提供的物的担保，又有第三人提供的担保，承担了担保责任或者赔偿责任的第三人，主张行使债权人对债务人享有的担保物权的，人民法院应予支持。

第十九条　担保合同无效，承担了赔偿责任的担保人按照反担保合同的约定，在其承担赔偿责任的范围内请求反担保人承担担保责任的，人民法院应予支持。

反担保合同无效的，依照本解释第十七条的有关规定处理。当事人仅以担保合同无效为由主张反担保合同无效的，人民法院不予支持。

第二十条　人民法院在审理第三人提供的物的担保纠纷案件时，可以适用民法典第六百九十五条第一款、第六百九十六条第一款、第六百九十七条第二款、第六百九十九条、第七百条、第七百零一条、第七百零二条等关于保证合同的规定。

第二十一条　主合同或者担保合同约定了仲裁条款的，人民法院对约定仲裁条款的合同当事人之间的纠纷无管辖权。

债权人一并起诉债务人和担保人的，应当根据主合同确定管辖法院。

债权人依法可以单独起诉担保人且仅起诉担保人的，应当根据担保合同确定管辖法院。

第二十二条　人民法院受理债务人破产案件后，债权人请求担保人承担担保责任，担保人主张担保债务自人民法院受理破产申请之日起停止计息的，人民法院对担保人的主张应予支持。

第二十三条　人民法院受理债务人破产案件，债权人在破产程序中申报债权后又向人民法院提起诉讼，请求担保人承担担保责任的，人民法院依法予以支持。

担保人清偿债权人的全部债权后，可以代替债权人在破产程序中受偿；在债权人的债权未获全部清偿前，担保人不得代替债权人在破产程序中受偿，但是有权就债权人通过破产分配和实现担保债权等方式获得清偿总额中超出债权的部分，在其承担担保责任的范围内请求债权人返还。

债权人在债务人破产程序中未获全部清偿，请求担保人继续承担担保责任的，人民法院应予支持；担保人承担担保责任后，向和解协议或者重整计划执行完毕后的债务人追偿的，人民法院不予支持。

第二十四条　债权人知道或者应当知道债务人破产，既未申报债权也

356

未通知担保人，致使担保人不能预先行使追偿权的，担保人就该债权在破产程序中可能受偿的范围内免除担保责任，但是担保人因自身过错未行使追偿权的除外。

二、关于保证合同

第二十五条 当事人在保证合同中约定了保证人在债务人不能履行债务或者无力偿还债务时才承担保证责任等类似内容，具有债务人应当先承担责任的意思表示的，人民法院应当将其认定为一般保证。

当事人在保证合同中约定了保证人在债务人不履行债务或者未偿还债务时即承担保证责任、无条件承担保证责任等类似内容，不具有债务人应当先承担责任的意思表示的，人民法院应当将其认定为连带责任保证。

第二十六条 一般保证中，债权人以债务人为被告提起诉讼的，人民法院应予受理。债权人未就主合同纠纷提起诉讼或者申请仲裁，仅起诉一般保证人的，人民法院应当驳回起诉。

一般保证中，债权人一并起诉债务人和保证人的，人民法院可以受理，但是在作出判决时，除有民法典第六百八十七条第二款但书规定的情形外，应当在判决书主文中明确，保证人仅对债务人财产依法强制执行后仍不能履行的部分承担保证责任。

债权人未对债务人的财产申请保全，或者保全的债务人的财产足以清偿债务，债权人申请对一般保证人的财产进行保全的，人民法院不予准许。

第二十七条 一般保证的债权人取得对债务人赋予强制执行效力的公证债权文书后，在保证期间内向人民法院申请强制执行，保证人以债权人未在保证期间内对债务人提起诉讼或者申请仲裁为由主张不承担保证责任的，人民法院不予支持。

第二十八条 一般保证中，债权人依据生效法律文书对债务人的财产依法申请强制执行，保证债务诉讼时效的起算时间按照下列规则确定：

（一）人民法院作出终结本次执行程序裁定，或者依照民事诉讼法第二百五十七条第三项、第五项的规定作出终结执行裁定的，自裁定送达债权人之日起开始计算；

（二）人民法院自收到申请执行书之日起一年内未作出前项裁定的，自人民法院收到申请执行书满一年之日起开始计算，但是保证人有证据证明债务人仍有财产可供执行的除外。

一般保证的债权人在保证期间届满前对债务人提起诉讼或者申请仲裁，债权人举证证明存在民法典第六百八十七条第二款但书规定情形的，保证债务的诉讼时效自债权人知道或者应当知道该情形之日起开始计算。

第二十九条 同一债务有两个以上保证人，债权人以其已经在保证期间内依法向部分保证人行使权利为由，主张已经在保证期间内向其他保证人行使权利的，人民法院不予支持。

同一债务有两个以上保证人，保证人之间相互有追偿权，债权人未在保证期间内依法向部分保证人行使权利，导致其他保证人在承担保证责任后丧失追偿权，其他保证人主张在其不能追偿的范围内免除保证责任的，人民法院应予支持。

第三十条 最高额保证合同对保证期间的计算方式、起算时间等有约定的，按照其约定。

最高额保证合同对保证期间的计算方式、起算时间等没有约定或者约定不明，被担保债权的履行期限均已届满的，保证期间自债权确定之日起开始计算；被担保债权的履行期限尚未届满的，保证期间自最后到期债权的履行期限届满之日起开始计算。

前款所称债权确定之日，依照民法典第四百二十三条的规定认定。

第三十一条 一般保证的债权人在保证期间内对债务人提起诉讼或者申请仲裁后，又撤回起诉或者仲裁申请，债权人在保证期间届满前未再行提起诉讼或者申请仲裁，保证人主张不再承担保证责任的，人民法院应予支持。

连带责任保证的债权人在保证期间内对保证人提起诉讼或者申请仲裁后，又撤回起诉或者仲裁申请，起诉状副本或者仲裁申请书副本已经送达保证人的，人民法院应当认定债权人已经在保证期间内向保证人行使了权利。

第三十二条 保证合同约定保证人承担保证责任直至主债务本息还清时为止等类似内容的，视为约定不明，保证期间为主债务履行期限届满之日起六个月。

第三十三条 保证合同无效，债权人未在约定或者法定的保证期间内依法行使权利，保证人主张不承担赔偿责任的，人民法院应予支持。

第三十四条 人民法院在审理保证合同纠纷案件时，应当将保证期间是否届满、债权人是否在保证期间内依法行使权利等事实作为案件基本事实予以查明。

债权人在保证期间内未依法行使权利的，保证责任消灭。保证责任消灭后，债权人书面通知保证人要求承担保证责任，保证人在通知书上签字、盖章或者按指印，债权人请求保证人继续承担保证责任的，人民法院不予支持，但是债权人有证据证明成立了新的保证合同的除外。

第三十五条 保证人知道或者应当知道主债权诉讼时效期间届满仍然提供保证或者承担保证责任，又以诉讼时效期间届满为由拒绝承担保证责任或者请求返还财产的，人民法院不予支持；保证人承担保证责任后向债务人追偿的，人民法院不予支持，但是债务人放弃诉讼时效抗辩的除外。

第三十六条 第三人向债权人提供差额补足、流动性支持等类似承诺文件作为增信措施，具有提供担保的意思表示，债权人请求第三人承担保证责任的，人民法院应当依照保证的有关规定处理。

第三人向债权人提供的承诺文件，具有加入债务或者与债务人共同承担债务等意思表示的，人民法院应当认定为民法典第五百五十二条规定的债务加入。

前两款中第三人提供的承诺文件难以确定是保证还是债务加入的，人民法院应当将其认定为保证。

第三人向债权人提供的承诺文件不符合前三款规定的情形，债权人请求第三人承担保证责任或者连带责任的，人民法院不予支持，但是不影响其依据承诺文件请求第三人履行约定的义务或者承担相应的民事责任。

三、关于担保物权

（一）担保合同与担保物权的效力

第三十七条 当事人以所有权、使用权不明或者有争议的财产抵押，经审查构成无权处分的，人民法院应当依照民法典第三百一十一条的规定处理。

当事人以依法被查封或者扣押的财产抵押，抵押权人请求行使抵押权，经审查查封或者扣押措施已经解除的，人民法院应予支持。抵押人以抵押权设立时财产被查封或者扣押为由主张抵押合同无效的，人民法院不予支持。

以依法被监管的财产抵押的，适用前款规定。

第三十八条　主债权未受全部清偿，担保物权人主张就担保财产的全部行使担保物权的，人民法院应予支持，但是留置权人行使留置权的，应当依照民法典第四百五十条的规定处理。

担保财产被分割或者部分转让，担保物权人主张就分割或者转让后的担保财产行使担保物权的，人民法院应予支持，但是法律或者司法解释另有规定的除外。

第三十九条　主债权被分割或者部分转让，各债权人主张就其享有的债权份额行使担保物权的，人民法院应予支持，但是法律另有规定或者当事人另有约定的除外。

主债务被分割或者部分转移，债务人自己提供物的担保，债权人请求以该担保财产担保全部债务履行的，人民法院应予支持；第三人提供物的担保，主张对未经其书面同意转移的债务不再承担担保责任的，人民法院应予支持。

第四十条　从物产生于抵押权依法设立前，抵押权人主张抵押权的效力及于从物的，人民法院应予支持，但是当事人另有约定的除外。

从物产生于抵押权依法设立后，抵押权人主张抵押权的效力及于从物的，人民法院不予支持，但是在抵押权实现时可以一并处分。

第四十一条　抵押权依法设立后，抵押财产被添附，添附物归第三人所有，抵押权人主张抵押权效力及于补偿金的，人民法院应予支持。

抵押权依法设立后，抵押财产被添附，抵押人对添附物享有所有权，抵押权人主张抵押权的效力及于添附物的，人民法院应予支持，但是添附导致抵押财产价值增加的，抵押权的效力不及于增加的价值部分。

抵押权依法设立后，抵押人与第三人因添附成为添附物的共有人，抵押权人主张抵押权的效力及于抵押人对共有物享有的份额的，人民法院应予支持。

本条所称添附，包括附合、混合与加工。

第四十二条　抵押权依法设立后，抵押财产毁损、灭失或者被征收等，抵押权人请求按照原抵押权的顺位就保险金、赔偿金或者补偿金等优先受偿的，人民法院应予支持。

给付义务人已经向抵押人给付了保险金、赔偿金或者补偿金，抵押权人请求给付义务人向其给付保险金、赔偿金或者补偿金的，人民法院不予支持，但是给付义务人接到抵押权人要求向其给付的通知后仍然向抵押人给付的除外。

抵押权人请求给付义务人向其给付保险金、赔偿金或者补偿金的，人民法院可以通知抵押人作为第三人参加诉讼。

第四十三条 当事人约定禁止或者限制转让抵押财产但是未将约定登记，抵押人违反约定转让抵押财产，抵押权人请求确认转让合同无效的，人民法院不予支持；抵押财产已经交付或者登记，抵押权人请求确认转让不发生物权效力的，人民法院不予支持，但是抵押权人有证据证明受让人知道的除外；抵押权人请求抵押人承担违约责任的，人民法院依法予以支持。

当事人约定禁止或者限制转让抵押财产且已经将约定登记，抵押人违反约定转让抵押财产，抵押权人请求确认转让合同无效的，人民法院不予支持；抵押财产已经交付或者登记，抵押权人主张转让不发生物权效力的，人民法院应予支持，但是因受让人代替债务人清偿债务导致抵押权消灭的除外。

第四十四条 主债权诉讼时效期间届满后，抵押权人主张行使抵押权的，人民法院不予支持；抵押人以主债权诉讼时效期间届满为由，主张不承担担保责任的，人民法院应予支持。主债权诉讼时效期间届满前，债权人仅对债务人提起诉讼，经人民法院判决或者调解后未在民事诉讼法规定的申请执行时效期间内对债务人申请强制执行，其向抵押人主张行使抵押权的，人民法院不予支持。

主债权诉讼时效期间届满后，财产被留置的债务人或者对留置财产享有所有权的第三人请求债权人返还留置财产的，人民法院不予支持；债务人或者第三人请求拍卖、变卖留置财产并以所得价款清偿债务的，人民法院应予支持。

主债权诉讼时效期间届满的法律后果，以登记作为公示方式的权利质权，参照适用第一款的规定；动产质权、以交付权利凭证作为公示方式的权利质权，参照适用第二款的规定。

第四十五条 当事人约定当债务人不履行到期债务或者发生当事人约定的实现担保物权的情形，担保物权人有权将担保财产自行拍卖、变卖并就所得的价款优先受偿的，该约定有效。因担保人的原因导致担保物权人无法自行对担保财产进行拍卖、变卖，担保物权人请求担保人承担因此增加的费用的，人民法院应予支持。

当事人依照民事诉讼法有关"实现担保物权案件"的规定，申请拍卖、变卖担保财产，被申请人以担保合同约定仲裁条款为由主张驳回申请的，人民法院经审查后，应当按照以下情形分别处理：

（一）当事人对担保物权无实质性争议且实现担保物权条件已经成就的，应当裁定准许拍卖、变卖担保财产；

（二）当事人对实现担保物权有部分实质性争议的，可以就无争议的部分裁定准许拍卖、变卖担保财产，并告知可以就有争议的部分申请仲裁；

（三）当事人对实现担保物权有实质性争议的，裁定驳回申请，并告知可以向仲裁机构申请仲裁。

债权人以诉讼方式行使担保物权的，应当以债务人和担保人作为共同被告。

（二）不动产抵押

第四十六条 不动产抵押合同生效后未办理抵押登记手续，债权人请求抵押人办理抵押登记手续的，人民法院应予支持。

抵押财产因不可归责于抵押人自身的原因灭失或者被征收等导致不能办理抵押登记，债权人请求抵押人在约定的担保范围内承担责任的，人民法院不予支持；但是抵押人已经获得保险金、赔偿金或者补偿金等，债权人请求抵押人在其所获金额范围内承担赔偿责任的，人民法院依法予以支持。

因抵押人转让抵押财产或者其他可归责于抵押人自身的原因导致不能办理抵押登记，债权人请求抵押人在约定的担保范围内承担责任的，人民法院依法予以支持，但是不得超过抵押权能够设立时抵押人应当承担的责任范围。

第四十七条 不动产登记簿就抵押财产、被担保的债权范围等所作的记载与抵押合同约定不一致的，人民法院应当根据登记簿的记载确定抵押财产、被担保的债权范围等事项。

第四十八条 当事人申请办理抵押登记手续时，因登记机构的过错致使其不能办理抵押登记，当事人请求登记机构承担赔偿责任的，人民法院依法予以支持。

第四十九条 以违法的建筑物抵押的，抵押合同无效，但是一审法庭辩论终结前已经办理合法手续的除外。抵押合同无效的法律后果，依照本解释第十七条的有关规定处理。

当事人以建设用地使用权依法设立抵押，抵押人以土地上存在违法的建筑物为由主张抵押合同无效的，人民法院不予支持。

第五十条 抵押人以划拨建设用地上的建筑物抵押，当事人以该建设用地使用权不能抵押或者未办理批准手续为由主张抵押合同无效或者不生效的，人民法院不予支持。抵押权依法实现时，拍卖、变卖建筑物所得的价款，应当优先用于补缴建设用地使用权出让金。

当事人以划拨方式取得的建设用地使用权抵押，抵押人以未办理批准手续为由主张抵押合同无效或者不生效的，人民法院不予支持。已经依法办理抵押登记，抵押权人主张行使抵押权的，人民法院应予支持。抵押权依法实现时所得的价款，参照前款有关规定处理。

第五十一条 当事人仅以建设用地使用权抵押，债权人主张抵押权的效力及于土地上已有的建筑物以及正在建造的建筑物已完成部分的，人民法院应予支持。债权人主张抵押权的效力及于正在建造的建筑物的续建部分以及新增建筑物的，人民法院不予支持。

当事人以正在建造的建筑物抵押，抵押权的效力范围限于已办理抵押登记的部分。当事人按照担保合同的约定，主张抵押权的效力及于续建部分、新增建筑物以及规划中尚未建造的建筑物的，人民法院不予支持。

抵押人将建设用地使用权、土地上的建筑物或者正在建造的建筑物分别抵押给不同债权人的，人民法院应当根据抵押登记的时间先后确定清偿顺序。

第五十二条 当事人办理抵押预告登记后，预告登记权利人请求就抵押财产优先受偿，经审查存在尚未办理建筑物所有权首次登记、预告登记的财产与办理建筑物所有权首次登记时的财产不一致、抵押预告登记已经失效等情形，导致不具备办理抵押登记条件的，人民法院不予支持；经审查已经办理建筑物所有权首次登记，且不存在预告登记失效等情形的，人民法院应予支持，并应当认定抵押权自预告登记之日起设立。

当事人办理了抵押预告登记，抵押人破产，经审查抵押财产属于破产财产，预告登记权利人主张就抵押财产优先受偿的，人民法院应当在受理破产申请时抵押财产的价值范围内予以支持，但是在人民法院受理破产申请前一年内，债务人对没有财产担保的债务设立抵押预告登记的除外。

（三）动产与权利担保

第五十三条 当事人在动产和权利担保合同中对担保财产进行概括描

述，该描述能够合理识别担保财产的，人民法院应当认定担保成立。

第五十四条 动产抵押合同订立后未办理抵押登记，动产抵押权的效力按照下列情形分别处理：

（一）抵押人转让抵押财产，受让人占有抵押财产后，抵押权人向受让人请求行使抵押权的，人民法院不予支持，但是抵押权人能够举证证明受让人知道或者应当知道已经订立抵押合同的除外；

（二）抵押人将抵押财产出租给他人并移转占有，抵押权人行使抵押权的，租赁关系不受影响，但是抵押权人能够举证证明承租人知道或者应当知道已经订立抵押合同的除外；

（三）抵押人的其他债权人向人民法院申请保全或者执行抵押财产，人民法院已经作出财产保全裁定或者采取执行措施，抵押权人主张对抵押财产优先受偿的，人民法院不予支持；

（四）抵押人破产，抵押权人主张对抵押财产优先受偿的，人民法院不予支持。

第五十五条 债权人、出质人与监管人订立三方协议，出质人以通过一定数量、品种等概括描述能够确定范围的货物为债务的履行提供担保，当事人有证据证明监管人系受债权人的委托监管并实际控制该货物的，人民法院应当认定质权于监管人实际控制货物之日起设立。监管人违反约定向出质人或者其他人放货、因保管不善导致货物毁损灭失，债权人请求监管人承担违约责任的，人民法院依法予以支持。

在前款规定情形下，当事人有证据证明监管人系受出质人委托监管该货物，或者虽然受债权人委托但是未实际履行监管职责，导致货物仍由出质人实际控制的，人民法院应当认定质权未设立。债权人可以基于质押合同的约定请求出质人承担违约责任，但是不得超过质权有效设立时出质人应当承担的责任范围。监管人未履行监管职责，债权人请求监管人承担责任的，人民法院依法予以支持。

第五十六条 买受人在出卖人正常经营活动中通过支付合理对价取得已被设立担保物权的动产，担保物权人请求就该动产优先受偿的，人民法院不予支持，但是有下列情形之一的除外：

（一）购买商品的数量明显超过一般买受人；

（二）购买出卖人的生产设备；

（三）订立买卖合同的目的在于担保出卖人或者第三人履行债务；

（四）买受人与出卖人存在直接或者间接的控制关系；

（五）买受人应当查询抵押登记而未查询的其他情形。

前款所称出卖人正常经营活动，是指出卖人的经营活动属于其营业执照明确记载的经营范围，且出卖人持续销售同类商品。前款所称担保物权人，是指已经办理登记的抵押权人、所有权保留买卖的出卖人、融资租赁合同的出租人。

第五十七条 担保人在设立动产浮动抵押并办理抵押登记后又购入或者以融资租赁方式承租新的动产，下列权利人为担保价款债权或者租金的实现而订立担保合同，并在该动产交付后十日内办理登记，主张其权利优先于在先设立的浮动抵押权的，人民法院应予支持：

（一）在该动产上设立抵押权或者保留所有权的出卖人；

（二）为价款支付提供融资而在该动产上设立抵押权的债权人；

（三）以融资租赁方式出租该动产的出租人。

买受人取得动产但未付清价款或者承租人以融资租赁方式占有租赁物但是未付清全部租金，又以标的物为他人设立担保物权，前款所列权利人为担保价款债权或者租金的实现而订立担保合同，并在该动产交付后十日内办理登记，主张其权利优先于买受人为他人设立的担保物权的，人民法院应予支持。

同一动产上存在多个价款优先权的，人民法院应当按照登记的时间先后确定清偿顺序。

第五十八条 以汇票出质，当事人以背书记载"质押"字样并在汇票上签章，汇票已经交付质权人的，人民法院应当认定质权自汇票交付质权人时设立。

第五十九条 存货人或者仓单持有人在仓单上以背书记载"质押"字样，并经保管人签章，仓单已经交付质权人的，人民法院应当认定质权自仓单交付质权人时设立。没有权利凭证的仓单，依法可以办理出质登记的，仓单质权自办理出质登记时设立。

出质人既以仓单出质，又以仓储物设立担保，按照公示的先后确定清偿顺序；难以确定先后的，按照债权比例清偿。

保管人为同一货物签发多份仓单，出质人在多份仓单上设立多个质权，按照公示的先后确定清偿顺序；难以确定先后的，按照债权比例受偿。

存在第二款、第三款规定的情形，债权人举证证明其损失系由出质人与保管人的共同行为所致，请求出质人与保管人承担连带赔偿责任的，人

365

民法院应予支持。

第六十条 在跟单信用证交易中，开证行与开证申请人之间约定以提单作为担保的，人民法院应当依照民法典关于质权的有关规定处理。

在跟单信用证交易中，开证行依据其与开证申请人之间的约定或者跟单信用证的惯例持有提单，开证申请人未按照约定付款赎单，开证行主张对提单项下货物优先受偿的，人民法院应予支持；开证行主张对提单项下货物享有所有权的，人民法院不予支持。

在跟单信用证交易中，开证行依据其与开证申请人之间的约定或者跟单信用证的惯例，通过转让提单或者提单项下货物取得价款，开证申请人请求返还超出债权部分的，人民法院应予支持。

前三款规定不影响合法持有提单的开证行以提单持有人身份主张运输合同项下的权利。

第六十一条 以现有的应收账款出质，应收账款债务人向质权人确认应收账款的真实性后，又以应收账款不存在或者已经消灭为由主张不承担责任的，人民法院不予支持。

以现有的应收账款出质，应收账款债务人未确认应收账款的真实性，质权人以应收账款债务人为被告，请求就应收账款优先受偿，能够举证证明办理出质登记时应收账款真实存在的，人民法院应予支持；质权人不能举证证明办理出质登记时应收账款真实存在，仅以已经办理出质登记为由，请求就应收账款优先受偿的，人民法院不予支持。

以现有的应收账款出质，应收账款债务人已经向应收账款债权人履行了债务，质权人请求应收账款债务人履行债务的，人民法院不予支持，但是应收账款债务人接到质权人要求向其履行的通知后，仍然向应收账款债权人履行的除外。

以基础设施和公用事业项目收益权、提供服务或者劳务产生的债权以及其他将有的应收账款出质，当事人为应收账款设立特定账户，发生法定或者约定的质权实现事由时，质权人请求就该特定账户内的款项优先受偿的，人民法院应予支持；特定账户内的款项不足以清偿债务或者未设立特定账户，质权人请求折价或者拍卖、变卖项目收益权等将有的应收账款，并以所得的价款优先受偿的，人民法院依法予以支持。

第六十二条 债务人不履行到期债务，债权人因同一法律关系留置合法占有的第三人的动产，并主张就该留置财产优先受偿的，人民法院应予支持。第三人以该留置财产并非债务人的财产为由请求返还的，人民法院不予支持。

企业之间留置的动产与债权并非同一法律关系，债务人以该债权不属于企业持续经营中发生的债权为由请求债权人返还留置财产的，人民法院应予支持。

企业之间留置的动产与债权并非同一法律关系，债权人留置第三人的财产，第三人请求债权人返还留置财产的，人民法院应予支持。

四、关于非典型担保

第六十三条 债权人与担保人订立担保合同，约定以法律、行政法规尚未规定可以担保的财产权利设立担保，当事人主张合同无效的，人民法院不予支持。当事人未在法定的登记机构依法进行登记，主张该担保具有物权效力的，人民法院不予支持。

第六十四条 在所有权保留买卖中，出卖人依法有权取回标的物，但是与买受人协商不成，当事人请求参照民事诉讼法"实现担保物权案件"的有关规定，拍卖、变卖标的物的，人民法院应予准许。

出卖人请求取回标的物，符合民法典第六百四十二条规定的，人民法院应予支持；买受人以抗辩或者反诉的方式主张拍卖、变卖标的物，并在扣除买受人未支付的价款以及必要费用后返还剩余款项的，人民法院应当一并处理。

第六十五条 在融资租赁合同中，承租人未按照约定支付租金，经催告后在合理期限内仍不支付，出租人请求承租人支付全部剩余租金，并以拍卖、变卖租赁物所得的价款受偿的，人民法院应予支持；当事人请求参照民事诉讼法"实现担保物权案件"的有关规定，以拍卖、变卖租赁物所得价款支付租金的，人民法院应予准许。

出租人请求解除融资租赁合同并收回租赁物，承租人以抗辩或者反诉的方式主张返还租赁物价值超过欠付租金以及其他费用的，人民法院应当一并处理。当事人对租赁物的价值有争议的，应当按照下列规则确定租赁物的价值：

（一）融资租赁合同有约定的，按照其约定；

（二）融资租赁合同未约定或者约定不明的，根据约定的租赁物折旧以及合同到期后租赁物的残值来确定；

（三）根据前两项规定的方法仍然难以确定，或者当事人认为根据前两项规定的方法确定的价值严重偏离租赁物实际价值的，根据当事人的申请委托有资质的机构评估。

第六十六条　同一应收账款同时存在保理、应收账款质押和债权转让，当事人主张参照民法典第七百六十八条的规定确定优先顺序的，人民法院应予支持。

在有追索权的保理中，保理人以应收账款债权人或者应收账款债务人为被告提起诉讼，人民法院应予受理；保理人一并起诉应收账款债权人和应收账款债务人的，人民法院可以受理。

应收账款债权人向保理人返还保理融资款本息或者回购应收账款债权后，请求应收账款债务人向其履行应收账款债务的，人民法院应予支持。

第六十七条　在所有权保留买卖、融资租赁等合同中，出卖人、出租人的所有权未经登记不得对抗的"善意第三人"的范围及其效力，参照本解释第五十四条的规定处理。

第六十八条　债务人或者第三人与债权人约定将财产形式上转移至债权人名下，债务人不履行到期债务，债权人有权对财产折价或者以拍卖、变卖该财产所得价款偿还债务的，人民法院应当认定该约定有效。当事人已经完成财产权利变动的公示，债务人不履行到期债务，债权人请求参照民法典关于担保物权的有关规定就该财产优先受偿的，人民法院应予支持。

债务人或者第三人与债权人约定将财产形式上转移至债权人名下，债务人不履行到期债务，财产归债权人所有的，人民法院应当认定该约定无效，但是不影响当事人有关提供担保的意思表示的效力。当事人已经完成财产权利变动的公示，债务人不履行到期债务，债权人请求对该财产享有所有权，人民法院不予支持；债权人请求参照民法典关于担保物权的规定对财产折价或者以拍卖、变卖该财产所得的价款优先受偿的，人民法院应予支持；债务人履行债务后请求返还财产，或者请求对财产折价或者以拍卖、变卖所得的价款清偿债务的，人民法院应予支持。

债务人与债权人约定将财产转移至债权人名下，在一定期间后再由债务人或者其指定的第三人以交易本金加上溢价款回购，债务人到期不履行回购义务，财产归债权人所有的，人民法院应当参照第二款规定处理。回购对象自始不存在的，人民法院应当依照民法典第一百四十六条第二款的规定，按照其实际构成的法律关系处理。

第六十九条　股东以将其股权转移至债权人名下的方式为债务履行提

368

供担保，公司或者公司的债权人以股东未履行或者未全面履行出资义务、抽逃出资等为由，请求作为名义股东的债权人与股东承担连带责任的，人民法院不予支持。

第七十条 债务人或者第三人为担保债务的履行，设立专门的保证金账户并由债权人实际控制，或者将其资金存入债权人设立的保证金账户，债权人主张就账户内的款项优先受偿的，人民法院应予支持。当事人以保证金账户内的款项浮动为由，主张实际控制该账户的债权人对账户内的款项不享有优先受偿权的，人民法院不予支持。

在银行账户下设立的保证金分户，参照前款规定处理。

当事人约定的保证金并非为担保债务的履行设立，或者不符合前两款规定的情形，债权人主张就保证金优先受偿的，人民法院不予支持，但是不影响当事人依照法律的规定或者按照当事人的约定主张权利。

五、附　　则

第七十一条 本解释自 2021 年 1 月 1 日起施行。

最高人民法院关于审理建设工程施工合同纠纷案件适用法律问题的解释（一）

（2020 年 12 月 25 日最高人民法院审判委员会第 1825 次会议通过 2020 年 12 月 29 日最高人民法院公告公布 自 2021 年 1 月 1 日起施行 法释〔2020〕25 号）

为正确审理建设工程施工合同纠纷案件，依法保护当事人合法权益，维护建筑市场秩序，促进建筑市场健康发展，根据《中华人民共和国民法典》《中华人民共和国建筑法》《中华人民共和国招标投标法》《中华人民共和国民事诉讼法》等相关法律规定，结合审判实践，制定本解释。

第一条 建设工程施工合同具有下列情形之一的，应当依据民法典第一百五十三条第一款的规定，认定无效：

（一）承包人未取得建筑业企业资质或者超越资质等级的；

（二）没有资质的实际施工人借用有资质的建筑施工企业名义的；

（三）建设工程必须进行招标而未招标或者中标无效的。

承包人因转包、违法分包建设工程与他人签订的建设工程施工合同，应当依据民法典第一百五十三条第一款及第七百九十一条第二款、第三款的规定，认定无效。

第二条 招标人和中标人另行签订的建设工程施工合同约定的工程范围、建设工期、工程质量、工程价款等实质性内容，与中标合同不一致，一方当事人请求按照中标合同确定权利义务的，人民法院应予支持。

招标人和中标人在中标合同之外就明显高于市场价格购买承建房产、无偿建设住房配套设施、让利、向建设单位捐赠财物等另行签订合同，变相降低工程价款，一方当事人以该合同背离中标合同实质性内容为由请求确认无效的，人民法院应予支持。

第三条 当事人以发包人未取得建设工程规划许可证等规划审批手续为由，请求确认建设工程施工合同无效的，人民法院应予支持，但发包人在起诉前取得建设工程规划许可证等规划审批手续的除外。

发包人能够办理审批手续而未办理，并以未办理审批手续为由请求确认建设工程施工合同无效的，人民法院不予支持。

第四条 承包人超越资质等级许可的业务范围签订建设工程施工合同，在建设工程竣工前取得相应资质等级，当事人请求按照无效合同处理的，人民法院不予支持。

第五条 具有劳务作业法定资质的承包人与总承包人、分包人签订的劳务分包合同，当事人请求确认无效的，人民法院依法不予支持。

第六条 建设工程施工合同无效，一方当事人请求对方赔偿损失的，应当就对方过错、损失大小、过错与损失之间的因果关系承担举证责任。

损失大小无法确定，一方当事人请求参照合同约定的质量标准、建设工期、工程价款支付时间等内容确定损失大小的，人民法院可以结合双方过错程度、过错与损失之间的因果关系等因素作出裁判。

第七条 缺乏资质的单位或者个人借用有资质的建筑施工企业名义签订建设工程施工合同，发包人请求出借方与借用方对建设工程质量不合格等因出借资质造成的损失承担连带赔偿责任的，人民法院应予支持。

第八条 当事人对建设工程开工日期有争议的，人民法院应当分别按照以下情形予以认定：

（一）开工日期为发包人或者监理人发出的开工通知载明的开工日期；

370

开工通知发出后，尚不具备开工条件的，以开工条件具备的时间为开工日期；因承包人原因导致开工时间推迟的，以开工通知载明的时间为开工日期。

（二）承包人经发包人同意已经实际进场施工的，以实际进场施工时间为开工日期。

（三）发包人或者监理人未发出开工通知，亦无相关证据证明实际开工日期的，应当综合考虑开工报告、合同、施工许可证、竣工验收报告或者竣工验收备案表等载明的时间，并结合是否具备开工条件的事实，认定开工日期。

第九条 当事人对建设工程实际竣工日期有争议的，人民法院应当分别按照以下情形予以认定：

（一）建设工程经竣工验收合格的，以竣工验收合格之日为竣工日期；

（二）承包人已经提交竣工验收报告，发包人拖延验收的，以承包人提交验收报告之日为竣工日期；

（三）建设工程未经竣工验收，发包人擅自使用的，以转移占有建设工程之日为竣工日期。

第十条 当事人约定顺延工期应当经发包人或者监理人签证等方式确认，承包人虽未取得工期顺延的确认，但能够证明在合同约定的期限内向发包人或者监理人申请过工期顺延且顺延事由符合合同约定，承包人以此为由主张工期顺延的，人民法院应予支持。

当事人约定承包人未在约定期限内提出工期顺延申请视为工期不顺延的，按照约定处理，但发包人在约定期限后同意工期顺延或者承包人提出合理抗辩的除外。

第十一条 建设工程竣工前，当事人对工程质量发生争议，工程质量经鉴定合格的，鉴定期间为顺延工期期间。

第十二条 因承包人的原因造成建设工程质量不符合约定，承包人拒绝修理、返工或者改建，发包人请求减少支付工程价款的，人民法院应予支持。

第十三条 发包人具有下列情形之一，造成建设工程质量缺陷，应当承担过错责任：

（一）提供的设计有缺陷；

（二）提供或者指定购买的建筑材料、建筑构配件、设备不符合强制性标准；

（三）直接指定分包人分包专业工程。

承包人有过错的，也应当承担相应的过错责任。

第十四条 建设工程未经竣工验收，发包人擅自使用后，又以使用部分质量不符合约定为由主张权利的，人民法院不予支持；但是承包人应当在建设工程的合理使用寿命内对地基基础工程和主体结构质量承担民事责任。

第十五条 因建设工程质量发生争议的，发包人可以以总承包人、分包人和实际施工人为共同被告提起诉讼。

第十六条 发包人在承包人提起的建设工程施工合同纠纷案件中，以建设工程质量不符合合同约定或者法律规定为由，就承包人支付违约金或者赔偿修理、返工、改建的合理费用等损失提出反诉的，人民法院可以合并审理。

第十七条 有下列情形之一，承包人请求发包人返还工程质量保证金的，人民法院应予支持：

（一）当事人约定的工程质量保证金返还期限届满；

（二）当事人未约定工程质量保证金返还期限的，自建设工程通过竣工验收之日起满二年；

（三）因发包人原因建设工程未按约定期限进行竣工验收的，自承包人提交工程竣工验收报告九十日后当事人约定的工程质量保证金返还期限届满；当事人未约定工程质量保证金返还期限的，自承包人提交工程竣工验收报告九十日后起满二年。

发包人返还工程质量保证金后，不影响承包人根据合同约定或者法律规定履行工程保修义务。

第十八条 因保修人未及时履行保修义务，导致建筑物毁损或者造成人身损害、财产损失的，保修人应当承担赔偿责任。

保修人与建筑物所有人或者发包人对建筑物毁损均有过错的，各自承担相应的责任。

第十九条 当事人对建设工程的计价标准或者计价方法有约定的，按照约定结算工程价款。

因设计变更导致建设工程的工程量或者质量标准发生变化，当事人对该部分工程价款不能协商一致的，可以参照签订建设工程施工合同时当地建设行政主管部门发布的计价方法或者计价标准结算工程价款。

建设工程施工合同有效，但建设工程经竣工验收不合格的，依照民法典第五百七十七条规定处理。

第二十条 当事人对工程量有争议的，按照施工过程中形成的签证等书面文件确认。承包人能够证明发包人同意其施工，但未能提供签证文件证明工程量发生的，可以按照当事人提供的其他证据确认实际发生的工程量。

第二十一条 当事人约定，发包人收到竣工结算文件后，在约定期限内不予答复，视为认可竣工结算文件的，按照约定处理。承包人请求按照竣工结算文件结算工程价款的，人民法院应予支持。

第二十二条 当事人签订的建设工程施工合同与招标文件、投标文件、中标通知书载明的工程范围、建设工期、工程质量、工程价款不一致，一方当事人请求将招标文件、投标文件、中标通知书作为结算工程价款的依据的，人民法院应予支持。

第二十三条 发包人将依法不属于必须招标的建设工程进行招标后，与承包人另行订立的建设工程施工合同背离中标合同的实质性内容，当事人请求以中标合同作为结算建设工程价款依据的，人民法院应予支持，但发包人与承包人因客观情况发生了在招标投标时难以预见的变化而另行订立建设工程施工合同的除外。

第二十四条 当事人就同一建设工程订立的数份建设工程施工合同均无效，但建设工程质量合格，一方当事人请求参照实际履行的合同关于工程价款的约定折价补偿承包人的，人民法院应予支持。

实际履行的合同难以确定，当事人请求参照最后签订的合同关于工程价款的约定折价补偿承包人的，人民法院应予支持。

第二十五条 当事人对垫资和垫资利息有约定，承包人请求按照约定返还垫资及其利息的，人民法院应予支持，但是约定的利息计算标准高于垫资时的同类贷款利率或者同期贷款市场报价利率的部分除外。

当事人对垫资没有约定的，按照工程欠款处理。

当事人对垫资利息没有约定，承包人请求支付利息的，人民法院不予支持。

第二十六条 当事人对欠付工程价款利息计付标准有约定的，按照约定处理。没有约定的，按照同期同类贷款利率或者同期贷款市场报价利率计息。

第二十七条 利息从应付工程价款之日开始计付。当事人对付款时间没有约定或者约定不明的，下列时间视为应付款时间：

（一）建设工程已实际交付的，为交付之日；

（二）建设工程没有交付的，为提交竣工结算文件之日；

（三）建设工程未交付，工程价款也未结算的，为当事人起诉之日。

第二十八条 当事人约定按照固定价结算工程价款，一方当事人请求对建设工程造价进行鉴定的，人民法院不予支持。

第二十九条 当事人在诉讼前已经对建设工程价款结算达成协议，诉讼中一方当事人申请对工程造价进行鉴定的，人民法院不予准许。

第三十条 当事人在诉讼前共同委托有关机构、人员对建设工程造价出具咨询意见，诉讼中一方当事人不认可该咨询意见申请鉴定的，人民法院应予准许，但双方当事人明确表示受该咨询意见约束的除外。

第三十一条 当事人对部分案件事实有争议的，仅对有争议的事实进行鉴定，但争议事实范围不能确定，或者双方当事人请求对全部事实鉴定的除外。

第三十二条 当事人对工程造价、质量、修复费用等专门性问题有争议，人民法院认为需要鉴定的，应当向负有举证责任的当事人释明。当事人经释明未申请鉴定，虽申请鉴定但未支付鉴定费用或者拒不提供相关材料的，应当承担举证不能的法律后果。

一审诉讼中负有举证责任的当事人未申请鉴定，虽申请鉴定但未支付鉴定费用或者拒不提供相关材料，二审诉讼中申请鉴定，人民法院认为确有必要的，应当依照民事诉讼法第一百七十条第一款第三项的规定处理。

第三十三条 人民法院准许当事人的鉴定申请后，应当根据当事人申请及查明案件事实的需要，确定委托鉴定的事项、范围、鉴定期限等，并组织当事人对争议的鉴定材料进行质证。

第三十四条 人民法院应当组织当事人对鉴定意见进行质证。鉴定人将当事人有争议且未经质证的材料作为鉴定依据的，人民法院应当组织当事人就该部分材料进行质证。经质证认为不能作为鉴定依据的，根据该材料作出的鉴定意见不得作为认定案件事实的依据。

第三十五条 与发包人订立建设工程施工合同的承包人，依据民法典第八百零七条的规定请求其承建工程的价款就工程折价或者拍卖的价款优先受偿的，人民法院应予支持。

第三十六条 承包人根据民法典第八百零七条规定享有的建设工程价款优先受偿权优于抵押权和其他债权。

374

第三十七条　装饰装修工程具备折价或者拍卖条件，装饰装修工程的承包人请求工程价款就该装饰装修工程折价或者拍卖的价款优先受偿的，人民法院应予支持。

第三十八条　建设工程质量合格，承包人请求其承建工程的价款就工程折价或者拍卖的价款优先受偿的，人民法院应予支持。

第三十九条　未竣工的建设工程质量合格，承包人请求其承建工程的价款就其承建工程部分折价或者拍卖的价款优先受偿的，人民法院应予支持。

第四十条　承包人建设工程价款优先受偿的范围依照国务院有关行政主管部门关于建设工程价款范围的规定确定。

承包人就逾期支付建设工程价款的利息、违约金、损害赔偿金等主张优先受偿的，人民法院不予支持。

第四十一条　承包人应当在合理期限内行使建设工程价款优先受偿权，但最长不得超过十八个月，自发包人应当给付建设工程价款之日起算。

第四十二条　发包人与承包人约定放弃或者限制建设工程价款优先受偿权，损害建筑工人利益，发包人根据该约定主张承包人不享有建设工程价款优先受偿权的，人民法院不予支持。

第四十三条　实际施工人以转包人、违法分包人为被告起诉的，人民法院应当依法受理。

实际施工人以发包人为被告主张权利的，人民法院应当追加转包人或者违法分包人为本案第三人，在查明发包人欠付转包人或者违法分包人建设工程价款的数额后，判决发包人在欠付建设工程价款范围内对实际施工人承担责任。

第四十四条　实际施工人依据民法典第五百三十五条规定，以转包人或者违法分包人怠于向发包人行使到期债权或者与该债权有关的从权利，影响其到期债权实现，提起代位权诉讼的，人民法院应予支持。

第四十五条　本解释自 2021 年 1 月 1 日起施行。

最高人民法院关于审理民间借贷
案件适用法律若干问题的规定

（2015 年 6 月 23 日最高人民法院审判委员会第 1655 次会议
通过　根据 2020 年 8 月 18 日最高人民法院审判委员会第 1809 次
会议通过的《最高人民法院关于修改〈关于审理民间借贷案件适
用法律若干问题的规定〉的决定》第一次修正　根据 2020 年 12
月 23 日最高人民法院审判委员会第 1823 次会议通过的《最高人
民法院关于修改〈最高人民法院关于在民事审判工作中适用《中
华人民共和国工会法》若干问题的解释〉等二十七件民事类司法
解释的决定》第二次修正　2020 年 12 月 29 日最高人民法院公告
公布　自 2021 年 1 月 1 日起施行　法释〔2020〕17 号）

为正确审理民间借贷纠纷案件，根据《中华人民共和国民法典》《中
华人民共和国民事诉讼法》《中华人民共和国刑事诉讼法》等相关法律之
规定，结合审判实践，制定本规定。

第一条　本规定所称的民间借贷，是指自然人、法人和非法人组织之
间进行资金融通的行为。

经金融监管部门批准设立的从事贷款业务的金融机构及其分支机构，
因发放贷款等相关金融业务引发的纠纷，不适用本规定。

第二条　出借人向人民法院提起民间借贷诉讼时，应当提供借据、收
据、欠条等债权凭证以及其他能够证明借贷法律关系存在的证据。

当事人持有的借据、收据、欠条等债权凭证没有载明债权人，持有债
权凭证的当事人提起民间借贷诉讼的，人民法院应予受理。被告对原告的
债权人资格提出有事实依据的抗辩，人民法院经审查认为原告不具有债权
人资格的，裁定驳回起诉。

第三条　借贷双方就合同履行地未约定或者约定不明确，事后未达成
补充协议，按照合同相关条款或者交易习惯仍不能确定的，以接受货币一
方所在地为合同履行地。

第四条　保证人为借款人提供连带责任保证，出借人仅起诉借款人
的，人民法院可以不追加保证人为共同被告；出借人仅起诉保证人的，人

民法院可以追加借款人为共同被告。

保证人为借款人提供一般保证，出借人仅起诉保证人的，人民法院应当追加借款人为共同被告；出借人仅起诉借款人的，人民法院可以不追加保证人为共同被告。

第五条 人民法院立案后，发现民间借贷行为本身涉嫌非法集资等犯罪的，应当裁定驳回起诉，并将涉嫌非法集资等犯罪的线索、材料移送公安或者检察机关。

公安或者检察机关不予立案，或者立案侦查后撤销案件，或者检察机关作出不起诉决定，或者经人民法院生效判决认定不构成非法集资等犯罪，当事人又以同一事实向人民法院提起诉讼的，人民法院应予受理。

第六条 人民法院立案后，发现与民间借贷纠纷案件虽有关联但不是同一事实的涉嫌非法集资等犯罪的线索、材料的，人民法院应当继续审理民间借贷纠纷案件，并将涉嫌非法集资等犯罪的线索、材料移送公安或者检察机关。

第七条 民间借贷纠纷的基本案件事实必须以刑事案件的审理结果为依据，而该刑事案件尚未审结的，人民法院应当裁定中止诉讼。

第八条 借款人涉嫌犯罪或者生效判决认定其有罪，出借人起诉请求担保人承担民事责任的，人民法院应予受理。

第九条 自然人之间的借款合同具有下列情形之一的，可以视为合同成立：

（一）以现金支付的，自借款人收到借款时；

（二）以银行转账、网上电子汇款等形式支付的，自资金到达借款人账户时；

（三）以票据交付的，自借款人依法取得票据权利时；

（四）出借人将特定资金账户支配权授权给借款人的，自借款人取得对该账户实际支配权时；

（五）出借人以与借款人约定的其他方式提供借款并实际履行完成时。

第十条 法人之间、非法人组织之间以及它们相互之间为生产、经营需要订立的民间借贷合同，除存在民法典第一百四十六条、第一百五十三条、第一百五十四条以及本规定第十三条规定的情形外，当事人主张民间借贷合同有效的，人民法院应予支持。

第十一条 法人或者非法人组织在本单位内部通过借款形式向职工筹集资金，用于本单位生产、经营，且不存在民法典第一百四十四条、第一百四十六条、第一百五十三条、第一百五十四条以及本规定第十三条规定的情形，当事人主张民间借贷合同有效的，人民法院应予支持。

第十二条 借款人或者出借人的借贷行为涉嫌犯罪，或者已经生效的裁判认定构成犯罪，当事人提起民事诉讼的，民间借贷合同并不当然无效。人民法院应当依据民法典第一百四十四条、第一百四十六条、第一百五十三条、第一百五十四条以及本规定第十三条之规定，认定民间借贷合同的效力。

担保人以借款人或者出借人的借贷行为涉嫌犯罪或者已经生效的裁判认定构成犯罪为由，主张不承担民事责任的，人民法院应当依据民间借贷合同与担保合同的效力、当事人的过错程度，依法确定担保人的民事责任。

第十三条 具有下列情形之一的，人民法院应当认定民间借贷合同无效：

（一）套取金融机构贷款转贷的；

（二）以向其他营利法人借贷、向本单位职工集资，或者以向公众非法吸收存款等方式取得的资金转贷的；

（三）未依法取得放贷资格的出借人，以营利为目的向社会不特定对象提供借款的；

（四）出借人事先知道或者应当知道借款人借款用于违法犯罪活动仍然提供借款的；

（五）违反法律、行政法规强制性规定的；

（六）违背公序良俗的。

第十四条 原告以借据、收据、欠条等债权凭证为依据提起民间借贷诉讼，被告依据基础法律关系提出抗辩或者反诉，并提供证据证明债权纠纷非民间借贷行为引起的，人民法院应当依据查明的案件事实，按照基础法律关系审理。

当事人通过调解、和解或者清算达成的债权债务协议，不适用前款规定。

第十五条 原告仅依据借据、收据、欠条等债权凭证提起民间借贷诉讼，被告抗辩已经偿还借款的，被告应当对其主张提供证据证明。被告提供相应证据证明其主张后，原告仍应就借贷关系的存续承担举证责任。

被告抗辩借贷行为尚未实际发生并能作出合理说明的，人民法院应当结合借贷金额、款项交付、当事人的经济能力、当地或者当事人之间的交易方式、交易习惯、当事人财产变动情况以及证人证言等事实和因素，综合判断查证借贷事实是否发生。

第十六条 原告仅依据金融机构的转账凭证提起民间借贷诉讼，被告抗辩转账系偿还双方之前借款或者其他债务的，被告应当对其主张提供证据证明。被告提供相应证据证明其主张后，原告仍应就借贷关系的成立承担举证责任。

第十七条 依据《最高人民法院关于适用〈中华人民共和国民事诉讼法〉的解释》第一百七十四条第二款之规定，负有举证责任的原告无正当理由拒不到庭，经审查现有证据无法确认借贷行为、借贷金额、支付方式等案件主要事实的，人民法院对原告主张的事实不予认定。

第十八条 人民法院审理民间借贷纠纷案件时发现有下列情形之一的，应当严格审查借贷发生的原因、时间、地点、款项来源、交付方式、款项流向以及借贷双方的关系、经济状况等事实，综合判断是否属于虚假民事诉讼：

（一）出借人明显不具备出借能力；

（二）出借人起诉所依据的事实和理由明显不符合常理；

（三）出借人不能提交债权凭证或者提交的债权凭证存在伪造的可能；

（四）当事人双方在一定期限内多次参加民间借贷诉讼；

（五）当事人无正当理由拒不到庭参加诉讼，委托代理人对借贷事实陈述不清或者陈述前后矛盾；

（六）当事人双方对借贷事实的发生没有任何争议或者诉辩明显不符合常理；

（七）借款人的配偶或者合伙人、案外人的其他债权人提出有事实依据的异议；

（八）当事人在其他纠纷中存在低价转让财产的情形；

（九）当事人不正当放弃权利；

（十）其他可能存在虚假民间借贷诉讼的情形。

第十九条 经查明属于虚假民间借贷诉讼，原告申请撤诉的，人民法院不予准许，并应当依据民事诉讼法第一百一十二条之规定，判决驳回其请求。

诉讼参与人或者其他人恶意制造、参与虚假诉讼，人民法院应当依据民事诉讼法第一百一十一条、第一百一十二条和第一百一十三条之规定，依法予以罚款、拘留；构成犯罪的，应当移送有管辖权的司法机关追究刑事责任。

单位恶意制造、参与虚假诉讼的，人民法院应当对该单位进行罚款，并可以对其主要负责人或者直接责任人员予以罚款、拘留；构成犯罪的，应当移送有管辖权的司法机关追究刑事责任。

第二十条　他人在借据、收据、欠条等债权凭证或者借款合同上签名或者盖章，但是未表明其保证人身份或者承担保证责任，或者通过其他事实不能推定其为保证人，出借人请求其承担保证责任的，人民法院不予支持。

第二十一条　借贷双方通过网络贷款平台形成借贷关系，网络贷款平台的提供者仅提供媒介服务，当事人请求其承担担保责任的，人民法院不予支持。

网络贷款平台的提供者通过网页、广告或者其他媒介明示或者有其他证据证明其为借贷提供担保，出借人请求网络贷款平台的提供者承担担保责任的，人民法院应予支持。

第二十二条　法人的法定代表人或者非法人组织的负责人以单位名义与出借人签订民间借贷合同，有证据证明所借款项系法定代表人或者负责人个人使用，出借人请求将法定代表人或者负责人列为共同被告或者第三人的，人民法院应予准许。

法人的法定代表人或者非法人组织的负责人以个人名义与出借人订立民间借贷合同，所借款项用于单位生产经营，出借人请求单位与个人共同承担责任的，人民法院应予支持。

第二十三条　当事人以订立买卖合同作为民间借贷合同的担保，借款到期后借款人不能还款，出借人请求履行买卖合同的，人民法院应当按照民间借贷法律关系审理。当事人根据法庭审理情况变更诉讼请求的，人民法院应当准许。

按照民间借贷法律关系审理作出的判决生效后，借款人不履行生效判决确定的金钱债务，出借人可以申请拍卖买卖合同标的物，以偿还债务。就拍卖所得的价款与应偿还借款本息之间的差额，借款人或者出借人有权主张返还或者补偿。

第二十四条　借贷双方没有约定利息，出借人主张支付利息的，人民法院不予支持。

自然人之间借贷对利息约定不明，出借人主张支付利息的，人民法院不予支持。除自然人之间借贷的外，借贷双方对借贷利息约定不明，出借人主张利息的，人民法院应当结合民间借贷合同的内容，并根据当地或者当事人的交易方式、交易习惯、市场报价利率等因素确定利息。

第二十五条　出借人请求借款人按照合同约定利率支付利息的，人民法院应予支持，但是双方约定的利率超过合同成立时一年期贷款市场报价利率四倍的除外。

前款所称"一年期贷款市场报价利率"，是指中国人民银行授权全国银行间同业拆借中心自 2019 年 8 月 20 日起每月发布的一年期贷款市场报价利率。

第二十六条 借据、收据、欠条等债权凭证载明的借款金额，一般认定为本金。预先在本金中扣除利息的，人民法院应当将实际出借的金额认定为本金。

第二十七条 借贷双方对前期借款本息结算后将利息计入后期借款本金并重新出具债权凭证，如果前期利率没有超过合同成立时一年期贷款市场报价利率四倍，重新出具的债权凭证载明的金额可认定为后期借款本金。超过部分的利息，不应认定为后期借款本金。

按前款计算，借款人在借款期间届满后应当支付的本息之和，超过以最初借款本金与以最初借款本金为基数、以合同成立时一年期贷款市场报价利率四倍计算的整个借款期间的利息之和的，人民法院不予支持。

第二十八条 借贷双方对逾期利率有约定的，从其约定，但是以不超过合同成立时一年期贷款市场报价利率四倍为限。

未约定逾期利率或者约定不明的，人民法院可以区分不同情况处理：

（一）既未约定借期内利率，也未约定逾期利率，出借人主张借款人自逾期还款之日起参照当时一年期贷款市场报价利率标准计算的利息承担逾期还款违约责任的，人民法院应予支持；

（二）约定了借期内利率但是未约定逾期利率，出借人主张借款人自逾期还款之日起按照借期内利率支付资金占用期间利息的，人民法院应予支持。

第二十九条 出借人与借款人既约定了逾期利率，又约定了违约金或者其他费用，出借人可以选择主张逾期利息、违约金或者其他费用，也可以一并主张，但是总计超过合同成立时一年期贷款市场报价利率四倍的部分，人民法院不予支持。

第三十条 借款人可以提前偿还借款，但是当事人另有约定的除外。

借款人提前偿还借款并主张按照实际借款期限计算利息的，人民法院应予支持。

第三十一条 本规定施行后，人民法院新受理的一审民间借贷纠纷案件，适用本规定。

2020 年 8 月 20 日之后新受理的一审民间借贷案件，借贷合同成立于 2020 年 8 月 20 日之前，当事人请求适用当时的司法解释计算自合同成立到 2020 年 8 月 19 日的利息部分的，人民法院应予支持；对于自 2020 年 8 月 20 日到借款返还之日的利息部分，适用起诉时本规定的利率保护标准计算。

本规定施行后，最高人民法院以前作出的相关司法解释与本规定不一致的，以本规定为准。

最高人民法院关于审理买卖合同
纠纷案件适用法律问题的解释

（2012 年 3 月 31 日由最高人民法院审判委员会第 1545 次会议通过 根据 2020 年 12 月 23 日最高人民法院审判委员会第 1823 次会议通过的《最高人民法院关于修改〈最高人民法院关于在民事审判工作中适用《中华人民共和国工会法》若干问题的解释〉等二十七件民事类司法解释的决定》修正 2020 年 12 月 29 日最高人民法院公告公布 自 2021 年 1 月 1 日起施行 法释〔2020〕17 号）

为正确审理买卖合同纠纷案件，根据《中华人民共和国民法典》《中华人民共和国民事诉讼法》等法律的规定，结合审判实践，制定本解释。

一、买卖合同的成立

第一条 当事人之间没有书面合同，一方以送货单、收货单、结算单、发票等主张存在买卖合同关系的，人民法院应当结合当事人之间的交易方式、交易习惯以及其他相关证据，对买卖合同是否成立作出认定。

对账确认函、债权确认书等函件、凭证没有记载债权人名称，买卖合同当事人一方以此证明存在买卖合同关系的，人民法院应予支持，但有相反证据足以推翻的除外。

二、标的物交付和所有权转移

第二条 标的物为无需以有形载体交付的电子信息产品，当事人对交付方式约定不明确，且依照民法典第五百一十条的规定仍不能确定的，买受人收到约定的电子信息产品或者权利凭证即为交付。

　　第三条　根据民法典第六百二十九条的规定，买受人拒绝接收多交部分标的物的，可以代为保管多交部分标的物。买受人主张出卖人负担代为保管期间的合理费用的，人民法院应予支持。

　　买受人主张出卖人承担代为保管期间非因买受人故意或者重大过失造成的损失的，人民法院应予支持。

　　第四条　民法典第五百九十九条规定的"提取标的物单证以外的有关单证和资料"，主要应当包括保险单、保修单、普通发票、增值税专用发票、产品合格证、质量保证书、质量鉴定书、品质检验证书、产品进出口检疫书、原产地证明书、使用说明书、装箱单等。

　　第五条　出卖人仅以增值税专用发票及税款抵扣资料证明其已履行交付标的物义务，买受人不认可的，出卖人应当提供其他证据证明交付标的物的事实。

　　合同约定或者当事人之间习惯以普通发票作为付款凭证，买受人以普通发票证明已经履行付款义务的，人民法院应予支持，但有相反证据足以推翻的除外。

　　第六条　出卖人就同一普通动产订立多重买卖合同，在买卖合同均有效的情况下，买受人均要求实际履行合同的，应当按照以下情形分别处理：

　　（一）先行受领交付的买受人请求确认所有权已经转移的，人民法院应予支持；

　　（二）均未受领交付，先行支付价款的买受人请求出卖人履行交付标的物等合同义务的，人民法院应予支持；

　　（三）均未受领交付，也未支付价款，依法成立在先合同的买受人请求出卖人履行交付标的物等合同义务的，人民法院应予支持。

　　第七条　出卖人就同一船舶、航空器、机动车等特殊动产订立多重买卖合同，在买卖合同均有效的情况下，买受人均要求实际履行合同的，应当按照以下情形分别处理：

　　（一）先行受领交付的买受人请求出卖人履行办理所有权转移登记手续等合同义务的，人民法院应予支持；

　　（二）均未受领交付，先行办理所有权转移登记手续的买受人请求出卖人履行交付标的物等合同义务的，人民法院应予支持；

　　（三）均未受领交付，也未办理所有权转移登记手续，依法成立在先合同的买受人请求出卖人履行交付标的物和办理所有权转移登记手续等合同义务的，人民法院应予支持；

（四）出卖人将标的物交付给买受人之一，又为其他买受人办理所有权转移登记，已受领交付的买受人请求将标的物所有权登记在自己名下的，人民法院应予支持。

三、标的物风险负担

第八条 民法典第六百零三条第二款第一项规定的"标的物需要运输的"，是指标的物由出卖人负责办理托运，承运人系独立于买卖合同当事人之外的运输业者的情形。标的物毁损、灭失的风险负担，按照民法典第六百零七条第二款的规定处理。

第九条 出卖人根据合同约定将标的物运送至买受人指定地点并交付给承运人后，标的物毁损、灭失的风险由买受人负担，但当事人另有约定的除外。

第十条 出卖人出卖交由承运人运输的在途标的物，在合同成立时知道或者应当知道标的物已经毁损、灭失却未告知买受人，买受人主张出卖人负担标的物毁损、灭失的风险的，人民法院应予支持。

第十一条 当事人对风险负担没有约定，标的物为种类物，出卖人未以装运单据、加盖标记、通知买受人等可识别的方式清楚地将标的物特定于买卖合同，买受人主张不负担标的物毁损、灭失的风险的，人民法院应予支持。

四、标的物检验

第十二条 人民法院具体认定民法典第六百二十一条第二款规定的"合理期限"时，应当综合当事人之间的交易性质、交易目的、交易方式、交易习惯、标的物的种类、数量、性质、安装和使用情况、瑕疵的性质、买受人应尽的合理注意义务、检验方法和难易程度、买受人或者检验人所处的具体环境、自身技能以及其他合理因素，依据诚实信用原则进行判断。

民法典第六百二十一条第二款规定的"二年"是最长的合理期限。该期限为不变期间，不适用诉讼时效中止、中断或者延长的规定。

第十三条 买受人在合理期限内提出异议，出卖人以买受人已经支付价款、确认欠款数额、使用标的物等为由，主张买受人放弃异议的，人民法院不予支持，但当事人另有约定的除外。

第十四条 民法典第六百二十一条规定的检验期限、合理期限、二年期限经过后，买受人主张标的物的数量或者质量不符合约定的，人民法院不予支持。

出卖人自愿承担违约责任后，又以上述期限经过为由翻悔的，人民法院不予支持。

五、违约责任

第十五条 买受人依约保留部分价款作为质量保证金，出卖人在质量保证期未及时解决质量问题而影响标的物的价值或者使用效果，出卖人主张支付该部分价款的，人民法院不予支持。

第十六条 买受人在检验期限、质量保证期、合理期限内提出质量异议，出卖人未按要求予以修理或者因情况紧急，买受人自行或者通过第三人修理标的物后，主张出卖人负担因此发生的合理费用的，人民法院应予支持。

第十七条 标的物质量不符合约定，买受人依照民法典第五百八十二条的规定要求减少价款的，人民法院应予支持。当事人主张以符合约定的标的物和实际交付的标的物按交付时的市场价值计算差价的，人民法院应予支持。

价款已经支付，买受人主张返还减价后多出部分价款的，人民法院应予支持。

第十八条 买卖合同对付款期限作出的变更，不影响当事人关于逾期付款违约金的约定，但该违约金的起算点应当随之变更。

买卖合同约定逾期付款违约金，买受人以出卖人接受价款时未主张逾期付款违约金为由拒绝支付该违约金的，人民法院不予支持。

买卖合同约定逾期付款违约金，但对账单、还款协议等未涉及逾期付款责任，出卖人根据对账单、还款协议等主张欠款时请求买受人依约支付逾期付款违约金的，人民法院应予支持，但对账单、还款协议等明确载有本金及逾期付款利息数额或者已经变更买卖合同中关于本金、利息等约定内容的除外。

买卖合同没有约定逾期付款违约金或者违约金的计算方法，出卖人以买受人违约为由主张赔偿逾期付款损失，违约行为发生在 2019 年 8 月 19 日之前的，人民法院可以中国人民银行同期同类人民币贷款基准利率为基础，参照逾期罚息利率标准计算；违约行为发生在 2019 年 8 月 20 日之后的，人民法院可以违约行为发生时中国人民银行授权全国银行间同业拆借中心公布的一年期贷款市场报价利率（LPR）标准为基础，加计 30—50% 计算逾期付款损失。

第十九条　出卖人没有履行或者不当履行从给付义务，致使买受人不能实现合同目的，买受人主张解除合同的，人民法院应当根据民法典第五百六十三条第一款第四项的规定，予以支持。

第二十条　买卖合同因违约而解除后，守约方主张继续适用违约金条款的，人民法院应予支持；但约定的违约金过分高于造成的损失的，人民法院可以参照民法典第五百八十五条第二款的规定处理。

第二十一条　买卖合同当事人一方以对方违约为由主张支付违约金，对方以合同不成立、合同未生效、合同无效或者不构成违约等为由进行免责抗辩而未主张调整过高的违约金的，人民法院应当就法院若不支持免责抗辩，当事人是否需要主张调整违约金进行释明。

一审法院认为免责抗辩成立且未予释明，二审法院认为应当判决支付违约金的，可以直接释明并改判。

第二十二条　买卖合同当事人一方违约造成对方损失，对方主张赔偿可得利益损失的，人民法院在确定违约责任范围时，应当根据当事人的主张，依据民法典第五百八十四条、第五百九十一条、第五百九十二条、本解释第二十三条等规定进行认定。

第二十三条　买卖合同当事人一方因对方违约而获有利益，违约方主张从损失赔偿额中扣除该部分利益的，人民法院应予支持。

第二十四条　买受人在缔约时知道或者应当知道标的物质量存在瑕疵，主张出卖人承担瑕疵担保责任的，人民法院不予支持，但买受人在缔约时不知道该瑕疵会导致标的物的基本效用显著降低的除外。

六、所有权保留

第二十五条　买卖合同当事人主张民法典第六百四十一条关于标的物

所有权保留的规定适用于不动产的，人民法院不予支持。

第二十六条　买受人已经支付标的物总价款的百分之七十五以上，出卖人主张取回标的物的，人民法院不予支持。

在民法典第六百四十二条第一款第三项情形下，第三人依据民法典第三百一十一条的规定已经善意取得标的物所有权或者其他物权，出卖人主张取回标的物的，人民法院不予支持。

七、特种买卖

第二十七条　民法典第六百三十四条第一款规定的"分期付款"，系指买受人将应付的总价款在一定期限内至少分三次向出卖人支付。

分期付款买卖合同的约定违反民法典第六百三十四条第一款的规定，损害买受人利益，买受人主张该约定无效的，人民法院应予支持。

第二十八条　分期付款买卖合同约定出卖人在解除合同时可以扣留已受领价金，出卖人扣留的金额超过标的物使用费以及标的物受损赔偿额，买受人请求返还超过部分的，人民法院应予支持。

当事人对标的物的使用费没有约定的，人民法院可以参照当地同类标的物的租金标准确定。

第二十九条　合同约定的样品质量与文字说明不一致且发生纠纷时当事人不能达成合意，样品封存后外观和内在品质没有发生变化的，人民法院应当以样品为准；外观和内在品质发生变化，或者当事人对是否发生变化有争议而又无法查明的，人民法院应当以文字说明为准。

第三十条　买卖合同存在下列约定内容之一的，不属于试用买卖。买受人主张属于试用买卖的，人民法院不予支持：

（一）约定标的物经过试用或者检验符合一定要求时，买受人应当购买标的物；

（二）约定第三人经试验对标的物认可时，买受人应当购买标的物；

（三）约定买受人在一定期限内可以调换标的物；

（四）约定买受人在一定期限内可以退还标的物。

八、其他问题

第三十一条　出卖人履行交付义务后诉请买受人支付价款，买受人以出卖人违约在先为由提出异议的，人民法院应当按照下列情况分别处理：

（一）买受人拒绝支付违约金、拒绝赔偿损失或者主张出卖人应当采取减少价款等补救措施的，属于提出抗辩；

（二）买受人主张出卖人应支付违约金、赔偿损失或者要求解除合同的，应当提起反诉。

第三十二条 法律或者行政法规对债权转让、股权转让等权利转让合同有规定的，依照其规定；没有规定的，人民法院可以根据民法典第四百六十七条和第六百四十六条的规定，参照适用买卖合同的有关规定。

权利转让或者其他有偿合同参照适用买卖合同的有关规定的，人民法院应当首先引用民法典第六百四十六条的规定，再引用买卖合同的有关规定。

第三十三条 本解释施行前本院发布的有关购销合同、销售合同等有偿转移标的物所有权的合同的规定，与本解释抵触的，自本解释施行之日起不再适用。

本解释施行后尚未终审的买卖合同纠纷案件，适用本解释；本解释施行前已经终审，当事人申请再审或者按照审判监督程序决定再审的，不适用本解释。

最高人民法院关于审理商品房买卖合同纠纷案件适用法律若干问题的解释

（2003 年 3 月 24 日由最高人民法院审判委员会第 1267 次会议通过　根据 2020 年 12 月 23 日最高人民法院审判委员会第 1823 次会议通过的《最高人民法院关于修改〈最高人民法院关于在民事审判工作中适用《中华人民共和国工会法》若干问题的解释〉等二十七件民事类司法解释的决定》修正　2020 年 12 月 29 日最高人民法院公告公布　自 2021 年 1 月 1 日起施行　法释〔2020〕17 号）

为正确、及时审理商品房买卖合同纠纷案件，根据《中华人民共和国民法典》《中华人民共和国城市房地产管理法》等相关法律，结合民事审判实践，制定本解释。

第一条　本解释所称的商品房买卖合同，是指房地产开发企业（以下统称为出卖人）将尚未建成或者已竣工的房屋向社会销售并转移房屋所有权于买受人，买受人支付价款的合同。

第二条　出卖人未取得商品房预售许可证明，与买受人订立的商品房预售合同，应当认定无效，但是在起诉前取得商品房预售许可证明的，可以认定有效。

第三条　商品房的销售广告和宣传资料为要约邀请，但是出卖人就商品房开发规划范围内的房屋及相关设施所作的说明和允诺具体确定，并对商品房买卖合同的订立以及房屋价格的确定有重大影响的，构成要约。该说明和允诺即使未载入商品房买卖合同，亦应当为合同内容，当事人违反的，应当承担违约责任。

第四条　出卖人通过认购、订购、预订等方式向买受人收受定金作为订立商品房买卖合同担保的，如果因当事人一方原因未能订立商品房买卖合同，应当按照法律关于定金的规定处理；因不可归责于当事人双方的事由，导致商品房买卖合同未能订立的，出卖人应当将定金返还买受人。

第五条　商品房的认购、订购、预订等协议具备《商品房销售管理办法》第十六条规定的商品房买卖合同的主要内容，并且出卖人已经按照约定收受购房款的，该协议应当认定为商品房买卖合同。

第六条　当事人以商品房预售合同未按照法律、行政法规规定办理登记备案手续为由，请求确认合同无效的，不予支持。

当事人约定以办理登记备案手续为商品房预售合同生效条件的，从其约定，但当事人一方已经履行主要义务，对方接受的除外。

第七条　买受人以出卖人与第三人恶意串通，另行订立商品房买卖合同并将房屋交付使用，导致其无法取得房屋为由，请求确认出卖人与第三人订立的商品房买卖合同无效的，应予支持。

第八条　对房屋的转移占有，视为房屋的交付使用，但当事人另有约定的除外。

房屋毁损、灭失的风险，在交付使用前由出卖人承担，交付使用后由买受人承担；买受人接到出卖人的书面交房通知，无正当理由拒绝接收的，房屋毁损、灭失的风险自书面交房通知确定的交付使用之日起由买受人承担，但法律另有规定或者当事人另有约定的除外。

第九条　因房屋主体结构质量不合格不能交付使用，或者房屋交付使用后，房屋主体结构质量经核验确属不合格，买受人请求解除合同和赔偿损失的，应予支持。

第十条　因房屋质量问题严重影响正常居住使用，买受人请求解除合同和赔偿损失的，应予支持。

交付使用的房屋存在质量问题，在保修期内，出卖人应当承担修复责任；出卖人拒绝修复或者在合理期限内拖延修复的，买受人可以自行或者委托他人修复。修复费用及修复期间造成的其他损失由出卖人承担。

第十一条　根据民法典第五百六十三条的规定，出卖人迟延交付房屋或者买受人迟延支付购房款，经催告后在三个月的合理期限内仍未履行，解除权人请求解除合同的，应予支持，但当事人另有约定的除外。

法律没有规定或者当事人没有约定，经对方当事人催告后，解除权行使的合理期限为三个月。对方当事人没有催告的，解除权人自知道或者应当知道解除事由之日起一年内行使。逾期不行使的，解除权消灭。

第十二条　当事人以约定的违约金过高为由请求减少的，应当以违约金超过造成的损失 30% 为标准适当减少；当事人以约定的违约金低于造成的损失为由请求增加的，应当以违约造成的损失确定违约金数额。

第十三条　商品房买卖合同没有约定违约金数额或者损失赔偿额计算方法，违约金数额或者损失赔偿额可以参照以下标准确定：

逾期付款的，按照未付购房款总额，参照中国人民银行规定的金融机构计收逾期贷款利息的标准计算。

逾期交付使用房屋的，按照逾期交付使用房屋期间有关主管部门公布或者有资格的房地产评估机构评定的同地段同类房屋租金标准确定。

第十四条　由于出卖人的原因，买受人在下列期限届满未能取得不动产权属证书的，除当事人有特殊约定外，出卖人应当承担违约责任：

（一）商品房买卖合同约定的办理不动产登记的期限；

（二）商品房买卖合同的标的物为尚未建成房屋的，自房屋交付使用之日起 90 日；

（三）商品房买卖合同的标的物为已竣工房屋的，自合同订立之日起 90 日。

合同没有约定违约金或者损失数额难以确定的，可以按照已付购房款总额，参照中国人民银行规定的金融机构计收逾期贷款利息的标准计算。

第十五条　商品房买卖合同约定或者城市房地产开发经营管理条例第三十二条规定的办理不动产登记的期限届满后超过一年，由于出卖人的原因，导致买受人无法办理不动产登记，买受人请求解除合同和赔偿损失的，应予支持。

第十六条 出卖人与包销人订立商品房包销合同，约定出卖人将其开发建设的房屋交由包销人以出卖人的名义销售的，包销期满未销售的房屋，由包销人按照合同约定的包销价格购买，但当事人另有约定的除外。

第十七条 出卖人自行销售已经约定由包销人包销的房屋，包销人请求出卖人赔偿损失的，应予支持，但当事人另有约定的除外。

第十八条 对于买受人因商品房买卖合同与出卖人发生的纠纷，人民法院应当通知包销人参加诉讼；出卖人、包销人和买受人对各自的权利义务有明确约定的，按照约定的内容确定各方的诉讼地位。

第十九条 商品房买卖合同约定，买受人以担保贷款方式付款、因当事人一方原因未能订立商品房担保贷款合同并导致商品房买卖合同不能继续履行的，对方当事人可以请求解除合同和赔偿损失。因不可归责于当事人双方的事由未能订立商品房担保贷款合同并导致商品房买卖合同不能继续履行的，当事人可以请求解除合同，出卖人应当将收受的购房款本金及其利息或者定金返还买受人。

第二十条 因商品房买卖合同被确认无效或者被撤销、解除，致使商品房担保贷款合同的目的无法实现，当事人请求解除商品房担保贷款合同的，应予支持。

第二十一条 以担保贷款为付款方式的商品房买卖合同的当事人一方请求确认商品房买卖合同无效或者撤销、解除合同的，如果担保权人作为有独立请求权第三人提出诉讼请求，应当与商品房担保贷款合同纠纷合并审理；未提出诉讼请求的，仅处理商品房买卖合同纠纷。担保权人就商品房担保贷款合同纠纷另行起诉的，可以与商品房买卖合同纠纷合并审理。

商品房买卖合同被确认无效或者被撤销、解除后，商品房担保贷款合同也被解除的、出卖人应当将收受的购房贷款和购房款的本金及利息分别返还担保权人和买受人。

第二十二条 买受人未按照商品房担保贷款合同的约定偿还贷款，亦未与担保权人办理不动产抵押登记手续，担保权人起诉买受人，请求处分商品房买卖合同项下买受人合同权利的，应当通知出卖人参加诉讼；担保权人同时起诉出卖人时，如果出卖人为商品房担保贷款合同提供保证的，应当列为共同被告。

第二十三条 买受人未按照商品房担保贷款合同的约定偿还贷款，但是已经取得不动产权属证书并与担保权人办理了不动产抵押登记手续，抵押权人请求买受人偿还贷款或者就抵押的房屋优先受偿的，不应当追加出卖人为当事人，但出卖人提供保证的除外。

第二十四条 本解释自 2003 年 6 月 1 日起施行。

城市房地产管理法施行后订立的商品房买卖合同发生的纠纷案件，本解释公布施行后尚在一审、二审阶段的，适用本解释。

城市房地产管理法施行后订立的商品房买卖合同发生的纠纷案件，在本解释公布施行前已经终审，当事人申请再审或者按照审判监督程序决定再审的，不适用本解释。

城市房地产管理法施行前发生的商品房买卖行为，适用当时的法律、法规和《最高人民法院〈关于审理房地产管理法施行前房地产开发经营案件若干问题的解答〉》。

最高人民法院关于审理城镇房屋租赁合同纠纷案件具体应用法律若干问题的解释

（2009 年 6 月 22 日最高人民法院审判委员会第 1469 次会议通过 根据 2020 年 12 月 23 日最高人民法院审判委员会第 1823 次会议通过的《最高人民法院关于修改〈最高人民法院关于在民事审判工作中适用《中华人民共和国工会法》若干问题的解释〉等二十七件民事类司法解释的决定》修正 2020 年 12 月 29 日最高人民法院公告公布 自 2021 年 1 月 1 日起施行 法释〔2020〕17 号）

为正确审理城镇房屋租赁合同纠纷案件，依法保护当事人的合法权益，根据《中华人民共和国民法典》等法律规定，结合民事审判实践，制定本解释。

第一条 本解释所称城镇房屋，是指城市、镇规划区内的房屋。

乡、村庄规划区内的房屋租赁合同纠纷案件，可以参照本解释处理。但法律另有规定的，适用其规定。

当事人依照国家福利政策租赁公有住房、廉租住房、经济适用住房产生的纠纷案件，不适用本解释。

第二条 出租人就未取得建设工程规划许可证或者未按照建设工程规

392

划许可证的规定建设的房屋，与承租人订立的租赁合同无效。但在一审法庭辩论终结前取得建设工程规划许可证或者经主管部门批准建设的，人民法院应当认定有效。

第三条 出租人就未经批准或者未按照批准内容建设的临时建筑，与承租人订立的租赁合同无效。但在一审法庭辩论终结前经主管部门批准建设的，人民法院应当认定有效。

租赁期限超过临时建筑的使用期限，超过部分无效。但在一审法庭辩论终结前经主管部门批准延长使用期限的，人民法院应当认定延长使用期限内的租赁期间有效。

第四条 房屋租赁合同无效，当事人请求参照合同约定的租金标准支付房屋占有使用费的，人民法院一般应予支持。

当事人请求赔偿因合同无效受到的损失，人民法院依照民法典第一百五十七条和本解释第七条、第十一条、第十二条的规定处理。

第五条 出租人就同一房屋订立数份租赁合同，在合同均有效的情况下，承租人均主张履行合同的，人民法院按照下列顺序确定履行合同的承租人：

（一）已经合法占有租赁房屋的；

（二）已经办理登记备案手续的；

（三）合同成立在先的。

不能取得租赁房屋的承租人请求解除合同、赔偿损失的，依照民法典的有关规定处理。

第六条 承租人擅自变动房屋建筑主体和承重结构或者扩建，在出租人要求的合理期限内仍不予恢复原状，出租人请求解除合同并要求赔偿损失的，人民法院依照民法典第七百一十一条的规定处理。

第七条 承租人经出租人同意装饰装修，租赁合同无效时，未形成附合的装饰装修物，出租人同意利用的，可折价归出租人所有；不同意利用的，可由承租人拆除。因拆除造成房屋毁损的，承租人应当恢复原状。

已形成附合的装饰装修物，出租人同意利用的，可折价归出租人所有；不同意利用的，由双方各自按照导致合同无效的过错分担现值损失。

第八条 承租人经出租人同意装饰装修，租赁期间届满或者合同解除时，除当事人另有约定外，未形成附合的装饰装修物，可由承租人拆除。因拆除造成房屋毁损的，承租人应当恢复原状。

第九条 承租人经出租人同意装饰装修，合同解除时，双方对已形成附合的装饰装修物的处理没有约定的，人民法院按照下列情形分别处理：

（一）因出租人违约导致合同解除，承租人请求出租人赔偿剩余租赁期内装饰装修残值损失的，应予支持；

（二）因承租人违约导致合同解除，承租人请求出租人赔偿剩余租赁期内装饰装修残值损失的，不予支持。但出租人同意利用的，应在利用价值范围内予以适当补偿；

（三）因双方违约导致合同解除，剩余租赁期内的装饰装修残值损失，由双方根据各自的过错承担相应的责任；

（四）因不可归责于双方的事由导致合同解除的，剩余租赁期内的装饰装修残值损失，由双方按照公平原则分担。法律另有规定的，适用其规定。

第十条 承租人经出租人同意装饰装修，租赁期间届满时，承租人请求出租人补偿附合装饰装修费用的，不予支持。但当事人另有约定的除外。

第十一条 承租人未经出租人同意装饰装修或者扩建发生的费用，由承租人负担。出租人请求承租人恢复原状或者赔偿损失的，人民法院应予支持。

第十二条 承租人经出租人同意扩建，但双方对扩建费用的处理没有约定的，人民法院按照下列情形分别处理：

（一）办理合法建设手续的，扩建造价费用由出租人负担；

（二）未办理合法建设手续的，扩建造价费用由双方按照过错分担。

第十三条 房屋租赁合同无效、履行期限届满或者解除，出租人请求负有腾房义务的次承租人支付逾期腾房占有使用费的，人民法院应予支持。

第十四条 租赁房屋在承租人按照租赁合同占有期限内发生所有权变动，承租人请求房屋受让人继续履行原租赁合同的，人民法院应予支持。但租赁房屋具有下列情形或者当事人另有约定的除外：

（一）房屋在出租前已设立抵押权，因抵押权人实现抵押权发生所有权变动的；

（二）房屋在出租前已被人民法院依法查封的。

第十五条 出租人与抵押权人协议折价、变卖租赁房屋偿还债务，应当在合理期限内通知承租人。承租人请求以同等条件优先购买房屋的，人民法院应予支持。

第十六条 本解释施行前已经终审，本解释施行后当事人申请再审或者按照审判监督程序决定再审的案件，不适用本解释。

最高人民法院关于审理融资租赁合同
纠纷案件适用法律问题的解释

（2013 年 11 月 25 日最高人民法院审判委员会第 1597 次会议通过 根据 2020 年 12 月 23 日最高人民法院审判委员会第 1823 次会议通过的《最高人民法院关于修改〈最高人民法院关于在民事审判工作中适用《中华人民共和国工会法》若干问题的解释〉等二十七件民事类司法解释的决定》修正 2020 年 12 月 29 日最高人民法院公告公布 自 2021 年 1 月 1 日起施行 法释〔2020〕17 号）

为正确审理融资租赁合同纠纷案件，根据《中华人民共和国民法典》《中华人民共和国民事诉讼法》等法律的规定，结合审判实践，制定本解释。

一、融资租赁合同的认定

第一条 人民法院应当根据民法典第七百三十五条的规定，结合标的物的性质、价值、租金的构成以及当事人的合同权利和义务，对是否构成融资租赁法律关系作出认定。

对名为融资租赁合同，但实际不构成融资租赁法律关系的，人民法院应按照其实际构成的法律关系处理。

第二条 承租人将其自有物出卖给出租人，再通过融资租赁合同将租赁物从出租人处租回的，人民法院不应仅以承租人和出卖人系同一人为由认定不构成融资租赁法律关系。

二、合同的履行和租赁物的公示

第三条 承租人拒绝受领租赁物，未及时通知出租人，或者无正当理由拒绝受领租赁物，造成出租人损失，出租人向承租人主张损害赔偿的，人民法院应予支持。

第四条　出租人转让其在融资租赁合同项下的部分或者全部权利，受让方以此为由请求解除或者变更融资租赁合同的，人民法院不予支持。

三、合同的解除

第五条　有下列情形之一，出租人请求解除融资租赁合同的，人民法院应予支持：

（一）承租人未按照合同约定的期限和数额支付租金，符合合同约定的解除条件，经出租人催告后在合理期限内仍不支付的；

（二）合同对于欠付租金解除合同的情形没有明确约定，但承租人欠付租金达到两期以上，或者数额达到全部租金百分之十五以上，经出租人催告后在合理期限内仍不支付的；

（三）承租人违反合同约定，致使合同目的不能实现的其他情形。

第六条　因出租人的原因致使承租人无法占有、使用租赁物，承租人请求解除融资租赁合同的，人民法院应予支持。

第七条　当事人在一审诉讼中仅请求解除融资租赁合同，未对租赁物的归属及损失赔偿提出主张的，人民法院可以向当事人进行释明。

四、违约责任

第八条　租赁物不符合融资租赁合同的约定且出租人实施了下列行为之一，承租人依照民法典第七百四十四条、第七百四十七条的规定，要求出租人承担相应责任的，人民法院应予支持：

（一）出租人在承租人选择出卖人、租赁物时，对租赁物的选定起决定作用的；

（二）出租人干预或者要求承租人按照出租人意愿选择出卖人或者租赁物的；

（三）出租人擅自变更承租人已经选定的出卖人或者租赁物的。

承租人主张其系依赖出租人的技能确定租赁物或者出租人干预选择租赁物的，对上述事实承担举证责任。

第九条　承租人逾期履行支付租金义务或者迟延履行其他付款义务，

出租人按照融资租赁合同的约定要求承租人支付逾期利息、相应违约金的，人民法院应予支持。

第十条 出租人既请求承租人支付合同约定的全部未付租金又请求解除融资租赁合同的，人民法院应告知其依照民法典第七百五十二条的规定作出选择。

出租人请求承租人支付合同约定的全部未付租金，人民法院判决后承租人未予履行，出租人再行起诉请求解除融资租赁合同、收回租赁物的，人民法院应予受理。

第十一条 出租人依照本解释第五条的规定请求解除融资租赁合同，同时请求收回租赁物并赔偿损失的，人民法院应予支持。

前款规定的损失赔偿范围为承租人全部未付租金及其他费用与收回租赁物价值的差额。合同约定租赁期间届满后租赁物归出租人所有的，损失赔偿范围还应包括融资租赁合同到期后租赁物的残值。

第十二条 诉讼期间承租人与出租人对租赁物的价值有争议的，人民法院可以按照融资租赁合同的约定确定租赁物价值；融资租赁合同未约定或者约定不明的，可以参照融资租赁合同约定的租赁物折旧以及合同到期后租赁物的残值确定租赁物价值。

承租人或者出租人认为依前款确定的价值严重偏离租赁物实际价值的，可以请求人民法院委托有资质的机构评估或者拍卖确定。

五、其他规定

第十三条 出卖人与买受人因买卖合同发生纠纷，或者出租人与承租人因融资租赁合同发生纠纷，当事人仅对其中一个合同关系提起诉讼，人民法院经审查后认为另一合同关系的当事人与案件处理结果有法律上的利害关系的，可以通知其作为第三人参加诉讼。

承租人与租赁物的实际使用人不一致，融资租赁合同当事人未对租赁物的实际使用人提起诉讼，人民法院经审查后认为租赁物的实际使用人与案件处理结果有法律上的利害关系的，可以通知其作为第三人参加诉讼。

承租人基于买卖合同和融资租赁合同直接向出卖人主张受领租赁物、索赔等买卖合同权利的，人民法院应通知出租人作为第三人参加诉讼。

第十四条 当事人因融资租赁合同租金欠付争议向人民法院请求保护其权利的诉讼时效期间为三年，自租赁期限届满之日起计算。

第十五条 本解释自 2014 年 3 月 1 日起施行。《最高人民法院关于审理融资租赁合同纠纷案件若干问题的规定》（法发〔1996〕19 号）同时废止。

本解释施行后尚未终审的融资租赁合同纠纷案件，适用本解释；本解释施行前已经终审，当事人申请再审或者按照审判监督程序决定再审的，不适用本解释。

最高人民法院关于审理技术合同纠纷案件适用法律若干问题的解释

（2004 年 11 月 30 日最高人民法院审判委员会第 1335 次会议通过 根据 2020 年 12 月 23 日最高人民法院审判委员会第 1823 次会议通过的《最高人民法院关于修改〈最高人民法院关于审理侵犯专利权纠纷案件应用法律若干问题的解释（二）〉等十八件知识产权类司法解释的决定》修正 2020 年 12 月 29 日最高人民法院公告公布 自 2021 年 1 月 1 日起施行 法释〔2020〕19 号）

为了正确审理技术合同纠纷案件，根据《中华人民共和国民法典》《中华人民共和国专利法》和《中华人民共和国民事诉讼法》等法律的有关规定，结合审判实践，现就有关问题作出以下解释。

一、一般规定

第一条 技术成果，是指利用科学技术知识、信息和经验作出的涉及产品、工艺、材料及其改进等的技术方案，包括专利、专利申请、技术秘密、计算机软件、集成电路布图设计、植物新品种等。

技术秘密，是指不为公众所知悉、具有商业价值并经权利人采取相应保密措施的技术信息。

第二条 民法典第八百四十七条第二款所称"执行法人或者非法人组织的工作任务"，包括：

（一）履行法人或者非法人组织的岗位职责或者承担其交付的其他技术开发任务；

（二）离职后一年内继续从事与其原所在法人或者非法人组织的岗位职责或者交付的任务有关的技术开发工作，但法律、行政法规另有规定的除外。

法人或者非法人组织与其职工就职工在职期间或者离职以后所完成的技术成果的权益有约定的，人民法院应当依约定确认。

第三条 民法典第八百四十七条第二款所称"物质技术条件"，包括资金、设备、器材、原材料、未公开的技术信息和资料等。

第四条 民法典第八百四十七条第二款所称"主要是利用法人或者非法人组织的物质技术条件"，包括职工在技术成果的研究开发过程中，全部或者大部分利用了法人或者非法人组织的资金、设备、器材或者原材料等物质条件，并且这些物质条件对形成该技术成果具有实质性的影响；还包括该技术成果实质性内容是在法人或者非法人组织尚未公开的技术成果、阶段性技术成果基础上完成的情形。但下列情况除外：

（一）对利用法人或者非法人组织提供的物质技术条件，约定返还资金或者交纳使用费的；

（二）在技术成果完成后利用法人或者非法人组织的物质技术条件对技术方案进行验证、测试的。

第五条 个人完成的技术成果，属于执行原所在法人或者非法人组织的工作任务，又主要利用了现所在法人或者非法人组织的物质技术条件的，应当按照该自然人原所在和现所在法人或者非法人组织达成的协议确认权益。不能达成协议的，根据对完成该项技术成果的贡献大小由双方合理分享。

第六条 民法典第八百四十七条所称"职务技术成果的完成人"、第八百四十八条所称"完成技术成果的个人"，包括对技术成果单独或者共同作出创造性贡献的人，也即技术成果的发明人或者设计人。人民法院在对创造性贡献进行认定时，应当分解其所涉及技术成果的实质性技术构成。提出实质性技术构成并由此实现技术方案的人，是作出创造性贡献的人。

提供资金、设备、材料、试验条件，进行组织管理，协助绘制图纸、整理资料、翻译文献等人员，不属于职务技术成果的完成人、完成技术成果的个人。

第七条 不具有民事主体资格的科研组织订立的技术合同，经法人或者非法人组织授权或者认可的，视为法人或者非法人组织订立的合同，由法人或者非法人组织承担责任；未经法人或者非法人组织授权或者认可的，由该科研组织成员共同承担责任，但法人或者非法人组织因该合同受益的，应当在其受益范围内承担相应责任。

前款所称不具有民事主体资格的科研组织，包括法人或者非法人组织设立的从事技术研究开发、转让等活动的课题组、工作室等。

第八条 生产产品或者提供服务依法须经有关部门审批或者取得行政许可，而未经审批或者许可的，不影响当事人订立的相关技术合同的效力。

当事人对办理前款所称审批或者许可的义务没有约定或者约定不明确的，人民法院应当判令由实施技术的一方负责办理，但法律、行政法规另有规定的除外。

第九条 当事人一方采取欺诈手段，就其现有技术成果作为研究开发标的与他人订立委托开发合同收取研究开发费用，或者就同一研究开发课题先后与两个或者两个以上的委托人分别订立委托开发合同重复收取研究开发费用，使对方在违背真实意思的情况下订立的合同，受损害方依照民法典第一百四十八条规定请求撤销合同的，人民法院应当予以支持。

第十条 下列情形，属于民法典第八百五十条所称的"非法垄断技术"：

（一）限制当事人一方在合同标的技术基础上进行新的研究开发或者限制其使用所改进的技术，或者双方交换改进技术的条件不对等，包括要求一方将其自行改进的技术无偿提供给对方、非互惠性转让给对方、无偿独占或者共享该改进技术的知识产权；

（二）限制当事人一方从其他来源获得与技术提供方类似技术或者与其竞争的技术；

（三）阻碍当事人一方根据市场需求，按照合理方式充分实施合同标的技术，包括明显不合理地限制技术接受方实施合同标的技术生产产品或者提供服务的数量、品种、价格、销售渠道和出口市场；

（四）要求技术接受方接受并非实施技术必不可少的附带条件，包括购买非必需的技术、原材料、产品、设备、服务以及接收非必需的人员等；

（五）不合理地限制技术接受方购买原材料、零部件、产品或者设备等的渠道或者来源；

（六）禁止技术接受方对合同标的技术知识产权的有效性提出异议或者对提出异议附加条件。

第十一条 技术合同无效或者被撤销后，技术开发合同研究开发人、技术转让合同让与人、技术许可合同许可人、技术咨询合同和技术服务合同的受托人已经履行或者部分履行了约定的义务，并且造成合同无效或者被撤销的过错在对方的，对其已履行部分应当收取的研究开发经费、技术使用费、提供咨询服务的报酬，人民法院可以认定为因对方原因导致合同无效或者被撤销给其造成的损失。

技术合同无效或者被撤销后，因履行合同所完成新的技术成果或者在他人技术成果基础上完成后续改进技术成果的权利归属和利益分享，当事人不能重新协议确定的，人民法院可以判决由完成技术成果的一方享有。

第十二条 根据民法典第八百五十条的规定，侵害他人技术秘密的技术合同被确认无效后，除法律、行政法规另有规定的以外，善意取得该技术秘密的一方当事人可以在其取得时的范围内继续使用该技术秘密，但应当向权利人支付合理的使用费并承担保密义务。

当事人双方恶意串通或者一方知道或者应当知道另一方侵权仍与其订立或者履行合同的，属于共同侵权，人民法院应当判令侵权人承担连带赔偿责任和保密义务，因此取得技术秘密的当事人不得继续使用该技术秘密。

第十三条 依照前条第一款规定可以继续使用技术秘密的人与权利人就使用费支付发生纠纷的，当事人任何一方都可以请求人民法院予以处理。继续使用技术秘密但又拒不支付使用费的，人民法院可以根据权利人的请求判令使用人停止使用。

人民法院在确定使用费时，可以根据权利人通常对外许可该技术秘密的使用费或者使用人取得该技术秘密所支付的使用费，并考虑该技术秘密的研究开发成本、成果转化和应用程度以及使用人的使用规模、经济效益等因素合理确定。

不论使用人是否继续使用技术秘密，人民法院均应当判令其向权利人支付已使用期间的使用费。使用人已向无效合同的让与人或者许可人支付的使用费应当由让与人或者许可人负责返还。

第十四条 对技术合同的价款、报酬和使用费，当事人没有约定或者约定不明确的，人民法院可以按照以下原则处理：

（一）对于技术开发合同和技术转让合同、技术许可合同，根据有关技术成果的研究开发成本、先进性、实施转化和应用的程度，当事人享有的权益和承担的责任，以及技术成果的经济效益等合理确定；

（二）对于技术咨询合同和技术服务合同，根据有关咨询服务工作的技术含量、质量和数量，以及已经产生和预期产生的经济效益等合理确定。

技术合同价款、报酬、使用费中包含非技术性款项的，应当分项计算。

第十五条 技术合同当事人一方迟延履行主要债务，经催告后在30日内仍未履行，另一方依据民法典第五百六十三条第一款第（三）项的规定主张解除合同的，人民法院应当予以支持。

当事人在催告通知中附有履行期限且该期限超过30日的，人民法院应当认定该履行期限为民法典第五百六十三条第一款第（三）项规定的合理期限。

第十六条 当事人以技术成果向企业出资但未明确约定权属，接受出资的企业主张该技术成果归其享有的，人民法院一般应当予以支持，但是该技术成果价值与该技术成果所占出资额比例明显不合理损害出资人利益的除外。

当事人对技术成果的权属约定有比例的，视为共同所有，其权利使用和利益分配，按共有技术成果的有关规定处理，但当事人另有约定的，从其约定。

当事人对技术成果的使用权约定有比例的，人民法院可以视为当事人对实施该项技术成果所获收益的分配比例，但当事人另有约定的，从其约定。

二、技术开发合同

第十七条 民法典第八百五十一条第一款所称"新技术、新产品、新工艺、新品种或者新材料及其系统"，包括当事人在订立技术合同时尚未掌握的产品、工艺、材料及其系统等技术方案，但对技术上没有创新的现有产品的改型、工艺变更、材料配方调整以及对技术成果的验证、测试和使用除外。

第十八条 民法典第八百五十一条第四款规定的"当事人之间就具有实用价值的科技成果实施转化订立的"技术转化合同，是指当事人之间就具有实用价值但尚未实现工业化应用的科技成果包括阶段性技术成果，以实现该科技成果工业化应用为目标，约定后续试验、开发和应用等内容的合同。

第十九条 民法典第八百五十五条所称"分工参与研究开发工作"，

包括当事人按照约定的计划和分工，共同或者分别承担设计、工艺、试验、试制等工作。

技术开发合同当事人一方仅提供资金、设备、材料等物质条件或者承担辅助协作事项，另一方进行研究开发工作的，属于委托开发合同。

第二十条 民法典第八百六十一条所称"当事人均有使用和转让的权利"，包括当事人均有不经对方同意而自己使用或者以普通使用许可的方式许可他人使用技术秘密，并独占由此所获利益的权利。当事人一方将技术秘密成果的转让权让与他人，或者以独占或者排他使用许可的方式许可他人使用技术秘密，未经对方当事人同意或者追认的，应当认定该让与或者许可行为无效。

第二十一条 技术开发合同当事人依照民法典的规定或者约定自行实施专利或使用技术秘密，但因其不具备独立实施专利或者使用技术秘密的条件，以一个普通许可方式许可他人实施或者使用的，可以准许。

三、技术转让合同和技术许可合同

第二十二条 就尚待研究开发的技术成果或者不涉及专利、专利申请或者技术秘密的知识、技术、经验和信息所订立的合同，不属于民法典第八百六十二条规定的技术转让合同或者技术许可合同。

技术转让合同中关于让与人向受让人提供实施技术的专用设备、原材料或者提供有关的技术咨询、技术服务的约定，属于技术转让合同的组成部分。因此发生的纠纷，按照技术转让合同处理。

当事人以技术入股方式订立联营合同，但技术入股人不参与联营体的经营管理，并且以保底条款形式约定联营体或者联营对方支付其技术价款或者使用费的，视为技术转让合同或者技术许可合同。

第二十三条 专利申请权转让合同当事人以专利申请被驳回或者被视为撤回为由请求解除合同，该事实发生在依照专利法第十条第三款的规定办理专利申请权转让登记之前的，人民法院应当予以支持；发生在转让登记之后的，不予支持，但当事人另有约定的除外。

专利申请因专利申请权转让合同成立时即存在尚未公开的同样发明创造的在先专利申请被驳回，当事人依据民法典第五百六十三条第一款第（四）项的规定请求解除合同的，人民法院应当予以支持。

第二十四条 订立专利权转让合同或者专利申请权转让合同前，让与人自己已经实施发明创造，在合同生效后，受让人要求让与人停止实施的，人民法院应当予以支持，但当事人另有约定的除外。

让与人与受让人订立的专利权、专利申请权转让合同，不影响在合同成立前让与人与他人订立的相关专利实施许可合同或者技术秘密转让合同的效力。

第二十五条 专利实施许可包括以下方式：

（一）独占实施许可，是指许可人在约定许可实施专利的范围内，将该专利仅许可一个被许可人实施，许可人依约定不得实施该专利；

（二）排他实施许可，是指许可人在约定许可实施专利的范围内，将该专利仅许可一个被许可人实施，但许可人依约定可以自行实施该专利；

（三）普通实施许可，是指许可人在约定许可实施专利的范围内许可他人实施该专利，并且可以自行实施该专利。

当事人对专利实施许可方式没有约定或者约定不明确的，认定为普通实施许可。专利实施许可合同约定被许可人可以再许可他人实施专利的，认定该再许可为普通实施许可，但当事人另有约定的除外。

技术秘密的许可使用方式，参照本条第一、二款的规定确定。

第二十六条 专利实施许可合同许可人负有在合同有效期内维持专利权有效的义务，包括依法缴纳专利年费和积极应对他人提出宣告专利权无效的请求，但当事人另有约定的除外。

第二十七条 排他实施许可合同许可人不具备独立实施其专利的条件，以一个普通许可的方式许可他人实施专利的，人民法院可以认定为许可人自己实施专利，但当事人另有约定的除外。

第二十八条 民法典第八百六十四条所称"实施专利或者使用技术秘密的范围"，包括实施专利或者使用技术秘密的期限、地域、方式以及接触技术秘密的人员等。

当事人对实施专利或者使用技术秘密的期限没有约定或者约定不明确的，受让人、被许可人实施专利或者使用技术秘密不受期限限制。

第二十九条 当事人之间就申请专利的技术成果所订立的许可使用合同，专利申请公开以前，适用技术秘密许可合同的有关规定；发明专利申请公开以后、授权以前，参照适用专利实施许可合同的有关规定；授权以后，原合同即为专利实施许可合同，适用专利实施许可合同的有关规定。

人民法院不以当事人就已经申请专利但尚未授权的技术订立专利实施许可合同为由，认定合同无效。

四、技术咨询合同和技术服务合同

第三十条 民法典第八百七十八条第一款所称"特定技术项目"，包括有关科学技术与经济社会协调发展的软科学研究项目，促进科技进步和管理现代化、提高经济效益和社会效益等运用科学知识和技术手段进行调查、分析、论证、评价、预测的专业性技术项目。

第三十一条 当事人对技术咨询合同委托人提供的技术资料和数据或者受托人提出的咨询报告和意见未约定保密义务，当事人一方引用、发表或者向第三人提供的，不认定为违约行为，但侵害对方当事人对此享有的合法权益的，应当依法承担民事责任。

第三十二条 技术咨询合同受托人发现委托人提供的资料、数据等有明显错误或者缺陷，未在合理期限内通知委托人的，视为其对委托人提供的技术资料、数据等予以认可。委托人在接到受托人的补正通知后未在合理期限内答复并予补正的，发生的损失由委托人承担。

第三十三条 民法典第八百七十八条第二款所称"特定技术问题"，包括需要运用专业技术知识、经验和信息解决的有关改进产品结构、改良工艺流程、提高产品质量、降低产品成本、节约资源能耗、保护资源环境、实现安全操作、提高经济效益和社会效益等专业技术问题。

第三十四条 当事人一方以技术转让或者技术许可的名义提供已进入公有领域的技术，或者在技术转让合同、技术许可合同履行过程中合同标的技术进入公有领域，但是技术提供方进行技术指导、传授技术知识，为对方解决特定技术问题符合约定条件的，按照技术服务合同处理，约定的技术转让费、使用费可以视为提供技术服务的报酬和费用，但是法律、行政法规另有规定的除外。

依照前款规定，技术转让费或者使用费视为提供技术服务的报酬和费用明显不合理的，人民法院可以根据当事人的请求合理确定。

第三十五条 技术服务合同受托人发现委托人提供的资料、数据、样品、材料、场地等工作条件不符合约定，未在合理期限内通知委托人的，视为其对委托人提供的工作条件予以认可。委托人在接到受托人的补正通知后未在合理期限内答复并予补正的，发生的损失由委托人承担。

第三十六条 民法典第八百八十七条规定的"技术培训合同"，是指当事人一方委托另一方对指定的学员进行特定项目的专业技术训练和技术指导所订立的合同，不包括职业培训、文化学习和按照行业、法人或者非法人组织的计划进行的职工业余教育。

第三十七条 当事人对技术培训必需的场地、设施和试验条件等工作条件的提供和管理责任没有约定或者约定不明确的，由委托人负责提供和管理。

技术培训合同委托人派出的学员不符合约定条件，影响培训质量的，由委托人按照约定支付报酬。

受托人配备的教员不符合约定条件，影响培训质量，或者受托人未按照计划和项目进行培训，导致不能实现约定培训目标的，应当减收或者免收报酬。

受托人发现学员不符合约定条件或者委托人发现教员不符合约定条件，未在合理期限内通知对方，或者接到通知的一方未在合理期限内按约定改派的，应当由负有履行义务的当事人承担相应的民事责任。

第三十八条 民法典第八百八十七条规定的"技术中介合同"，是指当事人一方以知识、技术、经验和信息为另一方与第三人订立技术合同进行联系、介绍以及对履行合同提供专门服务所订立的合同。

第三十九条 中介人从事中介活动的费用，是指中介人在委托人和第三人订立技术合同前，进行联系、介绍活动所支出的通信、交通和必要的调查研究等费用。中介人的报酬，是指中介人为委托人与第三人订立技术合同以及对履行该合同提供服务应当得到的收益。

当事人对中介人从事中介活动的费用负担没有约定或者约定不明确的，由中介人承担。当事人约定该费用由委托人承担但未约定具体数额或者计算方法的，由委托人支付中介人从事中介活动支出的必要费用。

当事人对中介人的报酬数额没有约定或者约定不明确的，应当根据中介人所进行的劳务合理确定，并由委托人承担。仅在委托人与第三人订立的技术合同中约定中介条款，但未约定给付中介人报酬或者约定不明确的，应当支付的报酬由委托人和第三人平均承担。

第四十条 中介人未促成委托人与第三人之间的技术合同成立的，其要求支付报酬的请求，人民法院不予支持；其要求委托人支付其从事中介活动必要费用的请求，应当予以支持，但当事人另有约定的除外。

中介人隐瞒与订立技术合同有关的重要事实或者提供虚假情况，侵害委托人利益的，应当根据情况免收报酬并承担赔偿责任。

第四十一条 中介人对造成委托人与第三人之间的技术合同的无效或

者被撤销没有过错，并且该技术合同的无效或者被撤销不影响有关中介条款或者技术中介合同继续有效，中介人要求按照约定或者本解释的有关规定给付从事中介活动的费用和报酬的，人民法院应当予以支持。

中介人收取从事中介活动的费用和报酬不应当被视为委托人与第三人之间的技术合同纠纷中一方当事人的损失。

五、与审理技术合同纠纷有关的程序问题

第四十二条 当事人将技术合同和其他合同内容或者将不同类型的技术合同内容订立在一个合同中的，应当根据当事人争议的权利义务内容，确定案件的性质和案由。

技术合同名称与约定的权利义务关系不一致的，应当按照约定的权利义务内容，确定合同的类型和案由。

技术转让合同或者技术许可合同中约定让与人或者许可人负责包销或者回购受让人、被许可人实施合同标的技术制造的产品，仅因让与人或者许可人不履行或者不能全部履行包销或者回购义务引起纠纷，不涉及技术问题的，应当按照包销或者回购条款约定的权利义务内容确定案由。

第四十三条 技术合同纠纷案件一般由中级以上人民法院管辖。

各高级人民法院根据本辖区的实际情况并报经最高人民法院批准，可以指定若干基层人民法院管辖第一审技术合同纠纷案件。

其他司法解释对技术合同纠纷案件管辖另有规定的，从其规定。

合同中既有技术合同内容，又有其他合同内容，当事人就技术合同内容和其他合同内容均发生争议的，由具有技术合同纠纷案件管辖权的人民法院受理。

第四十四条 一方当事人以诉讼争议的技术合同侵害他人技术成果为由请求确认合同无效，或者人民法院在审理技术合同纠纷中发现可能存在该无效事由的，人民法院应当依法通知有关利害关系人，其可以作为有独立请求权的第三人参加诉讼或者依法向有管辖权的人民法院另行起诉。

利害关系人在接到通知后 15 日内不提起诉讼的，不影响人民法院对案件的审理。

第四十五条 第三人向受理技术合同纠纷案件的人民法院就合同标的技术提出权属或者侵权请求时，受诉人民法院对此也有管辖权的，可以将权属或者侵权纠纷与合同纠纷合并审理；受诉人民法院对此没有管辖权

的，应当告知其向有管辖权的人民法院另行起诉或者将已经受理的权属或者侵权纠纷案件移送有管辖权的人民法院。权属或者侵权纠纷另案受理后，合同纠纷应当中止诉讼。

专利实施许可合同诉讼中，被许可人或者第三人向国家知识产权局请求宣告专利权无效的，人民法院可以不中止诉讼。在案件审理过程中专利权被宣告无效的，按照专利法第四十七条第二款和第三款的规定处理。

六、其 他

第四十六条 计算机软件开发等合同争议，著作权法以及其他法律、行政法规另有规定的，依照其规定；没有规定的，适用民法典第三编第一分编的规定，并可以参照民法典第三编第二分编第二十章和本解释的有关规定处理。

第四十七条 本解释自 2005 年 1 月 1 日起施行。

全国法院民商事审判工作会议纪要（节录）

（2019 年 11 月 8 日 法〔2019〕254 号）

......

三、关于合同纠纷案件的审理

会议认为，合同是市场化配置资源的主要方式，合同纠纷也是民商事纠纷的主要类型。人民法院在审理合同纠纷案件时，要坚持鼓励交易原则，充分尊重当事人的意思自治。要依法审慎认定合同效力。要根据诚实信用原则，合理解释合同条款、确定履行内容，合理确定当事人的权利义务关系，审慎适用合同解除制度，依法调整过高的违约金，强化对守约者诚信行为的保护力度，提高违法违约成本，促进诚信社会构建。

（一）关于合同效力

人民法院在审理合同纠纷案件过程中，要依职权审查合同是否存在无效的情形，注意无效与可撤销、未生效、效力待定等合同效力形态之间的区别，准确认定合同效力，并根据效力的不同情形，结合当事人的诉讼请求，确定相应的民事责任。

30. 【强制性规定的识别】合同法施行后，针对一些人民法院动辄以违反法律、行政法规的强制性规定为由认定合同无效，不当扩大无效合同范围的情形，合同法司法解释（二）第14条将《合同法》第52条第5项规定的"强制性规定"明确限于"效力性强制性规定"。此后，《最高人民法院关于当前形势下审理民商事合同纠纷案件若干问题的指导意见》进一步提出了"管理性强制性规定"的概念，指出违反管理性强制性规定的，人民法院应当根据具体情形认定合同效力。随着这一概念的提出，审判实践中又出现了另一种倾向，有的人民法院认为凡是行政管理性质的强制性规定都属于"管理性强制性规定"，不影响合同效力。这种望文生义的认定方法，应予纠正。

人民法院在审理合同纠纷案件时，要依据《民法总则》第153条第1款和合同法司法解释（二）第14条的规定慎重判断"强制性规定"的性质，特别是要在考量强制性规定所保护的法益类型、违法行为的法律后果以及交易安全保护等因素的基础上认定其性质，并在裁判文书中充分说明理由。下列强制性规定，应当认定为"效力性强制性规定"：强制性规定涉及金融安全、市场秩序、国家宏观政策等公序良俗的；交易标的禁止买卖的，如禁止人体器官、毒品、枪支等买卖；违反特许经营规定的，如场外配资合同；交易方式严重违法的，如违反招投标等竞争性缔约方式订立的合同；交易场所违法的，如在批准的交易场所之外进行期货交易。关于经营范围、交易时间、交易数量等行政管理性质的强制性规定，一般应当认定为"管理性强制性规定"。

31. 【违反规章的合同效力】违反规章一般情况下不影响合同效力，但该规章的内容涉及金融安全、市场秩序、国家宏观政策等公序良俗的，应当认定合同无效。人民法院在认定规章是否涉及公序良俗时，要在考察规范对象基础上，兼顾监管强度、交易安全保护以及社会影响等方面进行慎重考量，并在裁判文书中进行充分说理。

32. 【合同不成立、无效或者被撤销的法律后果】《合同法》第58条就合同无效或者被撤销时的财产返还责任和损害赔偿责任作了规定，但未规定合同不成立的法律后果。考虑到合同不成立时也可能发生财产返还和损害赔偿责任问题，故应当参照适用该条的规定。

在确定合同不成立、无效或者被撤销后财产返还或者折价补偿范围时，要根据诚实信用原则的要求，在当事人之间合理分配，不能使不诚信的当事人因合同不成立、无效或者被撤销而获益。合同不成立、无效或者被撤销情况下，当事人所承担的缔约过失责任不应超过合同履行利益。比如，依据《最高人民法院关于审理建设工程施工合同纠纷案件适用法律问题的解释》第2条规定，建设工程施工合同无效，在建设工程经竣工验收合格情况下，可以参照合同约定支付工程款，但除非增加了合同约定之外新的工程项目，一般不应超出合同约定支付工程款。

33.【财产返还与折价补偿】合同不成立、无效或者被撤销后，在确定财产返还时，要充分考虑财产增值或者贬值的因素。双务合同不成立、无效或者被撤销后，双方因该合同取得财产的，应当相互返还。应予返还的股权、房屋等财产相对于合同约定价款出现增值或者贬值的，人民法院要综合考虑市场因素、受让人的经营或者添附等行为与财产增值或者贬值之间的关联性，在当事人之间合理分配或者分担，避免一方因合同不成立、无效或者被撤销而获益。在标的物已经灭失、转售他人或者其他无法返还的情况下，当事人主张返还原物的，人民法院不予支持，但其主张折价补偿的，人民法院依法予以支持。折价时，应当以当事人交易时约定的价款为基础，同时考虑当事人在标的物灭失或者转售时的获益情况综合确定补偿标准。标的物灭失时当事人获得的保险金或者其他赔偿金，转售时取得的对价，均属于当事人因标的物而获得的利益。对获益高于或者低于价款的部分，也应当在当事人之间合理分配或者分担。

34.【价款返还】双务合同不成立、无效或者被撤销时，标的物返还与价款返还互为对待给付，双方应当同时返还。关于应否支付利息问题，只要一方对标的物有使用情形的，一般应当支付使用费，该费用可与占有价款一方应当支付的资金占用费相互抵销，故在一方返还原物前，另一方仅须支付本金，而无须支付利息。

35.【损害赔偿】合同不成立、无效或者被撤销时，仅返还财产或者折价补偿不足以弥补损失，一方还可以向有过错的另一方请求损害赔偿。在确定损害赔偿范围时，既要根据当事人的过错程度合理确定责任，又要考虑在确定财产返还范围时已经考虑过的财产增值或者贬值因素，避免双重获利或者双重受损的现象发生。

36.【合同无效时的释明问题】在双务合同中，原告起诉请求确认合同有效并请求继续履行合同，被告主张合同无效的，或者原告起诉请求确认合同无效并返还财产，而被告主张合同有效的，都要防止机械适用"不告不理"原则，仅就当事人的诉讼请求进行审理，而应向原告释明变更或者增加诉讼请求，或者向被告释明提出同时履行抗辩，尽可能一次性解决纠纷。例如，基于合同有给付行为的原告请求确认合同无效，但并未提出返还原物或者折价补偿、赔偿损失等请求的，人民法院应当向其释明，告知其一并提出相应诉讼请求；原告请求确认合同无效并要求被告返还原物或者赔偿损失，被告基于合同也有给付行为的，人民法院同样应当向被告释明，告知其也可以提出返还请求；人民法院经审理认定合同无效的，除了要在判决书"本院认为"部分对同时返还作出认定外，还应当在判项中作出明确表述，避免因判令单方返还而出现不公平的结果。

第一审人民法院未予释明，第二审人民法院认为应当对合同不成立、无效或者被撤销的法律后果作出判决的，可以直接释明并改判。当然，如果返还财产或者赔偿损失的范围确实难以确定或者双方争议较大的，也可以告知当事人通过另行起诉等方式解决，并在裁判文书中予以明确。

当事人按照释明变更诉讼请求或者提出抗辩的，人民法院应当将其归纳为案件争议焦点，组织当事人充分举证、质证、辩论。

37.【未经批准合同的效力】法律、行政法规规定某类合同应当办理批准手续生效的，如商业银行法、证券法、保险法等法律规定购买商业银行、证券公司、保险公司5%以上股权须经相关主管部门批准，依据《合同法》第44条第2款的规定，批准是合同的法定生效条件，未经批准的合同因欠缺法律规定的特别生效条件而未生效。实践中的一个突出问题是，把未生效合同认定为无效合同，或者虽认定为未生效，却按无效合同处理。无效合同从本质上来说是欠缺合同的有效要件，或者具有合同无效的法定事由，自始不发生法律效力。而未生效合同已具备合同的有效要件，对双方具有一定的拘束力，任何一方不得擅自撤回、解除、变更，但因欠缺法律、行政法规规定或当事人约定的特别生效条件，在该生效条件成就前，不能产生请求对方履行合同主要权利义务的法律效力。

38.【报批义务及相关违约条款独立生效】须经行政机关批准生效的合同，对报批义务及未履行报批义务的违约责任等相关内容作出专门约定的，该约定独立生效。一方因另一方不履行报批义务，请求解除合同并请求其承担合同约定的相应违约责任的，人民法院依法予以支持。

39.【报批义务的释明】须经行政机关批准生效的合同，一方请求另一方履行合同主要权利义务的，人民法院应当向其释明，将诉讼请求变更为请求履行报批义务。一方变更诉讼请求的，人民法院依法予以支持；经释明后当事人拒绝变更的，应当驳回其诉讼请求，但不影响其另行提起诉讼。

40. 【判决履行报批义务后的处理】人民法院判决一方履行报批义务后，该当事人拒绝履行，经人民法院强制执行仍未履行，对方请求其承担合同违约责任的，人民法院依法予以支持。一方依据判决履行报批义务，行政机关予以批准，合同发生完全的法律效力，其请求对方履行合同的，人民法院依法予以支持；行政机关没有批准，合同不具有法律上的可履行性，一方请求解除合同的，人民法院依法予以支持。

41. 【盖章行为的法律效力】司法实践中，有些公司有意刻制两套甚至多套公章，有的法定代表人或者代理人甚至私刻公章，订立合同时恶意加盖非备案的公章或者假公章，发生纠纷后法人以加盖的是假公章为由否定合同效力的情形并不鲜见。人民法院在审理案件时，应当主要审查签约人于盖章之时有无代表权或者代理权，从而根据代表或者代理的相关规则来确定合同的效力。

法定代表人或者其授权之人在合同上加盖法人公章的行为，表明其是以法人名义签订合同，除《公司法》第 16 条等法律对其职权有特别规定的情形外，应当由法人承担相应的法律后果。法人以法定代表人事后已无代表权、加盖的是假章、所盖之章与备案公章不一致等为由否定合同效力的，人民法院不予支持。

代理人以被代理人名义签订合同，要取得合法授权。代理人取得合法授权后，以被代理人名义签订的合同，应当由被代理人承担责任。被代理人以代理人事后已无代理权、加盖的是假章、所盖之章与备案公章不一致等为由否定合同效力的，人民法院不予支持。

42. 【撤销权的行使】撤销权应当由当事人行使。当事人未请求撤销的，人民法院不应当依职权撤销合同。一方请求另一方履行合同，另一方以合同具有可撤销事由提出抗辩的，人民法院应当在审查合同是否具有可撤销事由以及是否超过法定期间等事实的基础上，对合同是否可撤销作出判断，不能仅以当事人未提起诉讼或者反诉为由不予审查或者不予支持。一方主张合同无效，依据的却是可撤销事由，此时人民法院应当全面审查合同是否具有无效事由以及当事人主张的可撤销事由。当事人关于合同无效的事由成立的，人民法院应当认定合同无效。当事人主张合同无效的理由不成立，而可撤销的事由成立的，因合同无效和可撤销的后果相同，人民法院也可以结合当事人的诉讼请求，直接判决撤销合同。

（二）关于合同履行与救济

在认定以物抵债协议的性质和效力时，要根据订立协议时履行期限是否已经届满予以区别对待。合同解除、违约责任都是非违约方寻求救济的主要方式，人民法院在认定合同应否解除时，要根据当事人有无解除权、是约定解除还是法定解除等不同情形，分别予以处理。在确定违约责任时，尤其要注意依法适用违约金调整的相关规则，避免简单地以民间借贷利率的司法保护上限作为调整依据。

43.【抵销】抵销权既可以通知的方式行使，也可以提出抗辩或者提起反诉的方式行使。抵销的意思表示自到达对方时生效，抵销一经生效，其效力溯及自抵销条件成就之时，双方互负的债务在同等数额内消灭。双方互负的债务数额，是截至抵销条件成就之时各自负有的包括主债务、利息、违约金、赔偿金等在内的全部债务数额。行使抵销权一方享有的债权不足以抵销全部债务数额，当事人对抵销顺序又没有特别约定的，应当根据实现债权的费用、利息、主债务的顺序进行抵销。

44.【履行期届满后达成的以物抵债协议】当事人在债务履行期限届满后达成以物抵债协议，抵债物尚未交付债权人，债权人请求债务人交付的，人民法院要着重审查以物抵债协议是否存在恶意损害第三人合法权益等情形，避免虚假诉讼的发生。经审查，不存在以上情况，且无其他无效事由的，人民法院依法予以支持。

当事人在一审程序中因达成以物抵债协议申请撤回起诉的，人民法院可予准许。当事人在二审程序中申请撤回上诉的，人民法院应当告知其申请撤回起诉。当事人申请撤回起诉，经审查不损害国家利益、社会公共利益、他人合法权益的，人民法院可予准许。当事人不申请撤回起诉，请求人民法院出具调解书对以物抵债协议予以确认的，因债务人完全可以立即履行该协议，没有必要由人民法院出具调解书，故人民法院不应准许，同时应当继续对原债权债务关系进行审理。

45.【履行期届满前达成的以物抵债协议】当事人在债务履行期届满前达成以物抵债协议，抵债物尚未交付债权人，债权人请求债务人交付的，因此种情况不同于本纪要第71条规定的让与担保，人民法院应当向其释明，其应当根据原债权债务关系提起诉讼。经释明当事人仍拒绝变更诉讼请求的，应当驳回其诉讼请求，但不影响其根据原债权债务关系另行提起诉讼。

46.【通知解除的条件】审判实践中，部分人民法院对合同法司法解释（二）第24条的理解存在偏差，认为不论发出解除通知的一方有无解除权，只要另一方未在异议期限内以起诉方式提出异议，就判令解除合同，这不符合合同法关于合同解除权行使的有关规定。对该条的准确理解是，只有享有法定或者约定解除权的当事人才能以通知方式解除合同。不享有解除权的一方向另一方发出解除通知，另一方即便未在异议期限内提起诉讼，也不发生合同解除的效果。人民法院在审理案件时，应当审查发出解除通知的一方是否享有约定或者法定的解除权来决定合同应否解除，不能仅以受通知一方在约定或者法定的异议期限届满内未起诉这一事实就认定合同已经解除。

47.【约定解除条件】合同约定的解除条件成就时，守约方以此为由请求解除合同的，人民法院应当审查违约方的违约程度是否显著轻微，是否影响守约方合同目的实现，根据诚实信用原则，确定合同应否解除。违约方的违约程度显著轻微，不影响守约方合同目的的实现，守约方请求解除合同的，人民法院不予支持；反之，则依法予以支持。

48.【违约方起诉解除】违约方不享有单方解除合同的权利。但是，在一些长期性合同如房屋租赁合同履行过程中，双方形成合同僵局，一概不允许违约方通过起诉的方式解除合同，有时对双方都不利。在此前提下，符合下列条件，违约方起诉请求解除合同的，人民法院依法予以支持：

（1）违约方不存在恶意违约的情形；

（2）违约方继续履行合同，对其显失公平；

（3）守约方拒绝解除合同，违反诚实信用原则。

人民法院判决解除合同的，违约方本应当承担的违约责任不能因解除合同而减少或者免除。

49.【合同解除的法律后果】合同解除时，一方依据合同中有关违约金、约定损害赔偿的计算方法、定金责任等违约责任条款的约定，请求另一方承担违约责任的，人民法院依法予以支持。

双务合同解除时人民法院的释明问题，参照本纪要第36条的相关规定处理。

50.【违约金过高标准及举证责任】认定约定违约金是否过高，一般应当以《合同法》第113条规定的损失为基础进行判断，这里的损失包括合同履行后可以获得的利益。除借款合同外的双务合同，作为对价的价款或者报酬给付之债，并非借款合同项下的还款义务，不能以受法律保护的民间借贷利率上限作为判断违约金是否过高的标准，而应当兼顾合同履行情况、当事人过错程度以及预期利益等因素综合确定。主张违约金过高的违约方应当对违约金是否过高承担举证责任。

（三）关于借款合同

人民法院在审理借款合同纠纷案件过程中，要根据防范化解重大金融

414

风险、金融服务实体经济、降低融资成本的精神，区别对待金融借贷与民间借贷，并适用不同规则与利率标准。要依法否定高利转贷行为、职业放贷行为的效力，充分发挥司法的示范、引导作用，促进金融服务实体经济。要注意到，为深化利率市场化改革，推动降低实体利率水平，自 2019年 8 月 20 日起，中国人民银行已经授权全国银行间同业拆借中心于每月20 日（遇节假日顺延）9 时 30 分公布贷款市场报价利率（LPR），中国人民银行贷款基准利率这一标准已经取消。因此，自此之后人民法院裁判贷款利息的基本标准应改为全国银行间同业拆借中心公布的贷款市场报价利率。应予注意的是，贷款利率标准尽管发生了变化，但存款基准利率并未发生相应变化，相关标准仍可适用。

51.【变相利息的认定】金融借款合同纠纷中，借款人认为金融机构以服务费、咨询费、顾问费、管理费等为名变相收取利息，金融机构或者由其指定的人收取的相关费用不合理的，人民法院可以根据提供服务的实际情况确定借款人应否支付或者酌减相关费用。

52.【高利转贷】民间借贷中，出借人的资金必须是自有资金。出借人套取金融机构信贷资金又高利转贷给借款人的民间借贷行为，既增加了融资成本，又扰乱了信贷秩序，根据民间借贷司法解释第 14 条第 1 项的规定，应当认定此类民间借贷行为无效。人民法院在适用该条规定时，应当注意把握以下几点：一是要审查出借人的资金来源。借款人能够举证证明在签订借款合同时出借人尚欠银行贷款未还的，一般可以推定为出借人套取信贷资金，但出借人能够举证予以推翻的除外；二是从宽认定"高利"转贷行为的标准，只要出借人通过转贷行为牟利的，就可以认定为是"高利"转贷行为；三是对该条规定的"借款人事先知道或者应当知道的"要件，不宜把握过苛。实践中，只要出借人在签订借款合同时存在尚欠银行贷款未还事实的，一般可以认为满足了该条规定的"借款人事先知道或者应当知道"这一要件。

53.【职业放贷人】未依法取得放贷资格的以民间借贷为业的法人，以及以民间借贷为业的非法人组织或者自然人从事的民间借贷行为，应当依法认定无效。同一出借人在一定期间内多次反复从事有偿民间借贷行为的，一般可以认定为是职业放贷人。民间借贷比较活跃的地方的高级人民法院或者经其授权的中级人民法院，可以根据本地区的实际情况制定具体的认定标准。

……

最高人民法院发布《关于适用〈中华人民共和国民法典〉合同编通则若干问题的解释》相关典型案例

案例一：某物业管理有限公司与某研究所房屋租赁合同纠纷案

【裁判要点】

招投标程序中，中标通知书送达后，一方当事人不履行订立书面合同的义务，相对方请求确认合同自中标通知书到达中标人时成立的，人民法院应予支持。

【简要案情】

2021年7月8日，某研究所委托招标公司就案涉宿舍项目公开发出投标邀请。2021年7月28日，某物业管理有限公司向招标公司发出《投标文件》，表示对招标文件无任何异议，愿意提供招标文件要求的服务。2021年8月1日，招标公司向物业管理公司送达中标通知书，确定物业管理公司为中标人。2021年8月11日，研究所向物业管理公司致函，要求解除与物业管理公司之间的中标关系，后续合同不再签订。物业管理公司主张中标通知书送达后双方租赁合同法律关系成立，研究所应承担因违约给其造成的损失。研究所辩称双方并未签订正式书面租赁合同，仅成立预约合同关系。

【判决理由】

法院生效裁判认为，从合同法律关系成立角度，招投标程序中的招标行为应为要约邀请，投标行为应为要约，经评标后招标人向特定投标人发

---

① 案例来源于最高人民法院网站：https://www.court.gov.cn/zixun/xiangqing/419392.html。

送中标通知书的行为应为承诺，中标通知书送达投标人后承诺生效，合同成立。预约合同是指约定将来订立本约合同的合同，其主要目的在于将来成立本约合同。《中华人民共和国招标投标法》第四十六条第一款规定："招标人和中标人应当自中标通知书发出之日起三十日内，按照招标文件和中标人的投标文件订立书面合同。招标人和中标人不得再行订立背离合同实质性内容的其他协议。"从该条可以看出，中标通知书发出后签订的书面合同必须按照招标投标文件订立。本案中招标投标文件对租赁合同内容已有明确记载，故应认为中标通知书到达投标人时双方当事人已就租赁合同内容达成合意。该合意与主要目的为签订本约合同的预约合意存在区别，应认为租赁合同在中标通知书送达时成立。中标通知书送达后签订的书面合同，按照上述法律规定其实质性内容应与招标投标文件一致，因此应为租赁合同成立后法律要求的书面确认形式，而非新的合同。由于中标通知书送达后租赁合同法律关系已成立，故研究所不履行合同义务，应承担违约责任。

【司法解释相关条文】

《最高人民法院关于适用〈中华人民共和国民法典〉合同编通则若干问题的解释》第四条　采取招标方式订立合同，当事人请求确认合同自中标通知书到达中标人时成立的，人民法院应予支持。合同成立后，当事人拒绝签订书面合同的，人民法院应当依据招标文件、投标文件和中标通知书等确定合同内容。

采取现场拍卖、网络拍卖等公开竞价方式订立合同，当事人请求确认合同自拍卖师落槌、电子交易系统确认成交时成立的，人民法院应予支持。合同成立后，当事人拒绝签订成交确认书的，人民法院应当依据拍卖公告、竞买人的报价等确定合同内容。

产权交易所等机构主持拍卖、挂牌交易，其公布的拍卖公告、交易规则等文件公开确定了合同成立需要具备的条件，当事人请求确认合同自该条件具备时成立的，人民法院应予支持。

案例二：某通讯公司与某实业公司房屋买卖合同纠纷案

【裁判要点】

判断当事人之间订立的合同是本约还是预约的根本标准应当是当事人是否有意在将来另行订立一个新的合同，以最终明确双方之间的权利义务关系。即使当事人对标的、数量以及价款等内容进行了约定，但如果约定将来一定期间仍须另行订立合同，就应认定该约定是预约而非本约。当事人在签订预约合同后，已经实施交付标的物或者支付价款等履行行为，应当认定当事人以行为的方式订立了本约合同。

【简要案情】

2006 年 9 月 20 日，某实业公司与某通讯公司签订《购房协议书》，对买卖诉争房屋的位置、面积及总价款等事宜作出约定，该协议书第三条约定在本协议原则下磋商确定购房合同及付款方式，第五条约定本协议在双方就诉争房屋签订房屋买卖合同时自动失效。通讯公司向实业公司的股东某纤维公司共转款 1000 万元，纤维公司为此出具定金收据两张，金额均为 500 万元。次年 1 月 4 日，实业公司向通讯公司交付了诉争房屋，此后该房屋一直由通讯公司使用。2009 年 9 月 28 日，通讯公司发出《商函》给实业公司，该函的内容为因受金融危机影响，且房地产销售价格整体下调，请求实业公司将诉争房屋的价格下调至 6000 万元左右。当天，实业公司发函给通讯公司，要求其在 30 日内派员协商正式的房屋买卖合同。通讯公司于次日回函表示同意商谈购房事宜，商谈时间为同年 10 月 9 日。2009 年 10 月 10 日，实业公司发函致通讯公司，要求通讯公司对其拟定的《房屋买卖合同》作出回复。当月 12 日，通讯公司回函对其已收到上述合同文本作出确认。2009 年 11 月 12 日，实业公司发函给通讯公司，函件内容为双方因对买卖合同的诸多重大问题存在严重分歧，未能签订《房屋买卖合同》，故双方并未成立买卖关系，通讯公司应支付场地使用费。通讯公司于当月 17 日回函，称双方已实际履行了房屋买卖义务，其系合法占有诉争房屋，故无需支付场地占用费。2010 年 3 月 3 日，实业公司发函给通讯公司，解除其与通讯公司签订于 2006 年 9 月 20 日的《购房协议书》，且要求通讯公司腾出诉争房屋并支付场地使用费、退还定金。通讯公司以其与实业公司就诉争房屋的买卖问题签订了《购房协议书》，且其已支付 1000 万元定金，实业公司亦已将诉争房屋交付给其使用，双方之间的《购房协议书》合法有效，且以已实际履行为由，认为其与实业公司于 2006 年 9 月 20 日签订的《购房协议书》已成立并合法有效，请求判令实业公司向其履行办理房屋产权过户登记的义务。

【判决理由】

法院生效裁判认为，判断当事人之间订立的合同系本约还是预约的根本标准应当是当事人的意思表示，即当事人是否有意在将来订立一个新的合同，以最终明确在双方之间形成某种法律关系的具体内容。如果当事人存在明确的将来订立本约的意思，那么，即使预约的内容与本约已经十分接近，且通过合同解释，从预约中可以推导出本约的全部内容，也应当尊重当事人的意思表示，排除这种客观解释的可能性。不过，仅就案涉《购房协议书》而言，虽然其性质应为预约，但结合双方当事人在订立《购房协议书》之后的履行事实，实业公司与通讯公司之间已经成立了房屋买卖法律关系。对于当事人之间存在预约还是本约关系，不能仅凭一份孤立的协议就简单地加以认定，而是应当综合审查相关协议的内容以及当事人嗣后为达成交易进行的磋商甚至具体的履行行为等事实，从中探寻当事人的真实意思，并据此对当事人之间法律关系的性质作出准确的界定。本案中，双方当事人在签订《购房协议书》时，作为买受人的通讯公司已经实际交付了定金并约定在一定条件下自动转为购房款，作为出卖人的实业公司也接受了通讯公司的交付。在签订《购房协议书》的三个多月后，实业公司将合同项下的房屋交付给了通讯公司，通讯公司接受了该交付。而根据《购房协议书》的预约性质，实业公司交付房屋的行为不应视为对该合同的履行，在当事人之间不存在租赁等其他有偿使用房屋的法律关系的情形下，实业公司的该行为应认定为系基于与通讯公司之间的房屋买卖关系而为的交付。据此，可以认定当事人之间达成了买卖房屋的合意，成立了房屋买卖法律关系。

【司法解释相关条文】

《最高人民法院关于适用〈中华人民共和国民法典〉合同编通则若干问题的解释》第六条　当事人以认购书、订购书、预订书等形式约定在将来一定期限内订立合同，或者为担保在将来一定期限内订立合同交付了定金，能够确定将来所要订立合同的主体、标的等内容的，人民法院应当认定预约合同成立。

当事人通过签订意向书或者备忘录等方式，仅表达交易的意向，未约定在将来一定期限内订立合同，或者虽然有约定但是难以确定将来所要订立合同的主体、标的等内容，一方主张预约合同成立的，人民法院不予支持。

当事人订立的认购书、订购书、预订书等已就合同标的、数量、价款或者报酬等主要内容达成合意，符合本解释第三条第一款规定的合同成立条件，未明确约定在将来一定期限内另行订立合同，或者虽然有约定但是当事人一方已实施履行行为且对方接受的，人民法院应当认定本约合同成立。

案例三：某甲银行和某乙银行合同纠纷案

【裁判要点】

案涉交易符合以票据贴现为手段的多链条融资交易的基本特征。案涉《回购协议》是双方虚假意思表示，目的是借用银行承兑汇票买入返售的形式为某甲银行向实际用资人提供资金通道，真实合意是资金通道合同。在资金通道合同项下，各方当事人的权利义务是，过桥行提供资金通道服务，由出资银行提供所需划转的资金并支付相应的服务费，过桥行无交付票据的义务，但应根据其过错对出资银行的损失承担相应的赔偿责任。

【简要案情】

票据中介王某与某甲银行票据部员工姚某等联系以开展票据回购交易的方式进行融资，2015 年 3 月至 12 月间，双方共完成 60 笔交易。交易的模式是：姚某与王某达成票据融资的合意后，姚某与王某分别联系为两者之间的交易提供资金划转服务的银行即过桥行，包括某乙银行、某丙银行、某丁银行等。所有的交易资金最终通过过桥行流入由王某控制的企业账户中；在票据的交付上，王某从持票企业收购票据后，通过其控制的村镇银行完成票据贴现，并直接向某甲银行交付。资金通道或过桥的特点是过桥行不需要见票、验票、垫资，没有资金风险，仅收取利差。票据回购到期后，由于王某与姚某等人串通以虚假票据入库，致使某甲银行的资金遭受损失，王某与姚某等人亦因票据诈骗、挪用资金等行为被判处承担刑事责任。之后，某甲银行以其与某乙银行签订的《银行承兑汇票回购合同》（以下简称《回购合同》）为据，以其与某乙银行开展票据回购交易而某乙银行未能如期交付票据为由提起诉讼，要求某乙银行承担回购合同约定的违约责任。

【判决理由】

生效判决认为：《回购合同》系双方虚假合意，该虚假合意隐藏的真实合意是由某乙银行为某甲银行提供资金通道服务，故双方之间的法律关系为资金通道合同法律关系。具体理由为：第一，某甲银行明知以票据回购形式提供融资发生在其与王某之间，亦明知是在无票据作为担保的情况下向王某融出资金，而某乙银行等过桥行仅凭某甲银行提供的票据清单开展交易，为其提供通道服务。因此，本案是以票据贴现为手段，以票据清单交易为形式的多链条融资模式，某甲银行是实际出资行，王某是实际用资人，某乙银行是过桥行。第二，某甲银行与某乙银行之间不交票、不背书，仅凭清单交易的事实可以证明，《回购合同》并非双方当事人的真实合意。第三，案涉交易存在不符合正常票据回购交易顺序的倒打款，进一步说明《回购合同》并非双方的真实意思表示。《回购合同》表面约定的票据回购系双方的虚假意思而无效；隐藏的资金通道合同违反了金融机构审慎经营原则，且扰乱了票据市场交易秩序、引发金融风险，因此双方当事人基于真实意思表示形成的资金通道合同属于违背公序良俗、损害社会公共利益的合同，依据《中华人民共和国民法总则》第一百五十三条第二款及《中华人民共和国合同法》第五十二条第四项的规定，应为无效。在《回购合同》无效的情形下，某甲银行请求某乙银行履行合同约定的义务并承担违约责任，缺乏法律依据，但某乙银行应根据其过错对某甲银行的损失承担相应的赔偿责任。

【司法解释相关条文】

《最高人民法院关于适用〈中华人民共和国民法典〉合同编通则若干问题的解释》第十五条　人民法院认定当事人之间的权利义务关系，不应当拘泥于合同使用的名称，而应当根据合同约定的内容。当事人主张的权利义务关系与根据合同内容认定的权利义务关系不一致的，人民法院应当结合缔约背景、交易目的、交易结构、履行行为以及当事人是否存在虚构交易标的等事实认定当事人之间的实际民事法律关系。

案例四：某旅游管理公司与某村村民委员会等合同纠纷案

【裁判要点】

当事人签订具有合作性质的长期性合同，因政策变化对当事人履行合同产生影响，但该变化不属于订立合同时无法预见的重大变化，按照变化后的政策要求予以调整亦不影响合同继续履行，且继续履行不会对当事人一方明显不公平，该当事人不能依据《中华人民共和国民法典》第五百三十三条请求变更或者解除合同。该当事人请求终止合同权利义务关系，守约方不同意终止合同，但双方当事人丧失合作可能性导致合同目的不能实现的，属于《中华人民共和国民法典》第五百八十条第一款第二项规定的"债务的标的不适于强制履行"，应根据违约方的请求判令终止合同权利义务关系并判决违约方承担相应的违约责任。

【简要案情】

2019 年初，某村村委会、村股份经济合作社（甲方）与某旅游管理有限公司（乙方）就某村村域范围内旅游资源开发建设签订经营协议，约定经营期限 50 年。2019 年底，某村所在市辖区水务局将经营范围内河沟两侧划定为城市蓝线，对蓝线范围内的建设活动进行管理。2019 年 11 月左右，某旅游管理有限公司得知河沟两侧被划定为城市蓝线。2020 年 5 月 11 日，某旅游管理有限公司书面通知要求解除相关协议。经调查，经营协议确定的范围绝大部分不在蓝线范围内，且对河道治理验收合格就能对在蓝线范围内的部分地域进行开发建设。

【判决理由】

生效判决认为，双方约定就经营区域进行民宿与旅游开发建设，因流经某村村域的河道属于签订经营协议时既有的山区河道，不属于无法预见的重大变化，城市蓝线主要是根据江、河、湖、库、渠和湿地等城市地标水体来进行地域界限划定，主要目的是为了水体保护和控制，某旅游管理有限公司可在履行相应行政手续审批或符合政策文件的具体要求时继续进行开发活动，故城市蓝线划定不构成情势变更。某村村委会、村股份经济合作社并不存在违约行为，某旅游管理有限公司明确表示不再对经营范围进行民宿及旅游资源开发，属于违约一方。某旅游管理有限公司以某村村委会及村股份经济合作社根本违约为由要求解除合同，明确表示不再对经营范围进行民宿及旅游资源开发，某村村委会及村股份经济合作社不同意解除合同或终止合同权利义务，双方已构成合同僵局。考虑到双方合同持续履行长达 50 年，须以双方自愿且相互信赖为前提，如不允许双方权利义务终止，既不利于充分发挥土地等资源的价值利用，又不利于双方利益的平衡保护，案涉经营协议已丧失继续履行的现实可行性，合同权利义务关系应当终止。

【司法解释相关条文】

《最高人民法院关于适用〈中华人民共和国民法典〉合同编通则若干问题的解释》第三十二条　合同成立后，因政策调整或者市场供求关系异常变动等原因导致价格发生当事人在订立合同时无法预见的、不属于商业风险的涨跌，继续履行合同对于当事人一方明显不公平的，人民法院应当认定合同的基础条件发生了民法典第五百三十三条第一款规定的"重大变化"。但是，合同涉及市场属性活跃、长期以来价格波动较大的大宗商品以及股票、期货等风险投资型金融产品的除外。

合同的基础条件发生了民法典第五百三十三条第一款规定的重大变

化，当事人请求变更合同的，人民法院不得解除合同；当事人一方请求变更合同，对方请求解除合同的，或者当事人一方请求解除合同，对方请求变更合同的，人民法院应当结合案件的实际情况，根据公平原则判决变更或者解除合同。

人民法院依据民法典第五百三十三条的规定判决变更或者解除合同的，应当综合考虑合同基础条件发生重大变化的时间、当事人重新协商的情况以及因合同变更或者解除给当事人造成的损失等因素，在判项中明确合同变更或者解除的时间。

当事人事先约定排除民法典第五百三十三条适用的，人民法院应当认定该约定无效。

案例五：某控股株式会社与某利公司等债权人代位权纠纷案

【裁判要点】

在代位权诉讼中，相对人以其与债务人之间的债权债务关系约定了仲裁条款为由，主张案件不属于人民法院受理案件范围的，人民法院不予支持。

【简要案情】

2015年至2016年，某控股株式会社与某利国际公司等先后签订《可转换公司债发行及认购合同》及补充协议，至2019年3月，某利国际公司欠付某控股株式会社款项6400余万元。2015年5月，某利公司与其母公司某利国际公司签订《贷款协议》，由某利国际公司向某利公司出借2.75亿元用于公司经营。同年6月，某利国际公司向某利公司发放了贷款。案涉《可转换公司债发行及认购合同》及补充协议、《贷款协议》均约定了仲裁条款。某控股株式会社认为某利国际公司怠于行使对某利公司的债权，影响了某控股株式会社到期债权的实现，遂提起代位权诉讼。一审法院认为，虽然某控股株式会社与某利公司之间并无直接的仲裁协议，但某控股株式会社向某利公司行使代位权时，应受某利公司与某利国际公司之间仲裁条款的约束。相关协议约定的仲裁条款排除了人民法院的管辖，故裁定驳回某控股株式会社的起诉。某控股株式会社不服提起上诉。二审法院依据《最高人民法院关于适用〈中华人民共和国合同法〉若干问题的解释（一）》第十四条的规定，裁定撤销一审裁定，移送被告住所地人民法院审理。

【判决理由】

生效裁判认为，虽然案涉合同中均约定了仲裁条款，但仲裁条款只约束签订合同的各方当事人，对合同之外的当事人不具有约束力。本案并非债权转让引起的诉讼，某控股株式会社既非《贷款协议》的当事人，亦非该协议权利义务的受让人，一审法院认为某控股株式会社行使代位权时应受某利公司与某利国际公司之间仲裁条款的约束缺乏依据。

【司法解释相关条文】

《最高人民法院关于适用〈中华人民共和国民法典〉合同编通则若干问题的解释》第三十六条　债权人提起代位权诉讼后，债务人或者相对人以双方之间的债权债务关系订有仲裁协议为由对法院主管提出异议的，人民法院不予支持。但是，债务人或者相对人在首次开庭前就债务人与相对人之间的债权债务关系申请仲裁的，人民法院可以依法中止代位权诉讼。

案例六：周某与丁某、薛某债权人撤销权纠纷案

【裁判要点】

在债权人撤销权诉讼中，债权人请求撤销债务人与相对人的行为并主张相对人向债务人返还财产的，人民法院依法予以支持。

【简要案情】

周某因丁某未能履行双方订立的加油卡买卖合同，于2020年8月提起诉讼，请求解除买卖合同并由丁某返还相关款项。生效判决对周某的诉讼请求予以支持，但未能执行到位。执行中，周某发现丁某于2020年6月至7月间向其母亲薛某转账87万余元，遂提起债权人撤销权诉讼，请求撤销丁某无偿转让财产的行为并同时主张薛某向丁某返还相关款项。

【判决理由】

生效裁判认为，丁某在其基于加油卡买卖合同关系形成的债务未能履行的情况下，将名下银行卡中的款项无偿转账给其母亲薛某的行为客观上影响了债权人周某债权的实现。债权人周某在法定期限内提起撤销权诉讼，符合法律规定。丁某的行为被撤销后，薛某即丧失占有案涉款项的合法依据，应当负有返还义务，遂判决撤销丁某的行为、薛某向丁某返还相关款项。

【司法解释相关条文】

《最高人民法院关于适用〈中华人民共和国民法典〉合同编通则若干

问题的解释》第四十六条第一款　债权人在撤销权诉讼中同时请求债务人的相对人向债务人承担返还财产、折价补偿、履行到期债务等法律后果的，人民法院依法予以支持。

案例七：孙某与某房地产公司合资、合作开发房地产合同纠纷案

【裁判要点】

合同一方当事人以通知形式行使合同解除权的，须以享有法定或者约定解除权为前提。不享有解除权的一方向另一方发出解除通知，另一方即便未在合理期限内提出异议，也不发生合同解除的效力。

【简要案情】

2014 年 5 月，某房地产开发有限公司（以下简称房地产公司）与孙某签订《合作开发协议》。协议约定：房地产公司负有证照手续办理、项目招商、推广销售的义务，孙某承担全部建设资金的投入；房地产公司拟定的《项目销售整体推广方案》，应当与孙某协商并取得孙某书面认可；孙某投入 500 万元（保证金）资金后，如果销售额不足以支付工程款，孙某再投入 500 万元，如不到位按违约处理；孙某享有全权管理施工项目及承包商、施工场地权利，房地产公司支付施工方款项必须由孙某签字认可方能转款。

同年 10 月，房地产公司向孙某发出协调函，双方就第二笔 500 万元投资款是否达到支付条件产生分歧。2015 年 1 月 20 日，房地产公司向孙某发出《关于履行的通知》，告知孙某 5 日内履行合作义务，向该公司支付 500 万元投资款，否则将解除《合作开发协议》。孙某在房地产公司发出协调函后，对其中提及的需要支付的工程款并未提出异议，亦未要求该公司提供依据，并于 2015 年 1 月 23 日向该公司发送回复函，要求该公司近日内尽快推出相关楼栋销售计划并取得其签字认可，尽快择期开盘销售，并尽快按合同约定设立项目资金管理共同账户。房地产公司于 2015 年 3 月 13 日向孙某发出《解除合同告知函》，通知解除《合作开发协议》。孙某收到该函后，未对其形式和内容提出异议。2015 年 7 月 17 日，孙某函告房地产公司，请该公司严格执行双方合作协议约定，同时告知"销售已近半月，望及时通报销售进展实况"。后孙某诉至法院，要求房地产公司支付合作开发房地产收益分红总价值 3000 万元；房地产公司提出反诉，要

求孙某给付违约金 300 万元。一审、二审法院认为，孙某收到解除通知后，未对通知的形式和内容提出异议，亦未在法律规定期限内请求人民法院或者仲裁机构确认解除合同的效力，故认定双方的合同已经解除。孙某不服二审判决，向最高人民法院申请再审。

【判决理由】

生效裁判认为，房地产公司于 2015 年 3 月 13 日向孙某发送《解除合同告知函》，通知解除双方签订的《合作开发协议》，但该《解除合同告知函》产生解除合同的法律效果须以该公司享有法定或者约定解除权为前提。从案涉《合作开发协议》的约定看，孙某第二次投入 500 万元资金附有前置条件，即房地产公司应当对案涉项目进行销售，只有在销售额不足以支付工程款时，才能要求孙某投入第二笔 500 万元。结合《合作开发协议》的约定，能否认定房地产公司作为守约方，享有法定解除权，应当审查该公司是否依约履行了己方合同义务。包括案涉项目何时开始销售，销售额是否足以支付工程款；房地产公司在房屋销售前后，是否按照合同约定，将《项目销售整体推广方案》报孙某审批；工程款的支付是否经由孙某签字等一系列事实。一审、二审法院未对上述涉及房地产公司是否享有法定解除权的事实进行审理，即以孙某"未在法律规定期限内请求人民法院或者仲裁机构确认解除合同的效力"为由，认定《合作开发协议》已经解除，属于认定事实不清，适用法律错误。

【司法解释相关条文】

《最高人民法院关于适用〈中华人民共和国民法典〉合同编通则若干问题的解释》第五十三条　当事人一方以通知方式解除合同，并以对方未在约定的异议期限或者其他合理期限内提出异议为由主张合同已经解除的，人民法院应当对其是否享有法律规定或者合同约定的解除权进行审查。经审查，享有解除权的，合同自通知到达对方时解除；不享有解除权的，不发生合同解除的效力。

案例八：某实业发展公司与某棉纺织品公司
委托合同纠纷案

【裁判要点】

据以行使抵销权的债权不足以抵销其全部债务，应当按照实现债权的有关费用、利息、主债务的顺序进行抵销。

【简要案情】

2012年6月7日，某实业发展公司与某棉纺织品公司签订《委托协议》，约定某实业发展公司委托某棉纺织品公司通过某银行向案外人某商贸公司发放贷款5000万元。该笔委托贷款后展期至2015年6月9日。某商贸公司在贷款期间所支付的利息，均已通过某棉纺织品公司支付给某实业发展公司。2015年6月2日，某商贸公司将5000万元本金归还某棉纺织品公司，但某棉纺织品公司未将该笔款项返还给某实业发展公司，形成本案诉讼。另，截至2015年12月31日，某实业发展公司欠某棉纺织品公司8296517.52元。某棉纺织品公司于2017年7月20日向某实业发展公司送达《债务抵销通知书》，提出以其对某实业发展公司享有的8296517.52元债权抵销案涉5000万元本金债务。某实业发展公司以某棉纺织品公司未及时归还所欠款项为由诉至法院，要求某棉纺织品公司归还本息。在本案一审期间，某棉纺织品公司又以抗辩的形式就该笔债权向一审法院提出抵销，并提起反诉，后主动撤回反诉。

【判决理由】

生效裁判认为，某棉纺织品公司据以行使抵销权的债权不足以抵销其对某实业发展公司负有的全部债务，参照《最高人民法院关于适用〈中华人民共和国合同法〉若干问题的解释（二）》第二十一条的规定，应当按照实现债权的有关费用、利息、主债务的顺序进行抵销，即某棉纺织品公司对某实业发展公司享有的8296517.52元债权，先用于抵销其对某实业发展公司负有的5000万元债务中的利息，然后再用于抵销本金。某棉纺织品公司有关8296517.52元先用于抵销5000万元本金的再审申请缺乏事实和法律依据，故不予支持。

【司法解释相关条文】

《最高人民法院关于适用〈中华人民共和国民法典〉合同编通则若干问题的解释》第五十六条第二款　行使抵销权的一方享有的债权不足以抵销其负担的包括主债务、利息、实现债权的有关费用在内的全部债务，当事人因抵销的顺序发生争议的，人民法院可以参照民法典第五百六十一条的规定处理。

案例九：某石材公司与某采石公司买卖合同纠纷案

【裁判要点】

非违约方主张按照违约行为发生后合理期间内合同履行地的市场价格与合同价格的差额确定合同履行后可以获得的利益的，人民法院依法予以支持。

【简要案情】

某石材公司与某采石公司签订《大理石方料买卖合同》，约定自某采石公司在某石材公司具备生产能力后前两年每月保证供应石料 1200 立方米至 1500 立方米。合同约定的大理石方料收方价格根据体积大小，主要有两类售价：每立方米 350 元和每立方米 300 元。自 2011 年 7 月至 2011 年 9 月，某采石公司向某石材公司供应了部分石料，但此后某采石公司未向某石材公司供货，某石材公司遂起诉主张某采石公司承担未按照合同供货的违约损失。某采石公司提供的评估报告显示荒料单价为每立方米 715.64 元。

【判决理由】

生效裁判认为，某采石公司提供的评估报告显示的石材荒料单价每立方米 715.64 元，是某石材公司在某采石公司违约后如采取替代交易的方法再购得每立方米同等质量的石料所需要支出的费用。以该价格扣除合同约定的供货价每立方米 350 元，即某石材公司受到的单位损失。

【司法解释相关条文】

《最高人民法院关于适用〈中华人民共和国民法典〉合同编通则若干问题的解释》第六十条第三款　非违约方依法行使合同解除权但是未实施替代交易，主张按照违约行为发生后合理期间内合同履行地的市场价格与合同价格的差额确定合同履行后可以获得的利益的，人民法院应予支持。

案例十：柴某与某管理公司房屋租赁合同纠纷案

【裁判要点】

当事人一方违约后，对方没有采取适当措施致使损失扩大的，不得就扩大的损失请求赔偿。承租人已经通过多种途径向出租人作出了解除合同的意思表示，而出租人一直拒绝接收房屋，造成涉案房屋的长期空置，不得向承租人主张全部空置期内的租金。

【简要案情】

2018 年 7 月 21 日，柴某与某管理公司签订《资产管理服务合同》，约定：柴某委托某管理公司管理运营涉案房屋，用于居住；管理期限自 2018 年 7 月 24 日起至 2021 年 10 月 16 日止。合同签订后，柴某依约向某管理公司交付了房屋。某管理公司向柴某支付了服务质量保证金，以及至 2020 年 10 月 16 日的租金。后某管理公司与柴某协商合同解除事宜，但未能达成一致，某管理公司向柴某邮寄解约通知函及该公司单方签章的结算协议，通知柴某该公司决定于 2020 年 11 月 3 日解除《资产管理服务合同》。柴某对某管理公司的单方解除行为不予认可。2020 年 12 月 29 日，某管理公司向柴某签约时留存并认可的手机号码发送解约完成通知及房屋密码锁的密码。2021 年 10 月 8 日，法院判决终止双方之间的合同权利义务关系。柴某起诉请求某管理公司支付 2020 年 10 月 17 日至 2021 年 10 月 16 日房屋租金 114577.2 元及逾期利息、违约金 19096.2 元、未履行租期年度对应的空置期部分折算金额 7956.75 元等。

【判决理由】

生效裁判认为，当事人一方违约后，对方应当采取适当措施防止损失的扩大；没有采取适当措施致使损失扩大的，不得就扩大的损失请求赔偿。合同终止前，某管理公司应当依约向柴某支付租金。但鉴于某管理公司已经通过多种途径向柴某表达解除合同的意思表示，并向其发送房屋密码锁密码，而柴某一直拒绝接收房屋，造成涉案房屋的长期空置。因此，柴某应当对其扩大损失的行为承担相应责任。法院结合双方当事人陈述、合同实际履行情况、在案证据等因素，酌情支持柴某主张的房屋租金至某管理公司向其发送电子密码后一个月，即 2021 年 1 月 30 日，应付租金为 33418.35 元。

【司法解释相关条文】

《最高人民法院关于适用〈中华人民共和国民法典〉合同编通则若干问题的解释》第六十一条第二款 非违约方主张按照合同解除后剩余履行期限相应的价款、租金等扣除履约成本确定合同履行后可以获得的利益的，人民法院不予支持。但是，剩余履行期限少于寻找替代交易的合理期限的除外。

第六十三条第三款 在确定违约损失赔偿额时，违约方主张扣除非违约方未采取适当措施导致的扩大损失、非违约方也有过错造成的相应损失、非违约方因违约获得的额外利益或者减少的必要支出的，人民法院依法予以支持。

实用附录①

典型合同的性质确定

	单务/双务	有偿/无偿	诺成/实践	要式/不要式
买卖合同	双务	有偿	诺成	一般为不要式
供用电、水、气、热力合同	双务	有偿	诺成	不要式（但通常为格式合同）
赠与合同	单务	无偿	诺成	不要式
借款合同　金融机构借款合同	双务	有偿或无偿	诺成	要式
借款合同　自然人借款合同	原则上为单务合同	多为无偿	实践	不要式
保证合同	单务	无偿	诺成	要式
租赁合同	双务	有偿	诺成	不要式（租赁期限6个月以上的，应采书面形式，违反该规定，也只是视为不定期租赁，而不是合同不成立或无效），但房屋租赁合同需采书面形式
融资租赁合同	融合买卖合同与租赁合同的特性	有偿	诺成	要式

---

① 本附录中的表格根据相关法律、法规、司法解释的规定提炼、总结而成。供参考。

	单务/双务	有偿/无偿	诺成/实践	要式/不要式
保理合同	双务	有偿	诺成	要式
承揽合同	双务	有偿	诺成	不要式
建设工程合同	双务	有偿	诺成	要式
运输合同	双务	有偿	原则上为诺成合同	不要式（但多为格式合同）
技术开发合同	双务	有偿	诺成	要式
技术转让合同和技术许可合同	双务	有偿	诺成	要式
技术咨询合同和技术服务合同	双务	有偿	诺成	不要式
保管合同	原则上是双务（无偿保管合同为单务合同）	有偿或无偿	实践	不要式
仓储合同	双务	有偿	诺成	不要式
委托合同	原则上是双务（无偿委托合同为单务合同）	有偿或无偿	诺成	不要式
物业服务合同	双方	有偿	诺成	要式
行纪合同	双务	有偿	诺成	不要式
中介合同	双务	有偿	诺成	不要式
合伙合同	双务	无偿	诺成	要式

违约责任的形态与责任形式

违约责任的 构成要件		(1) 违约行为; (2) 不存在法定或约定的免责事由,法定事由限于不可抗 力,约定的免责事由主要是免责条款。	
违约行为 的形态	预期违约		指在履行期限到来之前,一方无正当理由而 明确表示其在履行期到来后将不履行合同, 或者以其行为表明其在履行期到来后将不可 能履行合同。预期违约包括明示毁约和默示 毁约。
	实际违约		不履行:在合同履行期限到来之后,一方当事 人无正当理由拒绝履行合同约定的全部义务。
			迟延履行:合同当事人的履行违反了履行期 限的规定。
			不适当履行:包括瑕疵履行和加害给付,指 债务人虽然履行了债务,但其履行不符合合 同的约定。
			受领迟延:债务人按照约定履行债务,债权 人无正当理由拒绝受领的,债务人可以请求 债权人赔偿增加的费用。 在债权人受领迟延期间,债务人无须支付利 息。
违约责任的 承担形式	继续履行		(1) 金钱债务; (2) 非金钱债务,但以下除外: a. 法律上或事实上不能履行; b. 债务的标的不适于强制履行或者履行费用过高; c. 债权人在合理期限内未请求履行。

违约责任的承担形式	采取补救措施	（1）修理、重作、更换； （2）减少价款或者报酬； （3）退货。
	赔偿损失	（1）赔偿损失可以和补救措施并存，即在采取补救措施后，对方还有其他损失的，应当赔偿损失。 （2）当事人一方因另一方违反合同受到损失的，应当及时采取适当措施防止损失的扩大；没有及时采取适当措施致使损失扩大的，无权就扩大的损失请求赔偿。
	违约金	（1）违约金与定金不能并存。定金不足以弥补一方违约造成的损失的，对方可以请求赔偿超过定金数额的损失。 （2）违约金由当事人约定。人民法院或者仲裁机构可以根据当事人的请求予以增加或者适当减少。 （3）当事人就迟延履行约定违约金的，违约金支付后，还应当履行债务。
违约责任的免责事由		（1）法定的免责事由：不可抗力，即不能预见、不能避免、不能克服的客观情况。 （2）约定的免责事由：合同中的免责条款。
违约与侵权的竞合		违约行为同时导致对方人身财产损害的，受损害方有权选择要求其承担违约责任或者侵权责任。 因当事人一方的违约行为，损害对方人格权并造成严重精神损害，受损害方选择请求其承担违约责任的，不影响受损害方请求精神损害赔偿。

民事诉讼流程示意图

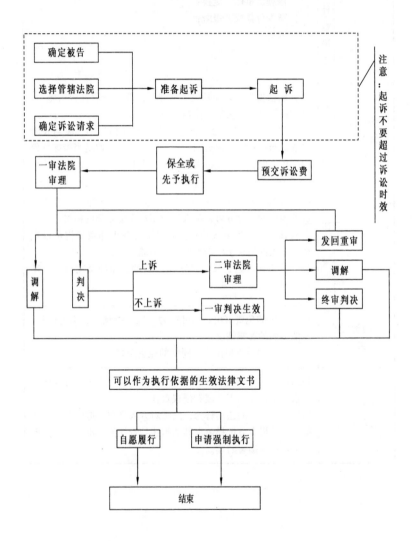